Oscar classici

Dello stesso autore
nella collezione Oscar

Metafisica della sessualità

Arthur Schopenhauer

AFORISMI SULLA SAGGEZZA DEL VIVERE

a cura di Maria Teresa Giannelli

OSCAR MONDADORI

Titolo originale dell'opera: *Aphorismen zur Lebensweisheit*

I edizione Oscar saggi ottobre 1994

ISBN 88-04-43230-6

Questo volume è stato stampato
presso Mondadori Printing S.p.A.
Stabilimento NSM - Cles (TN)
Stampato in Italia - Printed in Italy

Ristampe:

5 6 7 8 9 10 11 12

2001 2002 2003 2004

La prima edizione Oscar classici
è stata pubblicata in concomitanza
con la prima ristampa
di questo volume

http://www.mondadori.com/libri

Sommario

Introduzione

In attesa di cavare altri diamanti grezzi dalla miniera del lascito manoscritto schopenhaueriano,[1] gli editori italiani ripropongono, in prelibati tranci, i *Parerga e paralipomena*, assecondando il vivace interesse manifestato dal pubblico per questa silloge di opere saggistiche e polemiche, fin dal suo debutto nella nostra lingua. Da alcuni anni, al rilancio degli studi specialistici,[2] incrementati dalle iniziative per il bicentenario della nascita (1988), corre parallela una fortuna di Schopenhauer meno siderale, ma che l'autore avrebbe trovato oltremodo gratificante. È per lettori non iniziati alle problematiche filosofiche e alle dispute scientifiche che Schopenhauer ha confezionato (da materiale in parte preesistente) questi *Aforismi* che chiudono il primo volume dei *Parerga e paralipomena*: un libro per tutti, dove l'esperienza di una vita e di un sapere che ricorda il tipo di filosofo cartesiano e leibniziano si distilla in ragionamenti e consigli sul più capzioso e irrefutabile de-

[1] Arthur Schopenhauer, *Der handschriftliche Nachlass*, a cura di Arthur Hübscher, 5 voll. in 6 tomi, Frankfurt a.M., Kramer, 1966-1975; ristampa in DTV, München, 1985, 6 voll. Traduzione parziale di Piero Martinetti, *Morale e religione* (ristampa, Mursia, Milano, 1981) che segue l'edizione del *Nachlass* di Eduard Griesebach.

[2] Ne offre una rassegna il volume *Schopenhauer ieri e oggi*. Atti del convegno internazionale, Palazzo Feltrinelli, Gargnano del Garda, Sett. 1986. A cura di Alfredo Marini, Il Melangolo, Genova, 1991.

gli interessi umani, la felicità. E il pubblico, nel cercare con curiosità e passione l'insegnamento schopenhaueriano, rivela una istintiva perspicacia: calcolando, con le sue conoscenze elementari ma sicure della dottrina del filosofo, che solo chi ha conseguito, per meriti speciali, la patente di "pessimista", sia autorizzato a dare lezioni sul modo di condurre un'esistenza felice.

Nel concetto di *Lebensweisheit* o "saggezza pratica" (molto probabilmente ripreso da un giudizio su Wieland di Goethe, che lo contrappone a *Schulweisheit*, "sapere scolastico") si inscrive e si compendia l'antropologia di Schopenhauer, formatasi su due direttrici solo in apparenza divergenti: l'interesse per i problemi religiosi e la mistica e la metodologia delle scienze naturali. Queste due componenti sono accomunate da una istanza anti-intellettualistica e organicistica che privilegia il momento dell'esperienza individuale, del finito, del concreto, sia nello spazio dei fenomeni fisici sia nel tempo della coscienza. La svolta antropologica e fenomenologica della filosofia europea nella seconda metà dell'Ottocento, verificatasi anche grazie alla divulgazione del pensiero schopenhaueriano, corrisponde a una forma virtuale del pensatore che ha il suo emblema in un termine-chiave (prettamente luterano): *unmittelbar*, "immediato", "diretto", a indicare un confronto dell'uomo col mondo e con se stesso senza mediazioni. Tali sono, per Schopenhauer, le religioni messianiche e i loro simulacri moderni, le filosofie storicistiche; le ideologie progressiste e, più in generale, quella alienante forma di mediazione tra bisogni e fini che è la dottrina della prassi.

L'immediatezza come *Erlebnis*, rapporto sentito e partecipe con la realtà, nel pensiero e nell'azione, è anche il carattere distintivo dell'espressione schopenhaueriana. Arthur Hübscher, in un suo splendido libro dedicato al filosofo, dà una spiegazione suggestiva e profonda del fascino che la scrittura di Schopenhauer ancora esercita sul lettore di oggi, e ne riconduce il segreto al latente fervore di *charitas* che ispira quella retorica: "Si tratta di qualcosa di più della validità e della forza di convinzione del discorso; è come se all'interno di un rito quasi religioso si dovesse creare e conservare una specie di solidarietà umana. Quando leggiamo Schopenhauer, abbiamo la sensazione che chi ci parla è un amico fidato, uno che ci capisce a fondo".[3]

Non solo. Chi ci parla è anche uno straordinario *entertainer*, con un senso del tragicomico come suprema categoria dell'umano che è di pochi sommi artisti. Le pagine sulla confutazione del concetto di onore cavalleresco, in specie quelle sulla simbologia del duello, contengono tanta implicita *vis comica* che c'è davvero da rimpiangere che Schopenhauer abbia lasciato incompiuto lo studio monografico che si era proposto, limitandosi a riversare in questi *Aforismi* il materiale già elaborato. Si tratta, in ogni caso, del fulcro ideologico e letterario del libro, dove, con la demolizione di un suo feticcio, l'onore, si trascina nel ridicolo tutto il sistema di valori, di tradizioni e mediazioni su cui si basa la convivenza civile; ridotta questa a una gigantesca proiezione di falsa coscienza.

Particolarmente insidioso è il principio dell'onore perché si situa sul crinale tra egoismo e aspirazione ai valori oggettivi, dove prosperano gli inganni e le illusioni più crudeli. Nell'inventario dei beni che secondo l'opinione corrente assicurano la felicità, i più perniciosi, perché i più innaturali, sono quelli vagheggiati dall'amor proprio. Il desiderio di valere per gli altri, di essere stimato e ammirato, si àncora al concetto di onore, che è cosa diversa dall'onorabilità: questo è un principio rispettato più o meno da ogni popolo in ogni epoca. Le grandi civiltà orientali, e quelle dell'antichità classica, che hanno dato incomparabili modelli di virtù e di eroismo, ignoravano quella

[3] Arthur Hübscher, *Denker gegen den Strom - Schopenhauer Gestern, Heute, Morgen*, Bouvier Verlag Herbert Grundmann, Bonn, 1973. Trad. it. a cura di Giuseppe Invernizzi, *Arthur Schopenhauer: un filosofo contro corrente*, Mursia, Milano, 1990, p. 148.

sciagurata invenzione del Medioevo cristiano (più esattamente, del sistema feudale) che si fonda sul primato della forza fisica, del dispotismo e della superstizione. I suoi codici, inviolabili quanto micidiali, sono stati trasmessi dai ceti aristocratici (il "prestigio" come estrema forma di potere) alle società borghesi che li hanno conservati come incongrui relitti in un mondo completamente trasformato; e per colmo del ridicolo, quei codici sono stati adottati da cerchie sociali (militari, studenti universitari, borghesi snob) che in origine erano state esentate dalla loro osservanza proprio per ragioni di ceto.

Il principio dell'onore cavalleresco, nelle sue manifestazioni rituali come il duello, ma anche nelle sue emanazioni più blande ormai capillarmente diffuse nelle comunità civili, è la radice di quell'alienazione mascherata di decoro e virtù che è il "vivere per gli altri", ossia il rinunciare a vivere. Che cos'è il lusso, la brama di notorietà, il presenzialismo, e d'altro canto l'eccessiva suscettibilità alle critiche, la vulnerabilità all'indifferenza altrui se non il desiderio di insediare e conservare una lusinghiera immagine di sé nelle teste degli altri? Per questo fantomatico io, affidato all'inaffidabile arbitrio di gente che magari disprezziamo, a volte si sperperano beni reali, si subiscono danni e dolori incalcolabili. Dare eccessiva importanza al giudizio degli altri non è una necessità intrinseca alla natura umana, ma solo una brutta abitudine della vita associata che a poco a poco rende schiavi di quello che non si stima e non si ama. Schopenhauer ci dice che la maggioranza degli uomini, più o meno conscia della propria mediocrità, si sente minacciata dal merito, dal valore, dalla semplice presenza di qualità intellettuali e morali. Così come le donne belle creano allarme e ostilità in tutte le altre, e finiscono sole ed emarginate. È vero che l'opinione altrui è essenziale per fissare le nostre quotazioni sociali, dunque è determinante perché possiamo farci strada nel mondo: ma questo, a ben guardare, vale per chi è del tutto privo di qualità reali. L'uomo di merito che si aspetti riconoscimento e appoggio sperimenterà a suo danno che la paura e la viltà della maggioranza degli uomini gli hanno decretato una lotta senza quartiere. È un fatto che aveva profondamente colpito anche Goethe. E per una graduale assuefazione all'amaro della sua medicina Schopenhauer chiama in causa proprio il Goethe di *Vanitas! Vanitatum vanitas!*, col verso prediletto dai romantici, ma che l'autore degli *Aforismi* adotta con la puntigliosa oculatezza di un ragioniere filisteo:

> *Nun, hab'ich mein Sach aufs Nichts gestellt*
> (Ora ho puntato tutto sul nulla).

La lezione eudemonistica (o avviamento all'arte di vivere felici) di Schopenhauer consiste in una strategia di dissuasione modellata sulle *agudezas* della retorica gesuitica (acquisita anche tramite la prediletta letteratura spagnola) e sulla trattatistica dell'arte della guerra: autocontrollo e dissimulazione, manovre di accerchiamento e ritirate strategiche, soprattutto una puntuale e costante "critica delle operazioni", dimostreranno che il nemico (la volontà di vita che crea appetiti, desideri, passioni, speranze) va intrappolato con l'astuzia più che aggredito con la forza. Si tratta di sovvertire concezioni e valori millenari, che sono stati considerati il vanto e il conforto dell'umanità, mentre erano solo una causa occulta della sua miseria e delle sue sofferenze. Ad esempio, la saggezza antica aveva celebrato l'amicizia, annoverandola tra le gioie della vita e tra le espressioni più raffinate della civiltà. Schopenhauer, per le massime di prudenza da adottare a questo riguardo, si ispira a un proverbio arabo: "Quello che il tuo nemico non deve sapere, non confidarlo al tuo amico". E nella casistica a supporto, che è sempre una mirabile lezione di psicologia per fotogrammi (indimenticabile l'espressione della signora che guarda preoccupata la candidata al posto di dama di compagnia, giudicandola non adatta perché troppo bella; o quel ragionier Fantozzi *ante litteram* che in perfetta malafede elogia a voce stentorea gli aborti letterari del suo superiore) insiste con la raccomandazione della segretezza, della prudente reticenza: sii e resta il più possibile un estraneo per i tuoi amici e conoscenti, perché è certo che prima o poi essi faranno un cattivo uso di quanto hanno appreso sul tuo conto.

Sarebbe ingiusto e banale collegare a questo concetto riduttivo dell'amicizia tra gli uomini il sincero, lucidissimo amore di Schopenhauer per gli animali. Gli interventi dello scrittore su questo tema, in vari luoghi delle sue opere (se ne potrebbe ricavare un dossier, per un'edizione a se stante), non hanno nulla della perorazione sentimentale, ma innalzano la specie animale e la sua sorte terrena, alla mercé della "scelleratezza" degli uomini, a funzione rivelatrice di quel *Weltschmerz* o "male di vivere", "dolore cosmico", che è stata la fonte primaria di tutto il pensiero schopenhaueriano.

La dotazione di saggezza di cui dovremo provvederci per non sprecare inutilmente speranze e sentimenti nell'amicizia vale in notevole misura anche per l'amore. Del resto, dalla risoluta presa di posizione di Schopenhauer contro la cultura del Medioevo cristiano il lettore degli *Aforismi* può già aver tratto eloquenti indicazioni circa le opinioni dell'autore sulla donna e sull'intera concezione dell'amore "occidentale". Anche in questo caso il tema antropologico trova un'organica connessione al sistema filosofico di Schopenhauer, assumendo nei suoi confronti un carattere di comprovata convalida.

Nella concezione schopenhaueriana la volontà (in tedesco il sostantivo è di genere maschile) è il fondamento metafisico dell'essere; rovesciando la priorità dell'ordine antico l'intelletto è un derivato della volontà, un suo strumento di organizzazione della vita, mediante il quale la realtà noumenica, in sé inestesa, si proietta su quello schermo che è il mondo dove ci appare come molteplice parvenza, caleidoscopica illusione, velo di Maia.

Forse per questa suggestione metaforica l'intelletto, pur

venendo propriamente "dal Cielo" (metafora del fato), ha per tramite la femminilità. Nella generazione, il figlio riceve dal padre l'essere, ossia la volontà, l'impulso vitale all'autoaffermazione, dalla madre l'intelligenza, che è *principium individuationis*, e in quanto tale contiene un virtuale germe di redenzione: perché è grazie a una mobilitazione delle forze intellettuali che l'uomo può accedere all'autonegazione, vale a dire a sopprimere deliberatamente in sé la volontà di vita, e con essa la tensione dolorosa, ottenendo quel tanto e quel modo di felicità che la condizione umana consente. Una sorta di rimosso culto di Maria, mediatrice tra la corrotta materia e le sfere celesti, riaffiora in versione decisamente antiromantica e antifemminista.

Coi suoi occhi di zaffiro rimasti tersi e parlanti fino alla tarda vecchiaia, e col fascino byroniano delle sue errabonde frustrazioni, Schopenhauer era destinato ad attirare sciami di donne adoranti. Ha anche fatto la sua parte, e con la fama, *in extremis*, premurose ammiratrici gli resero la beata solitudine addirittura paradisiaca. Ma è indubbio che il rapporto con la madre abbia segnato negativamente non tanto la sua carriera erotica quanto la sua concezione della vita e delle relazioni umane. Johanna Trosiener in Schopenhauer, come madre, era uno strano misto di buon senso e ottusità, di sollecitudine ed egoismo. Il suo commento alla dissertazione che compendiava le trepide ambizioni del giovane Arthur, *La quadruplice radice del principio di ragione sufficiente*, era stato: "Dev'essere roba per farmacisti".[4] Ma ben più grave agli occhi del figlio era la negligenza della vedova Schopenhauer nei confronti del patrimonio familiare, e la disinvoltura con cui Johanna attingeva all'eredità dei figli, magari per mante-

[4] Cfr. Rüdiger Safranski, *Schopenhauer und die wilden Jahre der Philosophie*, Carl Hanser Verlag, München–Wien 1987; Rowohlt Taschenbuch Reinbeck bei Hamburg 1990, p. 255.

nere i suoi cicisbei. Per contro Schopenhauer ha sempre avuto un rispetto per il denaro che in lui, figlio di un probo e abile commerciante, ha assunto i caratteri di una tenace *pietas*. Fatto sta che con la sua atavica prudenza nelle cose pratiche Schopenhauer – nonostante fosse stato diseredato tre volte dalla madre – riuscì a conservare il suo patrimonio, ottenendo quella autonomia economica che non ha cessato di esaltare come condizione indispensabile per un libero lavoro intellettuale, e in generale come premessa di felicità.

Egli comunque restava dell'avviso che non bastasse aver avuto un padre accorto e provvido. Quanti giovani hanno visto il loro avvenire compromesso da una madre dissoluta? Così, dagli *Aforismi*, viene una patetica raccomandazione ai padri di famiglia che stanno per redigere un testamento: non lasciate che le mogli amministrino l'eredità dei figli, piuttosto affidate le loro sostanze a un onesto tutore. E ai giovani: se dovete sposarvi, trovatevi una moglie ricca di famiglia. Una donna avvezza dalla nascita alla vita agiata porterà in dote anche la capacità di spendere, la cura per la ricchezza domestica, mentre la ragazza povera che comincia a maneggiare il denaro dopo il matrimonio, sarà preda di mille infatuazioni e di mille tentazioni, insomma vi manderà in rovina. Quanto poi all'ideale del matrimonio, eccone la fisiologia: per il sesso femminile il matrimonio non rappresenta una libera scelta, ma una necessità coatta. La donna ha bisogno, per sopravvivere, di quei beni materiali che in genere sono prodotti solo dall'uomo. In cambio essa offre prestazioni sessuali, regolate da un patto iniquo: l'uomo otterrà tali prestazioni *in esclusiva* se si sobbarca l'onere di mantenere, proteggere ecc. moglie e figli. Pertanto la donna che si concede a un uomo fuori del vincolo del matrimonio è coperta d'infamia e bandita dalla società dalle consorelle (dalle "socie in affari" si dovrebbe dire) in quanto mette a repentaglio il benessere di tutto il sesso femminile compromettendo, nella clausola dell'"esclusiva", i fondamenti del patto. Ecco la veridica genesi del principio dell'onore per quanto attiene al comportamento sessuale.

Se un complesso di castrazione fomenta il misoginismo di Schopenhauer, si tratta, com'è evidente, di castrazione economica. In ogni caso il rovesciamento di ruolo gli è riuscito in modo esemplare: la donna non è più colei che schiaccia il capo al serpente, ma con la sua fredda libidine, con la sua perfidia calcolatrice, e con la sua linguaccia biforcuta, è il serpente stesso. La rabbiosa demistificazione della donna salvifica genitrice si estenderà a quella gloriosa metafora della mammella materna che è l'*alma mater studiorum*.

Il disdegno della vita come bene ricevuto, nel rifiuto dell'immagine materna, porterebbe come logica conseguenza un'accettazione del suicidio in quanto forma estrema di ascesi. Invece, diversamente dai saggi antichi a cui si ispira, Schopenhauer nega la validità morale del suicidio con ragioni strettamente dottrinarie: a differenza del saggio e del santo in cui, per libera scelta, la volontà di vivere viene soppressa nei suoi caratteri autenticamente perversi (avidità, egoismo), il suicida sopprime della volontà solo una parvenza fenomenica, un suo effimero "modo" individuale, sicché la sua formidabile potenza non viene intaccata, ma piuttosto accresciuta dalla spasmodica autoaffermazione del suicida. Ma il rifiuto del suicidio, che ha come corollari la celebrazione della salute come bene supremo, e il riconoscimento della vecchiaia quale età privilegiata dell'uomo, è in fondo una prova che il disprezzo di Schopenhauer per la vita è più metodico che sistematico, e che il suo pessimismo può divenire un'attendibile propedeutica alla felicità: la cui mappa comunque va ridi segnata da prospettive meno ingenue e penalizzanti.

Certo la *pars destruens* della metodica schopenhaueriana è così dirompente ed eversiva che è rimasta a emblema di tutto il suo pensiero; la valenza pessimistica è coerentemente riverberata nell'ambito morale, per cui il saggio raccomanda solo virtù negative: l'astinenza, la resistenza, la sopportazione, il distacco, la freddezza. Ma della sua visione antropologica in assoluto Schopenhauer ha detto anche che rappresentava quello che il Nuovo Testamento era stato nei confronti dell'Antico, vale a dire la sostituzione dell'impero della legge con il regno della grazia. Egli intendeva dire che la salvezza dell'uomo non si raggiunge tramite un'idea di giustizia esterna, che rispecchia un improbabile ordine razionale dell'universo, ma con un proposito di autoredenzione nei confronti del proprio destino, sospeso tra bisogno, dolore e noia.

Il raggio eterno della verità schopenhaueriana è il nesso tra volontà di vita, egoismo e competizione. Venendo a questo mondo ognuno di noi è esposto non solo al retaggio di dolore del singolo, ma anche a quella lotta di tutti contro tutti che è l'effetto micidiale della volontà di vivere; sopprimendo la volontà, si sopprime, semplicemente, la guerra. Ogni idea di solidarietà umana che non abbia come logica premessa lo sradicamento definitivo dell'egoismo, è destinata a finire in uno sterile conflitto di ideologie. Religioni, filosofie, concezioni politiche e filantropiche sinora hanno confuso uno slancio disinteressato al bene comune con una opportunistica promozione dei loro princìpi-guida, ossia dei loro egoismi competitivi; col risultato di lasciare l'uomo più disarmato che mai di fronte ai suoi mali reali e ineliminabili: la morte, la malattia, il bisogno. Il destino umano non può prescindere da questi esosi tributi che tolgono al termine "felicità" ogni connotazione positiva. Si tratterà allora di rendere meno increscìosi gli effetti di quelle calamità naturali con una prevenzione sistematica e capillare da attuarsi sotto la guida di un esperto altamente specializzato: in questo consiste la saggezza per la vita proposta dagli *Aforismi*.

Alla classica domanda "Dove si trova la felicità?" Schopenhauer risponde con una ideale geografia dei luoghi dove la felicità sicuramente non si trova: nella vita mondana, nella cultura ufficiale, nel focolare domestico, nelle distrazioni cercate per vincere la noia, ma anche nella brama di posses so, nelle passioni, nelle speranze. A questi miraggi la volontà di vivere attira gli sprovveduti, per poi piantarli in asso. L'elogio della solitudine come strategia difensiva contro l'inquinamento rappresentato dalle relazioni sociali, e da rapporti interpersonali troppo invadenti, si leva dagli *Aforismi* con classica limpidezza fornendo la più consona ambientazione alla *pars construens* dell'antropologia schopenhaueriana: infatti è dalla solitudine che sboccia quella "coscienza migliore" che rappresenta il decollo dalla vita comune, invischiata in interessi competitivi, verso una sfera di libertà in cui si conosce e si agisce disinteressatamente: è il dominio dell'arte, della compassione, dell'ascesi, che significano la sconfitta dell'egoismo, e quindi la sconfitta dell'infelicità.

Anche se trova nella stagione degli *Aforismi* la sua applicazione più fiorente, la "coscienza migliore" era un reperto giovanile della ricerca schopenhaueriana. Come altri motivi fondamentali del suo pensiero (primo fra tutti il carattere intuitivo della conoscenza, che determina uno speciale nesso tra creazione poetica e scoperta scientifica) si tratta di un'eredità goethiana che Schopenhauer consegna all'umanesimo novecentesco. Al momento di separarsi dal giovane amico, dopo quell'inverno 1813-14 così ricco di acquisizioni e di promesse per entrambi, Goethe gli aveva dedicato un motto in cui, della "coscienza migliore", è indicata non solo l'essenza ideale, ma anche, concretamente, la dinamica storica:

Se vuoi dar valore a te stesso,
devi dare valore al mondo.

In quegli anni Goethe, alle prese con i cicli delle *Xenie miti* e di altre poesie epigrammatiche, aveva elaborato una poetica dell'aforisma che Schopenhauer, nella sua ultima stagione, adotterà in tutta la ricchezza delle sue implicazioni morfologiche: secondo Goethe l'essere vivente si sviluppa da un nucleo originario che contiene l'intero disegno dell'individuo, poi immanente in ogni fase della sua evoluzione. Analogamente, nell'aforisma, è presente l'intero mondo dell'autore, che può svariare tra contenuti eterogenei e stili disparati, ma conservando sempre un'organica rispondenza alla propria legge interna. Con l'adozione di questa forma letteraria Schopenhauer riattinge il senso costruttivo del realismo goethiano che è alle origini della sua concezione pessimistica. Come ricorda nella lettera a Julius Frauenstädt del 15 luglio 1855 (i *Parerga* erano già stati pubblicati): "... il mio pessimismo si è formato tra il 1814 e il 1818, epoca che era *la più ricca di speranze*, dopo *la liberazione della Germania...*".[5] Era anche l'epoca in cui quel medesimo Goethe riconduceva la leggenda di Faust alla sua radice mitica e germanica – l'ingorda volontà di vita e la sua clamorosa espiazione; mentre nell'ultimo *Wilhelm Meister*, con la elucidazione dell'idea di *Entsagung* ("rinuncia") come sintesi di libertà e potenza individuali, esemplava in senso già tutto post-moderno la rottura della necessità storica e il ruolo della ragione come semplice coscienza critica e umana ragionevolezza: *Lebensweisheit*.

È da questa prospettiva immanentistica e pratica che i contemporanei, nell'ultimo decennio di vita di Schopenhauer, ne hanno accolto l'insegnamento. La fama arrise prima allo psicologo e al moralista, e solo più tardi al filosofo del *Mondo come volontà e rappresentazione*. L'onda lunga della *décadence*, che porta Schopenhauer a farsi inopinato tramite fra Goethe e Wagner (l'alfa e l'omega della spiritualità tedesca, che si realizza come *riconoscimento*-riconoscenza del dono di vivere, e come *Sühnwallfahrt*, "pellegrinaggio espiatorio da assolvere"), non era l'unica, ineluttabile traiettoria della fortuna del filosofo. Schopenhauer si congeda dal mondo più come un epigono di Lessing che come un precursore di Nietzsche. "Già i primi discepoli di Schopenhauer non sono stati af-

[5] In Artur Hübscher, *Arthur Schopenhauer: un filosofo contro corrente*, op. cit., p. 167.

fatto dei pessimisti nemici della vita, aspiranti a fuggire dalla vita o incapaci di vivere, ma uomini che dovevano venire a capo della realtà: giudici, avvocati, proprietari terrieri, militari, commercianti, artisti."[6] Il clima post-quarantottesco, col suo riflusso individualistico e le sue disillusioni nei confronti dei grandi ideali collettivi, era particolarmente favorevole all'accoglimento di una filosofia tanto dissacrante nella sua denuncia dei valori istituzionali quanto fiduciosa nelle possibilità del singolo di trarsi d'impaccio con mezzi propri. E se nei confronti di un destino inesorabile i giochi non erano fatti, e non saranno mai fatti, vuol dire che in ogni essere umano è virtualmente presente un piccolo eroe, un piccolo pioniere, o almeno un giocatore fortunato.

Anche fuori della Germania il pubblico fu conquistato prima che dal filosofo, dal "saggio di Francoforte": un'immagine rassicurante che lo stesso Schopenhauer si era costruito con la scelta della città sul Meno come suo domicilio definitivo. Scelta che egli aveva motivato non con il culto di Goethe, e con le suggestioni di una *humus* faustiana e spiritata (le tradizioni rosacroce, i circoli pietisti) ma con l'eccellenza dell'organizzazione sanitaria, e in particolare con la presenza a Francoforte di un buon dentista. Certo anche la linda bellezza della città e dei dintorni, quel modo fiero e rispettoso d'interpretare la convivenza civile che gli ricordava la natia Danzica, deponevano a favore di Francoforte come ambiente ideale per trascorrervi la stagione più remunerativa dell'esistenza. Col suo *confort* borghese, entro i parapetti di un blando repubblicanesimo da città libera dell'impero (il padre di Schopenhauer, per fedeltà alle sue concezioni repubblicane, all'arrivo dei prussiani nel 1793 aveva lasciato Danzica per trasferirsi ad Amburgo) Francoforte era il polo opposto della Berli-

[6] In Arthur Hübscher, *Arthur Schopenhauer: un filosofo contro corrente*, op. cit., p. 168.

no roccaforte del “moderno”, della cui tracotanza intellettuale il colera scoppiato nel 1831 aveva assunto il senso di una biblica punizione.

In quell’atmosfera salutare si compie la genesi dell’ultimo mito schopenhaueriano con cui l’autore degli *Aforismi* conclude il suo discorso sulla felicità e rassicura il lettore circa i profitti delle sue radicali misure contro la volontà di vivere. Il filo d’Arianna del saggio aiuta a uscire da un labirinto di falsi valori e di falsi piaceri che ammorbano l’autentico amore per la vita, il dono più prezioso concesso all’essere umano. E tale era l’amore per la vita di Schopenhauer che egli, identificandolo con quella forma di igiene protettiva che è la saggezza, riesce a collocare l’ultimo atto dell’esistenza umana in una natura riscattata dalla temporalità, e fissata in scenario di mito cosmogonico. Dice Schopenhauer che se i saggi indiani delle *Upaniṣad* hanno stabilito in cento anni il corso naturale della vita umana è perché erano stati sagaci osservatori dell’esperienza quotidiana. Infatti chi riesce a evitare quella frequentissima causa di morte che è la malattia – comunque un fatto anomalo, aberrante della norma fisiologica – si spegne *naturalmente* tra i novanta e i cento anni. Allora la morte, senza agonia e senza spasimi, è il transito di un fiume che avvertiamo quando siamo già sulla sponda d’arrivo, ossia quando è già cominciata la palingenesi. La fase conclusiva della vita, nella semiseria astrologia delineata alla fine degli *Aforismi*, è sotto l’influsso di Urano, come la fanciullezza è dominata da Mercurio, la giovinezza da Venere, l’età virile da Marte, i cinquant’anni da Giove e i sessanta da Saturno. Urano, vale a dire, il cielo. E la naturale eutanasia che premia la saggezza del campione umano arrivato senza gravi malattie (e senza aver intaccato il capitale!) ai novant’anni appare come una sorta di volatilizzazione o sublimazione chimica. Se i nostri elementi costitutivi si disgregano, questo fenomeno biologico trascende, ma non annulla l’individuo, bensì lo “prepara” all’insondabile metamorfosi. Sì, in qualche caso la natura ha rivelato le sue segrete intenzioni nei confronti della tarda età dotando il vegliardo di una terza dentizione.

Ma ogni giornata del vecchio, per la diversa velocità che assume il tempo, per il più ricco metabolismo che si attiva tra esperienze attuali ed esperienze rammemorate, per i nessi spontanei che si creano nel patrimonio del sapere, ha il carattere imprevedibile e prodigo della fiaba. Il filosofo-mago non esita a svelare le ragioni profonde del suo sortilegio: è nella fase declinante della vita, quando si affievoliscono le forze fisiche che distraggono l'uomo dal mondo dei fini, che affiora dalle profondità dell'essere quella cognizione più verace della nostra individualità che s'è annunciata a sprazzi nei sogni, in intuizioni–lampo subito soffocate dalla zavorra dell'esperienza comune: è un concretissimo segno di quella superiore concentrazione delle nostre energie vitali, di quella più spedita dinamica del nostro spirito alla quale – come a un'idea platonica del nostro io, o a un dèmone-guida – chiediamo inconsciamente direzione e lume nei momenti decisivi della nostra vita. Le età in cui maggiormente si esercita l'attività simbolica del nostro io profondo sono la fanciullezza e la vecchiaia. Ma quest'ultima ha la prerogativa di confrontare e coordinare la produzione spontanea dello spirito con un patrimonio di sapere e di esperienza raccolto e rimeditato nel corso della vita.[7]

[7] Sulla "scienza dell'anima" di Schopenhauer ricordiamo l'apertura critica di Thomas Mann: "[Schopenhauer] ...come psicologo della volontà, è il padre della moderna psicologia. Da lui, passando per il radicalismo psicologico di Nietzsche, muove una linea che arriva fino a Freud e a coloro che la sua psicologia del subcosciente applicarono alla cultura". Nel saggio *Schopenhauer* (p. 674) tradotto da Bruno Arzeni, in *Nobiltà dello spirito*, Mondadori, Milano, 1956[2].
Sul rapporto tra la teoria del sogno di Schopenhauer e la dottrina dell'eterno ritorno di Nietzsche si veda l'interessante contributo di Pier Giuseppe Milanesi, *Schopenhauer e l'eterno ritorno* in *Schopenhauer ieri e oggi*, op. cit., pp. 207-216.

Si potrebbe obiettare a Schopenhauer che per arrivare a godere di questo radioso tramonto è richiesta una disciplina eccessivamente severa; che togliere all'esistenza illusioni, passioni, rischi, sperperi, sarà una necessaria misura di prudenza, ma è certo un impoverimento. Al riparo dalle tensioni e dalle sofferenze, quale reale conoscenza del mondo, degli uomini e di se stessi si può raggiungere? Il Maestro è ben consapevole di questo, e fa intendere che se nessun manuale di saggezza potrà indurre l'uomo a rinunciare alle sue naturali inclinazioni e partecipazioni, neppure potrà fargli male essere preventivamente avvertito sul come, dove e perché egli andrà sicuramente a rompersi il collo. La vita è una scommessa, come hanno poi teorizzato gli esistenzialisti con la loro pedantesca omologazione del tragico schopenhaueriano, che viceversa non ha niente di cerebrale e di lugubre. Rischia pure, dice il saggio, ma a ragion veduta, e, soprattutto, quando avrai perso non aggravare la situazione rimproverandoti e punendo te stesso per aver fallito. In fondo la lezione più edificante e più accattivante di questi *Aforismi* è l'esempio di una fedeltà a se stessi che si identifica col puro disinteresse: inteso questo come una sorta di indefettibile *fair play* nei confronti della vita. Schopenhauer infatti scrive questi *Aforismi* nella più serena disperazione circa la risposta del pubblico e l'accoglienza della cultura ufficiale. Alla metà degli anni 1840 egli era ancora un filosofo misconosciuto, un accademico fallito, un autore rifiutato dagli editori. La vocazione a farsi coscienza dell'umanità, nelle ironiche sembianze di confidenziale Grillo Parlante, era fiorita dal più puro disinteresse. E per questa eccelsa virtù – che il suo maestro Kant gli aveva instillato nel cuore e nella mente – quella vocazione si sarebbe trasformata in favolosi alberi di zecchini d'oro per l'autore, e soprattutto per gli editori dei secoli futuri.

Maria Teresa Giannelli

Aforismi sulla saggezza del vivere

Introduzione

Le bonheur n'est pas chose aisée:
il est très difficile de le trouver en nous,
et impossible de le trouver ailleurs.
(Chamfort)

Il concetto di saggezza del vivere è da me assunto in questa sede in senso del tutto immanente, vale a dire come l'arte di condurre un'esistenza il più possibile piacevole e felice; l'avviamento a quest'arte si potrebbe anche chiamare eudemonologia, o guida all'esistenza felice. Questa a sua volta potrebbe definirsi come qualcosa che in termini puramente obiettivi, o piuttosto (giacché qui è il giudi zio soggettivo che conta) secondo una fredda e ponderata disamina, sarebbe decisamente da preferire alla non esistenza. Da tale concezione della vita consegue che noi dovremmo esserle attaccati per se stessa, non per semplice timore della morte; e anche che la desidereremmo di durata infinita. Ora, se la vita umana corrisponde o abbia la possibilità di corrispondere al concetto di esistenza felice è una questione a cui la mia filosofia, com'è noto, risponde negativamente; mentre l'eudemonologia presuppone una risposta affermativa. Risposta che si basa sull'errore implicito la cui confutazione apre il 49° capitolo del secondo volume della mia opera principale.

Per poter in ogni caso elaborare una visione eudemonologica io ho dovuto allontanarmi del tutto dalla più elevata posizione etico-metafisica a cui conduce la mia più autentica filosofia. Pertanto tutta la presente trattazione si basa in certo qual modo su un adattamento: essa resta a un livello comunemente empirico e ne conserva il suo margine di erroneità. Anche il suo valore dunque può essere solo limitato, perché lo stesso termine "eudemonologia" non è che un eufemismo. Del resto questa trattazione non ha alcuna pretesa di compiutezza, sia perché il tema è inesauribile, sia perché, altrimenti, avrei dovuto ripetere cose dette da altri.

Di scritti concepiti con propositi analoghi a quelli dei presenti *Aforismi* mi viene in mente solo l'assai meritevole libro di Cardano *De utilitate ex adversis capienda*, grazie al quale si può completare quanto qui viene esposto. Certo anche Aristotele ha inserito nel quinto capitolo del primo libro della sua *Retorica* una breve eudemonologia: ma è riuscita troppo schematica. Io non ho fatto ricorso a questi predecessori perché la compilazione non è un metodo a me congeniale; tanto più che in tal modo va perduta l'unità della concezione che è l'anima di lavori di questo genere. Certo i saggi in ogni epoca hanno detto in linea di massima sempre le stesse cose, e gli stolti – vale a dire la stragrande maggioranza – in ogni epoca hanno fatto sempre la stessa cosa, cioè il contrario: e così sarà anche in futuro. Per questo Voltaire dice: *Nous laisserons ce monde – ci aussi sot et aussi méchant que nous l'avons trouvé en y arrivant*.

I
Partizione generale

Aristotele (*Eth. Nicom.* I, 8) ha suddiviso i beni della vita umana in tre classi: quelli esterni, quelli dell'anima e quelli del corpo. Mantenendo qui, dell'intero prospetto, solo la tripartizione, io dico che quanto stabilisce la differenza nella sorte dei mortali si può ricondurre a tre determinazioni fondamentali. Esse sono:

1. ciò che uno *è*: ossia la personalità, nel senso più vasto. Vi sono compresi la salute, la forza, la bellezza, il temperamento, il carattere morale, l'intelligenza e la sua educazione.
2. Ciò che uno *ha*: ossia la proprietà e il possedere in ogni senso.
3. Ciò che uno *rappresenta*: con tale espressione s'intende comunemente quello che uno è nella rappresentazione altrui, dunque propriamente come uno *viene rappresentato* dagli altri. Consiste quindi nell'opinione che gli altri hanno di lui, e si distingue in onore, rango e fama.

Le differenze da considerare tra le prerogative enumerate al primo punto sono quelle che la natura stessa ha posto tra gli uomini: già da questo si può desumere che l'influsso da esse esercitato sulla loro felicità o infelicità sarà più intrinseco e decisivo delle differenze derivate da semplici determinazioni umane come quelle presentate ai numeri 2 e 3. Tutti i pregi del rango, della nascita – magari regale – della ricchezza, e simili, stanno agli autentici pregi personali – una grande mente, un grande cuore – come i re da teatro stanno a quelli veri. Già Metrodoro, il primo discepolo di Epicuro, intitolava un suo capitolo: Περὶ τοῦ μείζονα εἶναι τὴν παρ' ἡμᾶς αἰτίαν πρὸς εὐδαιμονίαν τῆς ἐκ τῶν πραγμάτων (*Majorem esse causam ad felicitatem eam, quae est ex nobis, ea, quae ex rebus oritur*).[1]

E senza dubbio per il benessere dell'uomo, anzi per ogni aspetto della sua esistenza, la cosa principale è evidentemente ciò che è insito in lui o che in lui avviene. Qui infatti risiede il suo intimo benessere o malessere in quanto effetto immediato del suo sentire, della sua volontà e del suo pensiero; mentre tutto quello che è posto all'esterno vi esercita un influsso solo indiretto. Pertanto i medesimi avvenimenti esterni o le medesime circostanze impressionano ognuno in modo diverso e nelle medesime condizioni ambientali ognuno vive in un mondo differente. Infatti l'uomo ha a che fare direttamente solo con le proprie rappresentazioni, coi propri sentimenti e moti della volontà: solo nella misura in cui determinano questi contenuti di coscienza le cose esterne hanno influsso su di lui. Il mondo in cui ciascuno vive dipende in primo luogo dal proprio modo di concepirlo, quindi si conforma ai differenti caratteri mentali: in base a tali differenze sarà povero, scialbo e piatto, oppure ricco, interessante e pieno di significato. Ad esempio, mentre si invidiano a qualcuno le circostanze interessanti che gli si sono presentate nella vita, si dovrebbe piuttosto invidiargli la capacità di comprendere che conferisce a quelle circostanze il significato assunto nella sua descrizione: perché le medesime circostanze che in una mente intelligente si configurar · così interessanti, sperimentate da una mente mediocre non sono più di una insulsa scena di un mondo del tutto ordinario. Ciò appare in tutta evidenza in svariate poesie di Goethe e di Byron palesemente tratte da circostanze reali: un lettore poco accorto è capace di invidiare il poeta per l'avvenimento così gratificante anziché per la possente fantasia che da un episodio abbastanza comune ha saputo trarre qualcosa di sommamente grande e bello. Allo stesso modo il malinconico vede una scena tragica laddove il sanguigno vede solo un interessante conflitto e il flemmatico qualcosa di insignificante. Tutto questo dipende dal fatto che ogni realtà, vale a dire ogni presente effettivo, consiste di due metà, il soggetto e l'oggetto, sia pure in una connessione di stretta e necessaria affinità, come l'ossigeno e l'idrogeno nell'acqua. Se la metà oggettiva è perfettamente uguale, e la metà soggettiva differente, come pure nel caso contrario, la realtà presente è del tutto diversa: la migliore, la più bella realtà oggettiva, se la soggettiva è ottusa e scadente, dà solo una realtà e un presente scadenti; come un bel paesaggio col tempo cattivo, o nel riflesso di una *camera obscura* difettosa. O per dirla in termini più semplici: ognuno sta dentro la propria coscienza come dentro la propria pelle e solo in essa vive con immediatezza: quindi non lo si può aiutare molto dall'esterno. Sulla scena uno fa la parte del principe, un altro del consigliere, un terzo fa il servo o il soldato, il generale ecc., ma queste differenze si colgono semplicemente nell'aspetto esterno; nell'interiorità, come anima di una simile apparizione, si cela in tutti la stessa cosa: un povero commediante col suo tormento e la sua miseria. Nella vita è lo stesso. Le differenze di ceto e di censo danno a ciascuno la propria parte da recitare; ma a questa non corrisponde affatto una differenza interna in merito alla felicità e al benessere; così anche in questo caso, dentro a ciascuno è nascosto il medesimo povero diavolo con la sua miseria e il suo tormento; questi certo differiscono nel contenuto, da persona a persona; ma nella forma, ossia nella loro vera essenza, sono abbastanza simili per tutti; sia pure con differenze di grado, che però non dipendono affatto dalla posizione sociale e dalla ricchezza, cioè dal ruolo adottato. Infatti poiché tutto quello che è e avviene per l'uomo è immediatamente solo nella sua *coscienza* e per essa avviene; così è evidente che la qualità della coscienza è l'essenziale e nella maggior parte dei casi conta più delle forme che vi si rappresentano. Tutto lo splendore e i godimenti rispecchiati nella coscienza ottusa di un povero diavolo sono una miseria di fronte alla coscienza di un Cervantes quando in una scomoda prigione scriveva il *Don Chisciotte*.

La metà oggettiva del presente e della realtà è nelle mani del destino, e quindi è mutevole; la metà soggettiva siamo noi stessi, quindi è sostanzialmente immutabile. Dunque la vita di ogni essere umano, per quanto grande possa essere la varietà esterna, presenta di regola il me desimo carattere, ed è paragonabile a una serie di varia zioni su *un unico* tema. Nessuno può evadere dalla propria individualità. E come l'animale, nelle diverse condizioni in cui è posto, resta limitato alla ristretta sfera che la natura ha irrevocabilmente assegnato al suo essere – per cui, ad esempio, i nostri sforzi per rendere felice una bestiola cara, proprio a causa di quei confini del suo essere e della sua coscienza devono restare sempre entro stretti limiti – così è per l'uomo: la sua individualità determina in anticipo la misura della sua possibile felicità. In specie i limiti delle sue capacità intellettuali hanno determinato, una volta per tutte, la sua attitudine a piaceri elevati; se quei limiti sono ristretti, tutte le sollecitazioni dall'esterno, tutto quello che gli uomini o la fortuna fanno per lui non saranno in grado di fargli superare la misura di una felicità e di un benessere dozzinali, pressoché animaleschi. Egli rimane destinato al godimento dei sensi, a una raccolta e tranquilla vita familiare, a una vita sociale di basso rango e a divertimenti triviali; persino l'educazione, tutto sommato, non può fare molto per ampliare quella sfera, ammesso che possa fare qualcosa. Perché i più alti, i più vari e duraturi godimenti sono quelli spirituali; benché in gioventù possiamo ingannarci a riguardo, essi dipendono in primo luogo dalle qualità spirituali.

Da tutto ciò quindi risulta chiaro quanto la nostra felicità dipenda da quello che noi *siamo*, dalla nostra individualità; mentre per lo più si calcola soltanto il nostro destino, solo quello che noi *abbiamo* o quello che noi *rappresentiamo*. Tuttavia il destino si può migliorare; inoltre, se si possiede ricchezza interiore, non gli si chiederà molto; invece un cretino resta un cretino, un ottuso gaglioffo fino al termine dei suoi giorni è un ottuso gaglioffo, anche se si trovasse nel paradiso circondato dalle Urì. Perciò Goethe dice:

Popoli, schiavi e vincitori
hanno ammesso, in ogni epoca:
solo la personalità, tra i mortali,
è la felicità suprema.

(*Divano occidentale-orientale*)

Che per la nostra felicità e il nostro godimento il dato soggettivo sia di gran lunga più essenziale di quello oggettivo è confermato da tutto: a cominciare dal fatto che la fame è il migliore dei cuochi, e che il vecchio guarda con indifferenza colei che per il giovane è una dea, salendo per gradi fino alla vita del genio e del santo. In particolare la salute sovrasta ogni altro bene esterno, tanto che veramente un mendicante sano è più felice di un re malato. Un temperamento calmo e sereno derivante da una salute perfetta e da una buona costituzione, un'intelligenza chiara, vivace, penetrante e obiettiva, una volontà moderata e flessibile e quindi una coscienza tranquilla – sono pregi che nessuna posizione sociale e nessuna ricchezza possono sostituire. Infatti quello che un uomo è per se stesso, che lo accompagna nella solitudine, e che nessuno gli può dare o togliere è per lui evidentemente più essenziale di tutto il resto che egli possiede, o di tutto quello che egli può essere agli occhi degli altri. Un uomo dotato intellettualmente, in completa solitudine, può intrattenersi in modo assai dilettoso con i propri pensieri e le proprie fantasie, mentre il continuo avvicendarsi di trattenimenti, spettacoli, gite e divertimenti non riesce a difendere da una tormentosa noia un uomo ottuso. Un carattere buono, moderato, mite, può essere contento anche in condizioni precarie; mentre non lo è un carattere avido, invidioso e maligno, nonostante tutte le ricchezze. Ebbene, proprio per colui che ha in stabile godimento una individualità fuori del comune, spiritualmente eminente, la maggior parte dei piaceri in genere vagheggiati sono del tutto superflui, anzi molesti e fastidiosi. Così Orazio dice di se stesso:

Gemmas, marmor, ebur, Tyrrhena sigilla, tabellas,
argentum, vestes Gaetulo murice tinctas,
*sunt qui non habeant, est qui non curat habere**

e Socrate, alla vista di oggetti di lusso messi in vendita, disse: "Quante cose ci sono di cui io non sento il bisogno".

Per la felicità della nostra vita quindi è ciò che noi *siamo*, la personalità, in assoluto la cosa preminente e la più essenziale, già per il fatto che è attiva costantemente e in ogni circostanza; inoltre essa non è soggetta al destino, come i beni delle altre due classi, e non può esserci sottratta. Il suo valore pertanto può dirsi assoluto, in contrasto con quello puramente relativo delle altre due. Ne consegue che l'uomo può ricevere dal di fuori assai meno di quanto si pensi. Solo il tempo, onnipotente, esercita anche qui i suoi diritti: gradualmente a lui soggiacciono le doti fisiche e quelle spirituali, con l'eccezione del carattere morale che resta anche per esso inaccessibile. Certo da questo punto di vista i beni delle due ultime serie avrebbero il vantaggio, rispetto a quelli della prima, di non essere direttamente rapiti dal tempo. Un secondo vantaggio potrebbe essere che quei beni, situati nella sfera oggettiva, per natura sono raggiungibili, e a ognuno è data almeno la possibilità di entrarne in possesso; mentre invece la sfera soggettiva non è minima-

* Gemme, marmo, avorio, statuette etrusche, quadri, / argento, vesti colorate con la porpora dei getuli, / c'è gente che non ne possiede, e c'è chi non cura di averne (*Epist.* II, 2, 180-182).

mente in nostro potere, ma essendosi realizzata *jure divino* resta immutabile per l'intera vita; sicché qui vale l'inesorabile sentenza:

Come nel giorno che ti ha dato al mondo
stava il sole al saluto dei pianeti,
subito cominciasti a crescere e proseguisti
secondo la legge che da principio ti regola,
così devi essere, non puoi sfuggire a te stesso,
lo hanno già detto sibille e profeti;
né tempo né forza alcuna può smembrare
la forma impressa che si sviluppa vivendo.

(Goethe, *Parole primordiali. Al modo orfico*)

A tal riguardo, l'unica cosa in nostro potere è la facoltà di utilizzare la personalità data il più possibile a nostro vantaggio, di seguire quindi solo le aspirazioni a essa confacenti, e di applicarsi a un tipo di formazione a essa espressamente conforme, evitando ogni altro; scegliendo dunque la condizione, l'occupazione, il modo di vita a essa adeguati.

Un uomo erculeo, dotato di eccezionale forza muscolare, che a causa di circostanze esterne fosse costretto a un'occupazione sedentaria, a sottostare a un lavoro minuzioso e meticoloso, o a intraprendere studi o un lavoro intellettuale che richiedono attitudini di tutt'altro genere, rimaste in lui allo stadio embrionale, lasciando inutilizzate proprio le sue peculiari prerogative – si sentirà infelice per tutta la vita; ma ancor più si sentirà infelice chi ha prevalenti attitudini intellettuali che deve lasciare incoltivate e inutilizzate per esercitare un lavoro ordinario che non le richiede, o addirittura per dedicarsi a un lavoro manuale per cui non ha forza sufficiente. Qui però bisogna evitare, soprattutto in gioventù, lo scoglio della presunzione, per non attribuirsi in misura eccessiva attitudini che non si possiedono.

Dalla decisa prevalenza della nostra prima serie di beni sulle altre due deriva anche che è più saggio prodigarsi per conservare la salute e per perfezionare le proprie facoltà piuttosto che per l'acquisto di ricchezze; tuttavia questo non va frainteso nel senso che si debba trascurare di ottenere ciò che è necessario e adeguato. Però la ricchezza vera e propria, ossia la sovrabbondanza, contribuisce poco alla nostra felicità; pertanto molti ricchi si sentono infelici, perché sono privi di un'autentica formazione spirituale, privi di cultura, e quindi privi di un qualche interesse oggettivo che li ponga in condizione di esercitare un'attività intellettuale. Infatti quello che la ricchezza può dare, oltre al soddisfacimento dei nostri bisogni reali e naturali, ha scarso influsso sul nostro autentico benessere, che viene piuttosto turbato dalle molte, inevitabili preoccupazioni che la conservazione di un grande patrimonio comporta. Eppure gli uomini si preoccupano mille volte più di procurarsi ricchezze che di attendere alla propria formazione spirituale, mentre è indubbio che ciò che si *è* contribuisce alla nostra felicità assai più di ciò che si *ha*. Vediamo quindi non pochi in attività incessante, prodigarsi da mane a sera con l'operosità della formica per aumentare le ricchezze che già possiedono; e non conoscono altro al di là del ristretto ambito dei mezzi necessari per procurarsele; il loro spirito è vuoto, quindi non recepisce alcunché. I godimenti più elevati, quelli spirituali, sono per loro inaccessibili, e cercano invano di sostituirli con quelli più effimeri, i godimenti dei sensi, che costano poco tempo ma molto denaro, e che di tanto in tanto essi si concedono. Alla fine della loro vita essi poi, come risultato dell'intera esistenza, se la fortuna è stata favorevole, si trovano effettivamente un'enorme quantità di denaro che lasciano agli eredi, per aumentarla ancora o per sperperarla. Una vita simile, per quanto condotta fino in fondo con atteggiamenti di serietà e di sussiego, è non meno folle di altre che avevano come simbolo il berretto a sonagli del buffone.

La cosa essenziale per la felicità della propria vita è dunque ciò che uno *ha in se stesso*. Solo perché, in genere, ciò che uno ha in se stesso è ben poco, la maggior parte di coloro che hanno superato la lotta contro il bisogno si sentono in fondo altrettanto infelici di coloro che vi si dibattono. Il vuoto della loro anima, la banalità della loro coscienza, la povertà del loro spirito li spingono verso la società che è costituita per l'appunto di individui simili a loro, perché *similis simili gaudet*. Allora si va insieme a caccia di passatempi e di divertimenti ricercati in primo luogo nell'appagamento dei sensi, in piaceri di ogni specie, e infine nella dissolutezza. La ragione dell'inguaribile prodigalità per cui diversi giovani, di famiglia ricca, consumano l'ingente eredità ricevuta spesso in un tempo incredibilmente breve, in realtà altro non è che la noia scaturita dalla povertà e dal vuoto ora descritti. Un giovane simile, mandato nel mondo materialmente ricco ma povero di beni spirituali, si sforzerà invano di sostituire le ricchezze dello spirito con quelle materiali tendendo a ricevere tutto dall'esterno – analogamente a quei vecchi che cercano di ringagliardirsi con gli umori di donne giovani. Così alla fine la povertà interiore porta anche quella esteriore.

Non occorre che io metta in rilievo l'importanza delle altre due serie di beni della vita; perché il valore di beni posseduti è oggi così universalmente riconosciuto da non aver bisogno di alcuna raccomandazione. La terza serie di beni poi, nei confronti della seconda, ha una consistenza assai impalpabile, perché consiste solo nell'opinione altrui. Tuttavia ognuno deve aspirare all'onore, ossia al buon nome, mentre al rango devono aspirare solo coloro che servono lo Stato, e, quanto alla fama, pochissimi. In ogni caso l'onore è considerato un bene inestimabile, e la fama la cosa più preziosa che l'uomo possa conseguire, il vello d'oro degli eletti. D'altro canto solo gli stolti antepongono il rango al possesso di beni. La seconda e la terza serie stanno, per così dire, in rapporto di reciprocità; pertanto è legittimo lo *habes, habeberis** di Petronio, e, per contro, la favorevole opinione altrui, in tutte le sue forme, spesso è di aiuto per conseguire il possesso di beni.

* Possiedi, e sarai stimato.

II

Di quello che uno è

Abbiamo già constatato, per linee generali, come quello che uno *è* contribuisca alla sua felicità assai più di quanto egli *possieda*, o di quello che *rappresenti*. Ciò che conta è sempre quello che uno è e quindi quello che ha in se stesso: perché la sua individualità lo accompagna sempre e dovunque, e tutto ciò che egli sperimenta ne porta l'impronta. In tutto e per tutto egli gode principalmente se stesso: questo vale per i godimenti fisici, ma ancor più per quelli spirituali. È quindi assai indovinata l'espressione inglese *to enjoy one's self*. Si dice ad esempio, *he enjoys himself at Paris*, quindi non "egli gode Parigi", bensì "egli gode se stesso a Parigi". Ma se l'individualità è di natura scadente, tutti i godimenti sono come dei vini squisiti in una bocca cosparsa di fiele. Per conseguenza nel bene come nel male – a parte le disgrazie gravi – conta meno ciò che a un uomo nella vita capita e che deve subire di come egli lo sente, quindi il tipo e il livello della sua sensibilità, sotto ogni riguardo. Ciò che uno è in sé e ha in sé, in breve la personalità e il suo valore, è l'unico agente diretto della sua felicità e del suo benessere. Tutto il resto opera indirettamente, perciò anche il suo effetto può essere vanificato, mentre quello della personalità non lo sarà mai. Proprio per questa ragione l'invidia nei confronti di doti personali è la più invincibile, come pure la più accuratamente dissimulata. Inoltre, soltanto la qualità della coscienza è ciò che dura e persiste, e l'individualità agisce di continuo e senza soste, pressoché in ogni istante; tutto il resto invece agisce sempre solo saltuariamente, occasionalmente, in modo fugace, ed è inoltre soggetto a cambiamenti e metamorfosi; perciò Aristotele dice: Ἡ γὰρ φύσις βεβαία, οὐ τὰ χρήματα (*Nam natura perennis est, non opes*) (*Eth. Eud.* VII, 2).[2]

Da ciò dipende che noi sopportiamo con più compostezza una disgrazia capitataci per ragioni del tutto esterne piuttosto che una dovuta a nostra colpa; perché il destino può cambiare, ma la propria natura mai. Pertanto i beni soggettivi come un carattere nobile, una mente capace, un temperamento gioviale, un animo sereno, un corpo perfettamente sano e ben fatto, quindi in assoluto *mens sana in corpore sano* (Giovenale, *Sat.* X, 356) sono le cose primarie, le più importanti per la nostra felicità; dovremmo quindi badare assai più al loro sviluppo e alla loro conservazione anziché al possesso di beni materiali e di onore proveniente dall'esterno.

Ora, tra tutti i beni, quello che ci rende più immediatamente felici è la serenità dell'animo, perché questa buona qualità gratifica simultaneamente se stessa. Chi è di indole gaia ha sempre un motivo per esserlo, proprio per il fatto che lo è. Niente può sostituire in modo così completo ogni altro bene come questa qualità, mentre essa stessa non è sostituibile da alcuna altra. Uno può essere giovane, bello, ricco, stimato; così, volendo giudicare la sua felicità, ci si chiede se sia anche sereno; se invece uno è sereno, è indifferente se sia giovane o vecchio, diritto o gobbo, povero o ricco; lui è felice. Nella mia prima gioventù, una volta, aprii un vecchio libro dov'era scritto: "Chi ride molto è felice, e chi piange molto è infelice" – un'osservazione assai semplicistica ma che io, per la sua elementare verità, non ho potuto dimenticare, anche se è un luogo comune portato all'eccesso. Per questa ragione dunque noi dobbiamo spalancare la porta alla serenità ogniqualvolta si presenta; infatti essa non arriva mai al momento inopportuno, mentre noi invece spesso ci pensiamo su prima di lasciarla entrare, perché vogliamo appurare se, sotto ogni riguardo, abbiamo anche un motivo per essere contenti; oppure anche perché temiamo che la serenità turbi le nostre serie riflessioni e le nostre gravi preoccupazioni; senonché, mentre è molto incerto che cosa, con queste, renderemo migliore, la serenità è un guadagno immediato. Essa sola è, per così dire, la moneta sonante della felicità, e non, come tutto il resto, solo l'assegno bancario; perché essa sola allieta immediatamente il presente, quindi è il bene supremo per esseri la cui realtà è costituita da un indivisibile presente tra due tempi infiniti. Noi dovremmo per conseguenza anteporre l'acquisizione e l'incremento di questo bene a ogni altra ricerca. Ora, è certo che nulla contribuisce meno alla serenità della ricchezza, e niente di più della salute; nelle classi inferiori, soprattutto tra la gente che coltiva la terra, si trovano facce serene e contente; nelle classi ricche e nobili si vedono facce scontente. Allora dovremmo anzitutto prodigarci per conservare un alto grado di salute perfetta, il cui fiore si manifesta come serenità. Per pervenire a tal fine, com'è noto, occorre evitare ogni eccesso e ogni dissolutezza, anche le emozioni violente e penose, come pure ogni intenso e prolungato sforzo intellettuale; occorre fare ogni giorno almeno due ore di moto in velocità all'aria aperta, prendere molti bagni freddi e consimili misure dietetiche. Senza un adeguato moto quotidiano è impossibile conservarsi sani: tutti i processi vitali esigono, per compiersi convenientemente, il moto, sia delle parti in cui si svolgono, sia dell'intero organismo. Aristotele dice dunque a ragione: Ὁ βίος ἐν τῇ κινήσει ἐστί – La vita consiste nel movimento – e ha in questo la sua essenza. In tutto l'interno dell'organismo domina un moto incessante e rapido: il cuore, nella sua complicata duplice sistole e diastole, batte forte e instancabile; con ventotto pulsazioni spinge l'intera massa del sangue attraverso tutta la grande e la piccola circolazione; il polmone pompa senza tregua come una macchina a vapore; gli intestini si contraggono in continuazione nel moto peristaltico; tutte le ghiandole succhiano e secernono senza posa; persino il cervello, a ogni battito del polso e a ogni respiro, ha un duplice movimento. Se ora, come accade nella vita completamente sedentaria di innumerevoli persone, il moto esterno manca del tutto, sorge una stridente e perniciosa discrepanza tra la quiete esterna e il tumulto interno. Infatti il continuo movimento interno addirittura richiede di essere alquanto sostenuto dal movimento esterno; ma quella discrepanza sarà analoga a quando, per una qualche passione, ci sentiamo ribollire dentro ma non possiamo far trapelare nulla all'esterno. Persino gli alberi, per crescere rigogliosi, hanno bisogno di muoversi al vento. E qui viene a proposito una regola che si esprime nel modo più lapidario in latino: *Omnis motus, quo celerior, eo magis motus*.*

Quanto la nostra felicità dipenda dall'umore sereno, e questo dallo stato della salute, ce lo insegna il confronto tra l'impressione che le medesime condizioni o i medesimi avvenimenti esterni suscitano in noi in giorni di salute e di vigore rispetto a quella che producono quando una malattia ci ha reso irritabili e ansiosi. A renderci felici o infelici non è ciò che le cose obiettivamente e realmente sono, ma ciò che sono per noi, nella nostra interpretazione. Proprio questo dice Epitteto: Ταράσσει τοὺς ἀνθρώπους οὐ τὰ πράγματα, ἀλλὰ τὰ περὶ τῶν πραγμάτων δόγματα (*Commovent homines non res, sed de rebus opiniones*).[3] In genere però nove decimi della nostra felicità si basano esclusivamente sulla salute. Con la salute ogni cosa diventa una fonte di godimento; senza di essa invece, nessun bene esterno, di qualsiasi specie, è godibile, e persino i rimanenti beni individuali, le qualità dello spirito e dell'animo, la felicità del temperamento, vengono depressi e atrofizzati dal malessere.

*Ogni moto è tanto più moto quanto più è veloce.

Non è senza ragione, quindi, che prima di tutto ci si informi vicendevolmente delle condizioni di salute e ci si auguri reciprocamente di star bene: perché questa è di gran lunga la cosa più importante per la felicità umana. E ne consegue che la più grave stoltezza è sacrificare la propria salute per una cosa qualsiasi, per il guadagno, per la carriera, per la cultura, per la fama, per tacere della lussuria e dei piaceri effimeri: invece si deve posporre tutto alla salute.

Ma per quanto la salute contribuisca alla serenità, così essenziale per renderci felici, la serenità non dipende unicamente dalla salute: infatti anche in condizioni di perfetta salute si può avere un temperamento malinconico, uno stato d'animo incline alla tetraggine. La ragione elementare di questo sta indubbiamente nell'originaria e quindi immutabile costituzione dell'organismo e precisamente, nella maggioranza dei casi, nel rapporto più o meno normale della sensibilità con l'eccitabilità e il sistema nervoso che presiede alla funzione riproduttiva. Una anomala preponderanza della sensibilità comporterà un umore instabile con periodi di allegria esagerata e una predominante malinconia. Poiché anche il genio è condizionato da un eccesso di energia nervosa, dunque di sensibilità, ha perfettamente ragione Aristotele quando osserva che tutti gli uomini eccellenti e superiori sono malinconici: Πάντες, ὅσοι περιττοὶ γεγόνασιν ἄνδρες ἢ κατὰ φιλοσοφίαν ἢ πολιτικὴν ἢ ποίησιν ἢ τέχνας, φαίνονται μελαγχολικοὶ ὄντες (*Probl.* 30, 1).[4] Senza dubbio è questo il passo che Cicerone aveva presente nel suo giudizio, spesso citato: *Aristoteles ait, omnes ingeniosos melancholicos esse** (*Tusc.* I, 33). La grande, congenita diversità dell'umore fondamentale che qui stiamo considerando è stata raffigurata con grazia fiabesca da Shakespeare:

Nature has fram'd strange fellows in her time:
Some that will evermore peep through their eyes,

*Aristotele dice che tutti gli uomini geniali sono malinconici.

And laugh, like parrots, at a bag-piper,
And others of such vinegar aspect,
That they'll not show their teeth in way of smile,
*Though Nestor swear the jest be laughable.**

(*Merch. of Ven.*, sc. I)

È proprio questa diversità che Platone contrassegna con i termini δύσκολος e εὔκολος.[5] Essa si può far risalire al modo assai differente che hanno le diverse persone di reagire alle impressioni piacevoli e spiacevoli, per cui uno ride nella medesima circostanza che porta un altro alle soglie della disperazione: e certo la suscettibilità alle impressioni piacevoli di solito è tanto più debole quanto più forte è quella alle impressioni spiacevoli, e viceversa. Se una circostanza offre pari possibilità di esito favorevole o sfavorevole, il δύσκολος si farà prendere dall'ira e dal dispetto se l'esito è sfavorevole, ma non si rallegrerà dell'esito favorevole; l'εὔκολος invece non si adirerà né si indispettirà per l'esito sfavorevole, ma si rallegrerà per quello favorevole. Se al δύσκολος riescono nove progetti su dieci, egli non si rallegra per quelli riusciti ma si cruccia per quell'unico fallito; nel caso opposto, l'εὔκολος sa consolarsi e rasserenarsi con il solo riuscito. Ma poiché è difficile che ci sia un male del tutto privo di compensazione, così risulta anche qui che i δύσκολοι, ossia i caratteri tetri e ansiosi, tutto sommato abbiano da sopportare un maggior numero di disgrazie e dolori immaginari, ma un numero minore di quelli reali, rispetto ai tipi sereni e spensierati: perché chi vede tutto nero, chi teme sempre il peggio e quindi prende le sue contromisure, avrà sbagliato meno i suoi conti rispetto a chi dà alle cose sempre una tinta e un aspetto sereni.

* La natura ha prodotto, in certi giorni, esseri curiosi: alcuni che guardano sempre divertiti coi loro occhietti, e ridono come pappagalli a un suonatore di cornamusa; e altri di aspetto così acido che non scoprono i loro denti in un sorriso neppure se Nestore in persona giurasse che lo scherzo merita il riso. [*N. d. A.*]

Quando però un'affezione patologica del sistema nervoso o degli organi della digestione asseconda la congenita δυσκολία, allora questa può raggiungere uno stadio in cui il malessere costante genera il disgusto della vita, e quindi provoca la tendenza al suicidio. Questo può essere causato persino da contrarietà minime, anzi negli stadi morbosi più acuti neppure ce n'è bisogno, perché soltanto per il perdurare del malessere il suicidio viene deciso e quindi posto in atto con così fredda premeditazione e fermo proposito che il malato, nella maggioranza dei casi già sotto sorveglianza, col pensiero sempre rivolto a quell'intento, coglie il primo attimo di disattenzione dei sorveglianti e senza esitazione, senza lotta interiore e ribrezzo, afferra quel mezzo di sollievo ormai così naturale e gradito. Esquirol dà nel suo *Des maladies mentales* esaurienti descrizioni di questo stato. Tuttavia, in determinate circostanze, anche la persona più sana e forse persino la più serena può risolversi al suicidio, quando cioè la gravità delle sofferenze o della sventura che si approssima inevitabile prevale sul terrore della morte. La differenza sta solo nella diversa entità della motivazione necessaria, che è inversamente proporzionale alla δυσκολία. Quanto più grande è questa, tanto minore può essere quella, anzi può scendere fino ad annullarsi; invece tanto più grande è l'εὐκολία e la salute che la sostiene, tanto maggiore deve essere la causa scatenante. Ci sono quindi innumerevoli casi intermedi tra i due estremi, vale a dire dal suicidio che scaturisce solo da un patologico potenziamento della congenita δυσκολία, a quello della persona sana e serena che ha motivazioni del tutto oggettive.

La bellezza è in certa misura affine alla salute. Anche se questa qualità soggettiva non contribuisce direttamente alla nostra felicità ma solo indirettamente, pure per l'impressione che fa sugli altri, essa è di grande importanza, anche nel maschio. La bellezza è una lettera di raccomandazione aperta che conquista i cuori anticipatamente; valgono quindi in specie per essa i versi di Omero:

Οὔ τοι ἀπόβλητ' ἐστὶ θεῶν ἐρικυδέα δῶρα,
Ὅσσα κεν αὐτοὶ δῶσιν, ἑκὼν δ' οὐκ ἄν τις ἕλοιτο[6]

Anche l'esame più sommario ci rivela che i due nemici della felicità umana sono il dolore e la noia. Si può osservare inoltre che nella misura in cui riusciamo ad allontanarci dall'uno noi ci avviciniamo all'altra, e viceversa, sicché la nostra vita è davvero un'oscillazione più o meno forte o debole tra di essi. Ciò dipende dal fatto che entrambi stanno tra di loro in un rapporto di doppio antago nismo, uno esterno od oggettivo e uno interno o soggetti vo. All'esterno infatti il bisogno e la privazione generano il dolore; invece la sicurezza e l'abbondanza generano la noia. Per cui vediamo le classi più umili in una lotta incessante contro il bisogno, quindi contro il dolore; i ricchi e gli aristocratici invece in una ininterrotta, spesso davvero disperata battaglia contro la noia. L'antagonismo interno o soggettivo tra dolore e noia sta nel fatto che, in un individuo, la sensibilità per l'uno è inversamente proporzionale a quella per l'altra, essendo tale sensibilità determinata dalla misura delle sue facoltà intellettuali. Infatti l'ottusità della mente è sempre congiunta all'ottusità della sensibilità e alla mancanza di reattività, ciò che rende meno suscettibili ai dolori e ai turbamenti di qualsiasi specie e grado. Ma proprio da tale ottusità mentale deriva quel *vuoto interiore* impresso su innumerevoli facce, e che si rivela con la costante, eccitata attenzione a tutti i fatti, anche insignificanti, del mondo esterno: questo vuoto, che è la vera fonte della noia, cerca sempre avidamente stimoli esterni per eccitare in qualche modo la mente e l'animo. La scelta di tali stimoli perciò non è schifiltosa, come attestano i miserevoli passatempi a cui vediamo ricorrere gli uomini, come pure la natura delle loro frequentazioni, la loro conversazione, non meno di tutti coloro che spiano davanti alle porte o alle finestre. È principalmente da tale vuoto interiore che scaturisce la ricerca di trattenimenti, distrazioni, svaghi e lusso di ogni sorta che conduce molti alla dissipazione, e poi alla miseria. Una miseria che niente scongiura più sicuramente della ricchezza *interiore*, la ricchezza dello spirito: questa infatti, quanto più si avvicina all'eccellenza, tanto meno spazio concede alla noia. L'inesauribile moto dei pensieri, il loro gioco che continuamente si rinnova di fronte ai molteplici fenomeni del mondo interno ed esterno, la loro forza e l'impulso a sempre nuove combinazioni, pongono la mente superiore – a parte qualche calo di tensione – del tutto fuori del dominio della noia. D'altra parte l'intelligenza più elevata ha come condizione elementare una sensibilità potenziata, come radice un maggiore empito della volontà, quindi della passionalità: dalla congiunzione dell'intelligenza con quelle altre facoltà sorge un'intensità assai maggiore di tutti gli affetti e una più acuita sensibilità nei confronti delle sofferenze spirituali e persino di quelle fisiche, addirittura un'impazienza più accentuata verso ogni sorta di ostacoli, o semplicemente di disturbi. Al potenziamento di tutto ciò contribuisce grandemente la vivacità – scaturita dalla forza della fantasia – di tutte le rappresentazioni, dunque anche di quelle sgradevoli. Quanto detto vale rispettivamente per tutti i gradi intellettuali compresi nell'ampio spazio che intercorre tra lo sciocco più ottuso e il più grande dei genii. Per conseguenza ognuno, sia oggettivamente sia soggettivamente, quanto più è vicino a una fonte dei mali della vita umana, tanto più è lontano dall'altra. La sua inclinazione naturale lo porterà quindi, sotto questo riguar do, ad adattare il più possibile l'oggettivo al soggettivo, ossia a centrare la più efficace contromisura verso quella fonte di sofferenza per cui egli ha maggiore sensibilità. L'uomo intelligente mirerà in primo luogo all'assenza di dolore, a non subire molestie, ad avere pace e tempo libero, cercherà quindi un'esistenza tranquilla, modesta, ma il più possibile priva di turbamenti, e dopo una certa esperienza dei cosiddetti uomini si sceglierà un'esistenza appartata, e persino, se è uno spirito grande, in solitudine; perché quanto più uno possiede in se stesso, di tanto meno egli necessita dal mondo esterno, e tanto meno possono significare per lui tutti gli altri. Ecco perché la superiorità dello spirito rende poco socievoli. Per meglio dire, se la qualità della compagnia si potesse sostituire con la quantità, varrebbe la pena allora persino di vivere nel gran mondo, ma purtroppo cento stupidi ammucchiati non fanno un uomo intelligente.

Chi invece sta all'estremo opposto, non appena il bisogno gli lascia tirare il fiato, cercherà a ogni costo svago e compagnia, e si accontenterà facilmente di tutto, nulla rifuggendo tanto quanto se stesso. Infatti è nella solitudine, dove ognuno ritrova se stesso, che si rivela ciò che uno ha dentro: allora l'imbecille vestito di porpora sospira sotto il peso inamovibile della propria misera individualità, mentre l'uomo che ha grandi doti intellettuali popola e anima l'ambiente più squallido coi suoi pensieri. Quindi ha una profonda verità il detto di Seneca: *Omnis stultitia laborat fastidio sui** (*Epist. ad Luc.* 9), come pure la sentenza di Gesù Sirach: "La vita dello stolto è peggiore della morte". Per conseguenza si constaterà che, in genere, ognuno è socievole nella misura in cui è spiritualmente povero e, in assoluto, volgare. Al mondo infatti non si ha molto di più che la scelta tra solitudine e volgarità. Si dice che i più socievoli tra tutti gli uomini siano i negri, i quali sono per l'appunto anche i più arretrati intellettualmente. Nei servizi dal Nord America apparsi sui giornali francesi («Le Commerce», 19 ottobre 1837) si legge che i negri si radunano numerosi, liberi e schiavi, in uno spazio assai ristretto, perché non ne hanno mai abbastanza di veder ripetuto il loro viso nero e camuso.

Tenuto conto che il cervello si presenta come il parassita, o il pensionato dell'intero organismo, il tempo libero

* Ogni stoltezza ha in sé la propria molestia.

ottenuto da ognuno, in quanto gli concede libero godimento della sua coscienza e della sua individualità, è il frutto e il guadagno dell'intera sua esistenza, che nella parte restante è solo tensione e fatica. Ebbene, cosa produce il tempo libero della maggior parte degli uomini? Noia e torpore, fino a che non lo riempiono piaceri sensuali e banalità. Quanto sia privo di valore lo dimostra il modo in cui lo impiegano: è proprio l'"ozio lungo d'uomini ignoranti" dell'Ariosto. La gente comune mira semplicemente a *passare* il tempo, chi ha un qualche talento a come *utilizzarlo*. Che le menti ristrette siano tanto esposte alla noia deriva dal fatto che il loro intelletto non è che lo strumento di motivazioni per la loro volontà. Quando non c'è alcuna motivazione disponibile da cogliere, la volontà riposa e l'intelletto fa vacanza: ciò accade perché sia l'intelletto sia la volontà non entrano in attività per moto spontaneo: il risultato è un tremendo ristagno di tutte le energie dell'uomo: è la noia. Per controbatterla si offrono alla volontà piccole motivazioni, soltanto effimere, prese a caso, per eccitarla e quindi mettere in moto anche l'intelletto che le deve afferrare. Tali motivazioni stanno a quelle reali e naturali come la carta moneta sta all'argento, dato che il loro valore è una convenzione arbitraria. Queste motivazioni possono essere i *giochi*, con le carte ecc. escogitati a tale scopo. Quando mancano, l'uomo limitato si aiuta battendo e tamburellando con qualsiasi cosa gli capiti in mano. Anche il sigaro è per lui un gradito surrogato dei pensieri. Pertanto in ogni paese la principale occupazione della vita di società è ormai il gioco delle carte: esso è la misura del valore della stessa e la dichiarata bancarotta di ogni forma di pensiero. Infatti, poiché non hanno pensieri da scambiarsi, costoro si scambiano delle carte, e cercano di sottrarsi quattrini a vicenda. O razza miseranda!

Comunque, per non essere ingiusto neppure in questo caso, non voglio mancare di addurre una possibile scusante del gioco delle carte, vale a dire che esso potrebbe essere un esercizio preliminare alla vita nel mondo e agli affari, in quanto vi si apprende a utilizzare saggiamente le imponderabili circostanze che il caso offre (le carte) per trarne qualcosa di vantaggioso, e a tale scopo ci si abitua anche a tenere un contegno, facendo buon viso a cattivo gioco. Ma proprio per questo il gioco delle carte ha, d'altro canto, un influsso moralmente negativo. È nello spirito del gioco infatti che si deve portar via all'altro, con ogni trucco e con ogni astuzia, quello che è suo. Ma l'abitudine di comportarsi così nel gioco mette radici, invade la vita pratica, e si arriva per gradi a fare altrettanto ogni volta che si confrontano il mio e il tuo, e a considerare lecito ogni vantaggio che si ha in mano, se appena è legalmente consentito. La società offre quotidianamente esempi del genere.

Poiché dunque, come abbiamo detto, il tempo libero è il fiore, o piuttosto il frutto dell'esistenza di ognuno, in quanto esso solo lo insedia nel possesso del proprio io, sono da proclamare felici coloro che trovano in se stessi anche qualcosa di buono, mentre nella maggioranza dei casi il tempo libero non rende che un buono a nulla, uno che si annoia mortalmente e che è di peso a se stesso. Perciò rallegriamoci "cari fratelli, noi non siamo figli della serva, ma della donna libera" (*Galati*, 4, 31).

Inoltre, come il paese più fortunato è quello che ha bisogno di poche, o di nessuna importazione, così è anche per l'uomo che ha in sé ricchezze sufficienti, e per il proprio sostentamento necessita di poco o nulla dall'esterno; infatti quell'apporto costa molto, crea dipendenza, comporta rischio, causa fastidio e alla fine è solo un cattivo surrogato di quello che si produce sul proprio suolo. Perché dagli altri, in una parola dall'esterno, non ci si può aspettare molto, in ogni senso. Ciò che uno può essere per l'altro ha limiti assai ristretti: alla fine ognuno resta solo, e allora ciò che conta è *chi* è rimasto solo. Anche qui dunque può valere quello che ha detto Goethe in senso generale, ossia che, in ogni cosa, ognuno alla fine è restituito a se stesso (*Poesia e verità*, vol. III), e come dice Oliver Goldsmith:

Still to ourselves in ev'ry place consign'd,
*Our own felicity we make or find.**

(*The Traveller*, vv. 431-32)

Ognuno quindi deve essere e deve realizzare per se stesso il meglio e il massimo. Quanto più lo è, quanto più egli trova in se stesso le fonti dei propri godimenti, tanto più sarà felice. Assai giustamente Aristotele dice: ἡ εὐδαιμονία τῶν αὐτάρκων ἐστί (*Eth. Eud.* VII, 2), ossia, la felicità appartiene a coloro che bastano a se stessi. Tutte le fonti esterne della felicità e del godimento sono infatti per loro natura, estremamente precarie, difficili, caduche e soggette al caso, e possono quindi, anche nelle circostanze più favorevoli, inaridirsi facilmente; questo anzi è inevitabile se non si possono avere sempre a disposizione Nella vecchiaia poi vengono necessariamente a mancare quasi tutte, perché allora ci abbandonano l'amore, l'allegria, la voglia di viaggiare, la passione per i cavalli e l'attitudine alla vita mondana; persino gli amici e i parenti ci sono portati via dalla morte. Allora più che mai conta quello che uno ha dentro di sé, perché è quello che più di ogni altra cosa avrà durata. Comunque a ogni età questa è e rimane l'autentica fonte della felicità e la sola durevole. Nel mondo, dovunque, c'è ben poco da prendere: miseria e dolore lo colmano, e per coloro che si sottraggono a questi mali sta in agguato, a ogni angolo, la noia. Inoltre nel mondo, di regola, domina la malvagità e la stoltezza tiene banco. La sorte è crudele e gli uomini sono miserabili. In un mondo siffatto, l'uomo dotato di ricca interiorità è simile alla chiara, calda, allegra stanza preparata per il Natale in mezzo alla neve e al gelo della notte di di

* Consegnati a noi stessi in ogni occasione, / facciamo o troviamo la nostra felicità.

cembre. Quindi avere un'individualità ricca e fuori del comune, in particolare una spiritualità profonda, è indubbiamente la sorte migliore su questa terra, per quanto possa apparire lontana dalla sorte più brillante. Dunque fu un assennato giudizio quello dell'appena diciannovenne Cristina di Svezia su Cartesio, il quale da vent'anni viveva in Olanda nella più profonda solitudine, e che le era noto solo per un saggio e per notizie ricevute oralmente: *M. Descartes est le plus heureux de tous les hommes, et sa condition me semble digne d'envie* (*Vie de Descartes* par Baillet, liv. VII, chap. 10). Tuttavia, com'era appunto il caso di Cartesio, le circostanze esterne devono essere tanto favorevoli da consentire che si possieda se stessi e se ne fruisca. Già l'*Ecclesiaste* dice (VII, 12): "La sapienza insieme a un'eredità è buona e aiuta a rallegrarsi del sole". Chi dunque, per il favore della natura e del destino, ha avuto questa sorte, dovrà vigilare con ansiosa sollecitudine perché gli rimanga accessibile l'intima fonte della sua felicità: le condizioni di questo sono l'indipendenza e il tempo libero. Egli le acquisirà con la moderazione e la parsimonia, tanto più che non è costretto, come gli altri, a ricorrere a fonti di godimento esterne. Perciò la prospettiva di cariche, denaro, favore e successo mondani non lo indurrà a rinunciare a se stesso per adeguarsi ai bassi intenti o al cattivo gusto degli uomini. All'occorrenza farà come Orazio nell'epistola a Mecenate (*Lib.* I, *ep.* 7). È una grossa stoltezza guadagnare all'esterno e perdere all'interno, vale a dire per una posizione brillante, per un lusso sfarzoso, per titoli e onori cedere in parte o totalmente la tranquillità, la libertà e l'indipendenza. Goethe lo ha fatto. Quanto a me invece, il mio genio tutelare mi ha tratto decisamente dall'altra parte.

La verità qui dibattuta, ossia che la fonte principale della felicità umana scaturisce nella propria interiorità, trova conferma anche nell'osservazione assai giusta di Aristotele, nell'*Etica Nicomachea* (I, 7; VII, 13, 14) secondo cui ogni godimento presuppone una qualche attività, quindi l'impiego di una certa energia, né può sussistere senza di essa. Questa dottrina aristotelica, per cui la felicità di un uomo consiste nel libero esercizio della propria virtù predominante, è riproposta da Stobeo nella sua esposizione dell'etica peripatetica (*Ecl. eth.* II, 7); per esempio, egli dice: Ἐνέργειαν εἶναι τὴν εὐδαιμονίαν κατ' ἀρετὴν ἐν πράξεσι προηγουμέναις κατ' εὐχήν (*Felicitatem esse functionem secundum virtutem, per actiones successus compotes*),[7] con la precisazione che ἀρετή equivale a ogni virtualità. Ebbene, l'originaria destinazione delle forze di cui la natura ha dotato l'uomo è la lotta contro il bisogno che lo assedia da ogni parte. Ma allorché questa lotta ha una pausa, le forze inutilizzate diventano per lui un peso; ora quindi egli deve *giocare* con esse, ossia usarle senza uno scopo; altrimenti cade vittima dell'altra fonte della sofferenza umana, la noia. Da questa sono tormentati soprattutto i ricchi e i potenti, e della loro miseria già Lucrezio ha dato una raffigurazione la cui efficacia è riscontrabile quotidianamente ancora oggi, in ogni grande città:

Exit saepe foras magnis ex aedibus ille
esse domi quem pertaesum est, subitoque reventat,
quippe foris nihilo melius qui sentiat esse.
Currit, agens mannos, ad villam praecipitanter,
auxilium tectis quasi ferre ardentibus instans:
oscitat extemplo, tetigit quum limina villae,
aut abit in somnum gravis, atque oblivia quaerit,
*aut etiam properans urbem petit atque revisit.**

(*De rerum natura* III, 1060-67)

In questi signori, durante la giovinezza tutto deve sostenersi sulla forza muscolare e sulla potenza generativa.

* Spesso lascia il suo grande palazzo / chi si annoia a restare a casa, ma subito vi torna, / perché non si trova affatto meglio fuori. / Un altro corre, guidando a precipizio i cavalli, alla villa / come se fosse scoppiato un incendio e lui portasse aiuto; / ma una volta varcata la soglia, sbadiglia, / o cade in un sonno pesante, cercando l'oblio; / oppure si affretta a tornare in città.

Ma in seguito restano solo le forze spirituali: se queste mancano, o se difetta la loro educazione, o la materia accumulata per la loro attività, è davvero uno strazio. Perché allora la volontà è l'unica, inesauribile forza che viene stimolata dall'eccitamento delle passioni, ad esempio da rischiosi giochi d'azzardo, un vizio davvero degradante. Ma in genere ogni individuo in ozio si sceglierà un gioco secondo la natura delle forze in lui predominanti, per occuparle: ad esempio i birilli, o gli scacchi; la caccia o la pittura; le corse o la musica; le carte o la poesia; l'araldica o la filosofia ecc. Possiamo addirittura esaminare metodicamente la questione risalendo alla radice di tutte le manifestazioni dell'energia umana, ossia alle tre fondamentali forze fisiologiche che qui dobbiamo considerare nel loro gioco senza scopo: esse appaiono come le fonti di tre specie di godimenti possibili da cui ciascun uomo sceglierà quella a lui conforme a seconda dell'una o dell'altra forza in lui predominante. In primo luogo dunque i godimenti della *forza riproduttiva* che consistono nel mangiare, bere, digerire, riposare e dormire. Questi godimenti sono addirittura decantati come peculiari di interi popoli, e loro divertimenti nazionali. In secondo luogo i piaceri dell'*eccitabilità*: essi consistono nel passeggiare, saltare, lottare, danzare, tirare di scherma, cavalcare, e nei giochi atletici di ogni specie, nella caccia e persino nel combattimento e nella guerra. Terzo, i godimenti della *sensibilità*: questi consistono nel contemplare, pensare, sentire, comporre versi, modellare, fare musica, studiare, leggere, meditare, inventare, filosofare ecc.

Sul valore, il grado, la durata di ognuna di queste specie di godimenti si potrebbero fare svariate osservazioni, che lasciamo al lettore. Ma risulterà chiaro a ognuno che il nostro godimento, sempre condizionato dall'uso delle proprie forze, e quindi la nostra felicità, consistente nella frequente riproposta di quel godimento, sarà tanto maggiore quanto più elevata sarà la specie di forza che lo condiziona. Altrettanto innegabile è il primato che, a questo riguardo, ha la sensibilità, il cui deciso predominio è ciò che distingue l'uomo dalle altre specie animali, le quali possiedono le altre due forze fondamentali in misura pari, se non maggiore. Alla sensibilità appartengono le nostre facoltà conoscitive: il loro predominio quindi predispone a godimenti di natura conoscitiva, i cosiddetti godimenti spirituali, che sono tanto più intensi quanto più forte è quel predominio.* Una cosa può suscitare il vivo interesse dell'uomo normale, comune, solo se eccita la sua volontà, dunque se rappresenta per lui un interesse personale. Eb-

* La natura si eleva incessantemente, prima dall'attività meccanica e chimica del regno inorganico a quello vegetale e al suo inconscio godimento di sé; quindi al regno animale, col quale cominciano l'intelligenza e la coscienza, e da deboli inizi, per gradi, ascende sempre più in alto finché con l'ultimo grande passo si eleva fino all'uomo, nel cui intelletto la natura attinge il culmine e la meta delle sue produzioni, fornendo quanto di più completo e di più raro essa riesca a conformare. Ma anche nell'ambito della specie umana, l'intelletto configura molti e rilevanti stadi intermedi raggiungendo assai di rado un grado d'intelligenza davvero sommo. Questo dunque è in senso specifico e rigoroso il più arduo e il più elevato prodotto della natura, dunque il più eccezionale e il più prezioso che il mondo possa mostrare. In una intelligenza siffatta subentra la consapevolezza più limpida, e quindi la realtà vi si manifesta più chiaramente e più compiutamente che altrove. Chi ne è dotato possiede perciò la cosa più nobile e più squisita della terra e ha una fonte di godimenti al cui confronto tutte le altre sono poca cosa; sicché costui non ha bisogno di nient'altro che dell'agio per godersi indisturbato questo suo bene e per affilare il suo diamante. Tutti gli altri godimenti infatti, ossia quelli non intellettuali, sono di più bassa natura: essi si riducono tutti a moti della volontà, quindi a desideri, speranze, timori, raggiungimenti, quale che sia la loro meta, e questo non può procedere senza sofferenza; inoltre, raggiunta una cosa, di regola subentra una più o meno grande delusione; mentre invece, coi godimenti intellettuali, la verità diviene sempre più chiara. Nel dominio dell'intelligenza non regna alcun dolore, ma tutto è conoscenza. Peraltro tutti i godimenti intellettuali sono accessibili a una persona solo per tramite e quindi secondo la misura della propria intelligenza: poiché *tout l'esprit, qui est au monde, est inutile à celui qui n'en a point*. Nondimeno c'è un reale svantaggio che accompagna quel privilegio, ed è che nell'intera natura, col grado dell'intelligenza, cresce anche la sensibilità al dolore, che dunque può raggiungere solo qui il grado più alto. [*N. d. A.*]

bene, quell'eccitazione continua della volontà è quanto meno di natura ibrida, vale a dire connessa alla sofferenza. Un volontario mezzo di eccitazione della stessa, certo con interessi così effimeri da causare solo sofferenze momentanee e leggere, non durature e serie, e tale da poter essere considerato un semplice solleticamento della volontà, è il gioco delle carte, questa costante occupazione della "buona società" in ogni luogo.*

Per contro, l'uomo in cui predominano le forze intellettuali è capace, anzi bisognoso della più intensa partecipazione mediante la sola conoscenza, senza alcuna intromissione della volontà. Ma questa partecipazione lo trasporta in una zona alla quale il dolore è totalmente estraneo, nell'atmosfera per così dire delle divinità che vivono senza il peso della cura, θεῶν ῥεῖα ζωόντων.[9] Mentre la vita degli altri passa nell'ottundimento, perché tutti i loro pensieri sono totalmente rivolti ai piccoli interessi del benessere personale e quindi a ogni sorta di meschinerie; ragion per cui li assale una noia intollerabile non appena il loro impegno diretto a quegli scopi s'arresta, ed essi devono ri-

* La volgarità consiste in fondo in questo, che nella coscienza la volontà ha il totale predominio sulla conoscenza, raggiungendo un livello in cui il conoscere compare solo ed esclusivamente al servizio del volere; per cui quando questo servizio non è richiesto, ossia quando non sussistono motivi, né grandi né piccoli, il conoscere cessa del tutto e subentra l'assoluta assenza di pensiero. Ora, la volontà priva di conoscenza è la più volgare che ci sia; ogni ciocco di legno la possiede e la mostra, almeno quando cade. Quella condizione pertanto è il canone della volgarità. In essa rimangono attivi solo gli organi sensoriali e quella bassa forma di attività intellettiva necessaria per la percezione dei loro dati; per conseguenza l'uomo volgare è costantemente aperto a tutte le impressioni, dunque percepisce immediatamente tutto quello che accade attorno a lui, tanto che il suono più flebile, e ogni fatto anche insignificante subito richiama la sua attenzione, proprio come negli animali. Tale condizione è compendiata sul suo viso e su tutta la sua figura, da cui promana quell'aspetto volgare che desta un'impressione tanto più ripugnante allorché – come avviene per lo più – la volontà che sola riempie la conoscenza è bassa, egoistica, in assoluto cattiva. [*N. d. A.*]

trarsi in se stessi, in quanto solo l'ardore selvaggio della passione è capace di portare un qualche movimento nella massa inerte; al contrario, l'uomo dotato di prevalenti forze intellettuali ha un'esistenza ricca di idee, sempre animata e piena di significato; oggetti degni e interessanti lo occupano non appena è in condizione di dedicarvisi, ed egli porta in se stesso una fonte dei più eletti godimenti. Lo stimolo esterno glielo danno le creazioni della natura e la vista dell'operare umano, come pure le svariatissime realizzazioni dei grandi ingegni di ogni tempo e paese, le quali a onor del vero risultano del tutto godibili solo a lui, perché soltanto lui le può comprendere e sentire in tutta la loro portata. Quei grandi ingegni dunque sono vissuti in realtà per lui, si sono rivolti propriamente a lui; mentre gli altri, come ascoltatori casuali, afferrano appena qualcosa, qua e là. Ma naturalmente da tutto questo gli deriva un ulteriore bisogno, rispetto agli altri, il bisogno di apprendere, di vedere, di studiare, di meditare, di esercitarsi, quindi anche il bisogno di tempo libero: ma proprio perché – come giustamente osserva Voltaire – *il n'est de vrais plaisirs qu'avec de vrais besoins*, così questo bisogno è la condizione perché gli siano accessibili dei godimenti che sono negati agli altri, per i quali le bellezze della natura e dell'arte e le multiformi opere dello spirito, anche se accumulate intorno, sono in fondo solo quello che delle cortigiane possono essere per un vecchio. Pertanto un uomo così privilegiato conduce, oltre a una vita personale, una seconda vita, una vita intellettuale che gradualmente diventa il vero fine di cui quella prima vita è soltanto il mezzo; mentre per gli altri questa esistenza insulsa, vuota e mesta deve valere come fine. Sarà impegnato quindi di preferenza nella vita intellettuale, e con un progressivo potenziamento di perspicacia e di conoscenza quella vita riceverà una coesione, una costante elevazione, una sempre più armoniosa integrità e compiutezza, come un'opera d'arte in formazione; mentre la vita degli altri, puramente pratica, orientata solo al benessere personale, capace solo di una crescita in altezza ma non in profondità, fa un malinconico contrasto, perché per costoro, come abbiamo detto, deve valere in se stessa come fine, mentre per l'uomo privilegiato è semplicemente mezzo.

La nostra vita pratica, reale, se le passioni non la agitano è infatti noiosa e insulsa; ma quando la agitano diventa subito dolorosa: perciò sono felici solo quelli a cui è stata concessa una qualche espansione dell'intelletto oltre la misura richiesta per il servizio della loro volontà. Con ciò infatti essi conducono, accanto alla loro vita reale, anche una vita intellettuale che li impegna e li intrattiene *in modo indolore* e tuttavia emozionante. Per questo non è sufficiente il semplice tempo libero, vale a dire l'intelletto non impegnato al servizio della volontà: è richiesto un effettivo sovrappiù di forza, perché solo questa abilita a un'occupazione puramente intellettuale, non serva della volontà; per contro *Otium sine litteris mors est et hominis vivi sepultura** (Seneca, *Epist. ad Luc.* 82). Ora, a seconda che quel sovrappiù sia piccolo o grande, esistono innumerevoli gradazioni della vita intellettuale, da vivere insieme con quella reale, dal semplice collezionare e descrivere insetti, uccelli, minerali, monete, fino alle più alte realizzazioni della poesia e della filosofia. Una simile vita intellettuale non solo preserva dalla noia, ma anche dalle sue deleterie conseguenze. Essa diventa infatti un baluardo contro le cattive frequentazioni e contro i molti pericoli, disgrazie, perdite e dissipazioni in cui si incorre quando si cerca la propria felicità esclusivamente nel mondo reale. Così, ad esempio, la mia filosofia non mi ha mai fruttato niente, ma mi ha risparmiato molto.

L'uomo normale invece, per quanto riguarda il godimento della sua vita, è orientato verso cose al di fuori di lui, al possesso, alla posizione, alla moglie e ai figli, agli amici, alla società ecc.: su queste basa la felicità della sua

* Un ozio senza attività intellettuale è la morte e la sepoltura del vivente.

vita; felicità che crolla quando egli le perde, oppure ne viene disilluso. Per esprimere questo rapporto possiamo dire che il suo baricentro è *fuori di lui*. Appunto per questo egli ha voglie e capricci sempre mutevoli; se i mezzi glielo consentono acquisterà ora ville ora cavalli, darà feste o farà viaggi, comunque sfoggerà un gran lusso; appunto perché cerca soddisfazione in cose di ogni genere *dal di fuori*; così come l'uomo indebolito spera di ottenere da *consommées* e da farmaci quella salute e quel vigore la cui vera fonte è la propria energia vitale. Ora, senza passare subito all'estremo opposto, se gli poniamo accanto un uomo dotato di forze intellettuali non proprio eminenti, che comunque oltrepassano la misura ridotta della gente comune, noi vedremo che costui eserciterà da dilettante qualche arte, o una scienza naturale come la botanica, la mineralogia, la fisica, l'astronomia, la storia, e via dicendo, e troverà in essa gran parte del suo piacere e del suo svago quando quelle fonti esterne si saranno inaridite e non lo appagheranno più. Possiamo dire pertanto che il suo baricentro è in parte *in se stesso*. Tuttavia poiché il semplice dilettantismo è nell'arte ancora assai distante dal talento creativo, e poiché le scienze naturali si limitano a vicendevoli rapporti tra fenomeni, l'uomo nella sua integrità non potrà esserne assorbito, l'intera sua essenza non se ne potrà colmare del tutto, e quindi la sua esistenza non potrà trovare con loro attrattive sufficienti per fargli perdere ogni interesse per il rimanente. Questo resta riservato alla suprema eccellenza intellettuale a cui si suole dare il nome di genio: perché solo essa assume come tema l'esi stenza e l'essenza delle cose nella loro totalità e assolutez za, e tenderà a esprimere la sua profonda interpretazione di quel tema secondo la propria tendenza individuale, tramite l'arte, la poesia o la filosofia. Perciò solo per un uomo di questo genere il calmo intrattenimento con se stesso, coi propri pensieri e con le proprie azioni rappresenta una necessità impellente, la solitudine è cosa grata, il tempo libero il bene supremo, e tutto il resto è superfluo, anzi, se c'è, non di rado è di peso. Solo di un uomo simile possiamo dire che il suo baricentro *è tutto in se stesso*. Con ciò si spiega persino il fatto che i rarissimi esemplari di questa specie, anche se hanno un ottimo carattere, non rivelano quell'intimo, illimitato coinvolgimento nei confronti degli amici, della famiglia, della comunità, di cui sono capaci parecchi degli altri; infatti essi in definitiva sanno trovare conforto in tutto, purché abbiano se stessi. C'è in loro quindi un elemento isolante in più che è tanto più efficace in quanto gli altri non li appagano mai veramente; i genii dunque non possono vedere negli altri, al cento per cento, un proprio simile; anzi, poiché un tanto di eterogeneo viene da loro continuamente percepito in tutti e in ognuno, essi si abituano a poco a poco ad aggirarsi tra gli uomini come tra esseri di natura diversa, e quando pensano a loro, a servirsi della terza persona plurale, anziché della prima.

Da questo punto di vista, colui che la natura ha riccamente dotato sul piano intellettuale appare l'essere più felice, se è vero che i dati soggettivi ci sono più vicini di quelli oggettivi, il cui effetto, di qualunque specie sia, dipende sempre da quelli, quindi è solo secondario. Ce lo attestano anche i bei versi:

> Πλοῦτος ὁ τῆς ψυχῆς πλοῦτος μόνος ἐστὶν ἀληθής
> Τἆλλα δ' ἔχει ἄτην πλείονα τῶν κτεάνων.[10]
>
> (Luciano, *Anth.* 1, 67)

Un uomo così interiormente ricco non abbisogna, dall'esterno, che di un dono negativo, ossia di tempo libero per educare e sviluppare le proprie facoltà spirituali al fine di poter godere della sua ricchezza interiore, dunque propriamente solo che gli sia concesso di poter essere per tutta la vita, giorno per giorno, ora per ora, interamente se stesso. Quando un uomo è destinato a lasciare l'impronta del suo spirito su tutto il genere umano, per lui c'è solo una specie di felicità e di infelicità: poter attuare compiutamente le proprie potenzialità e portare a termine le sue opere, oppure esserne impedito. Tutto il resto per lui non conta. Perciò vediamo che i grandi spiriti di ogni epoca assegnano un altissimo valore al tempo libero. Perché il tempo libero di ogni individuo equivale all'individuo stesso. Δοκεῖ δὲ ἡ εὐδαιμονία ἐν τῇ σχολῇ εἶναι (*Videtur beatitudo in otio esse sita*[11] dice Aristotele, *Eth. Nicom.* X, 7) e Diogene Laerzio (II, 5, 31) riporta che Σωκράτης ἐπῄνει σχολὴν ὡς κάλλιστον κτημάτων (*Socrates otium ut possessionum omnium pulcherrimam laudabat*).[12] Ciò trova un corrispettivo in Aristotele (*Eth. Nicom.* X, 7; 8; 9) il quale dichiara che la vita più felice è quella filosofica. Qui viene a proposito anche quello che egli dice nella *Politica* (IV, 11): Tὸν εὐδαίμονα βίον εἶναι τὸν κατ' ἀρετὴν ἀνεμπόδιστον, che tradotto esattamente significa: l'autentica felicità consiste nel poter esercitare senza impedimenti la virtù in cui si eccelle, qualunque essa sia; e che dunque concorda col detto di Goethe nel *Wilhelm Meister*: "Chi è nato con un talento, per un talento, trova in esso la sua più bella esistenza". Peraltro il possesso del tempo libero non solo è estraneo al comune destino, ma anche alla comune natura dell'uomo: perché la sua destinazione naturale è che egli trascorra il suo tempo procurando il necessario all'esistenza propria e della sua famiglia. Egli è figlio del bisogno, non è una libera intelligenza. L'ozio dunque diverrà ben presto per l'uomo comune un peso, anzi alla fine un tormento se egli, con ogni sorta di scopi artificiosi e fittizi – col gioco, coi passatempi e con manie di ogni genere – non è in grado di riempirlo; per lo stesso motivo l'ozio costituisce per lui un pericolo, tanto che si dice a ragione *Difficilis in otio quies.** Ma d'altra parte un intelletto che oltrepassi di molto la misura normale è del pari anomalo, dunque non naturale. Se però c'è, esso ha bisogno, per la felicità di chi ne è dotato, proprio di quel tempo libero

* Difficile mantenersi tranquilli nell'ozio.

che per gli altri è ora fastidioso ora dannoso; perché senza di esso egli sarà un Pegaso sotto il giogo, e quindi infelice. Se poi le due anomalie, quella esterna e quella interna, si combinano, sarà un caso assai fortunato: perché allora l'essere così privilegiato condurrà una vita più elevata, quella dell'uomo dispensato dalle due contrapposte fonti della sofferenza umana, il bisogno e la noia, ovvero dall'ansioso affaccendarsi per l'esistenza e dall'incapacità di sopportare il tempo libero (vale a dire la stessa vita libera); due mali ai quali di solito l'uomo sfugge solo quando essi si neutralizzano e si eliminano a vicenda.

A tutto questo peraltro si può contrapporre che le grandi doti dello spirito, a causa della soverchia attività nervosa, provocano un'estrema sensibilità al dolore, in ogni forma; che inoltre il temperamento passionale, che condiziona quelle doti, e al tempo stesso la maggiore vivacità e completezza di tutte le rappresentazioni – da quelle inscindibili – provocano una veemenza incredibilmente maggiore degli affetti suscitati da quelle rappresentazioni – mentre in genere si danno più affetti dolorosi che piacevoli; infine si deve considerare anche che le grandi doti dello spirito estraniano chi le possiede dagli altri uomini e dalla loro vita, perché quanto più egli ha in se stesso, tanto meno può trovare in loro. Centinaia di cose che a quelli danno grande soddisfazione sono per lui insipide e insopportabili; per cui domina anche qui la legge della compensazione che vige dovunque; infatti abbastanza spesso e non senza verosimiglianza si è affermato che l'uomo intellettualmente limitato è in fondo il più felice; anche se nessuno può invidiargli questa felicità. Nel prendere una definitiva decisione sulla questione non vorrei anticipare il giudizio del lettore, tanto più che lo stesso Sofocle ha dato in merito due sentenze diametralmente opposte:

Πολλῷ τὸ φρονεῖν εὐδαιμονίας πρῶτον ὑπάρχει
(*Sapere longe prima felicitatis pars est*)[13]

(*Antig.* 1328)

E quindi:

Ἐν τῷ φρονεῖν γὰρ μηδὲν ἥδιστος βίος
(*Nihil cogitantium jucundissima vita est*)[14]

(*Ajax*, 550).

Altrettanto in disaccordo tra di loro sono i filosofi dell'Antico Testamento:

Τοῦ γὰρ μωροῦ ὑπὲρ θανάτου ζωὴ πονηρά
(La vita dello stolto è peggiore della morte)

(*Ges. Sir.* 22, 12).

e

Ὁ προστιθεὶς γνῶσιν προσθήσει ἄλγημα
(Dove c'è molta sapienza, c'è molta pena)

(*Ecclesiaste* 1, 18).

Intanto non voglio tralasciare di dire che l'uomo che per la misura strettamente normale delle sue forze intellettuali non ha *alcuna esigenza spirituale*, è contrassegnato con un termine che è esclusivo della lingua tedesca e proviene dalla vita studentesca, ma poi fu usato in un senso più alto, benché analogo a quello originario e contrapposto all'alunno delle Muse (*Musensohn*): *filisteo*. Costui infatti è e rimane ἄμουσος ἀνήρ.[15] Ora io certo potrei, da un punto di vista superiore, formulare una definizione dei filistei come gente sempre seriamente affaccendata con una realtà che non è reale. Senonché una simile definizione trascendentale non sarebbe conforme al punto di vista divulgativo da me adottato in questo saggio, e quindi forse neppure pienamente comprensibile a tutti i lettori. La precedente definizione invece consente più facilmente un chiarimento particolare e contrassegna esaurientemente l'essenziale del concetto, la radice di tutte le qualità che caratterizzano il filisteo. Costui è dunque *una persona senza esigenze spirituali*. Da qui derivano parecchie cose: in primo luogo, *nei confronti di se stesso*, che egli rimane privo di *godimenti* spirituali, in base al motto *il n'est de vrais plaisirs qu'avec de vrais besoins*. Nessun impulso disinteressato a conoscere e a comprendere anima la sua esistenza, e neppure un impulso a godimenti propriamente estetici, che è intimamente affine al primo. E quei godimenti di natura estetica che gli sono imposti, ad esempio dalla moda o da un'autorità, vengono da lui sbrigati il più rapidamente possibile, come una specie di lavoro forzato. I veri piaceri per lui sono solo quelli dei sensi, ed egli se ne ritiene appagato. Quindi ostriche e champagne sono il vertice dell'esistenza, e scopo della sua vita è procurarsi tutto quello che contribuisce al benessere fisico. Ed egli sarà abbastanza fortunato se questo scopo gli darà parecchio da fare! Perché se quei beni gli sono già concessi in anticipo, egli cade inevitabilmente in preda alla noia, contro la quale allora egli tenta ogni possibile stratagemma: ballo, teatro, ritrovi, gioco delle carte, gioco d'azzardo, cavalli, donne, il bere, i viaggi ecc. Eppure tutto questo non è sufficiente contro la noia quando la mancanza di esigenze spirituali rende impossibili i godimenti di quella specie. Perciò è tipica del filisteo una serietà opaca e arida che si avvicina a quella animale. Niente lo rallegra, niente lo emoziona, niente lo coinvolge. Infatti i godimenti dei sensi sono presto esauriti; la società, che consiste per l'appunto di siffatti filistei, diventa ben presto noiosa; il gioco delle carte alla fine stufa. Gli restano comunque i piaceri della vanità, che consistono nel superare gli altri – a seconda della sua indole – nella ricchezza, nella posizione sociale, nell'autorità e nel potere, ed essere da quelli tenuto in considerazione; o anche nel frequentare almeno coloro che emergono nel possesso di quei beni, per brillare così al riflesso del loro splendore (*a snob*).

Dalla qualità fondamentale del filisteo ora esposta consegue che, *in secondo luogo, rispetto agli altri*, poiché egli non ha esigenze spirituali ma solo fisiche, cercherà chi è in grado di soddisfare queste ultime, e non le prime. Tra le esigenze nei confronti degli altri non ci sarà affatto quella di rilevanti facoltà spirituali: queste piuttosto, quando egli vi si imbatte, suscitano la sua antipatia, anzi il suo odio; perché egli allora prova solo un fastidioso senso di inferiorità e inoltre una sorda invidia segreta che egli nasconde accuratamente perché cerca di dissimularla persino a se stesso, ma così facendola crescere, talvolta, fino a un tacito livore. Mai perciò gli verrà in mente di commisurare la sua stima e il suo rispetto col parametro di quelle qualità, ma stima e rispetto verranno riservati esclusivamente al rango e alla ricchezza, al potere e all'autorità che rappresentano ai suoi occhi i soli veri pregi nei quali anch'egli desidererebbe eccellere.

Tutto ciò consegue dal fatto che egli è un uomo privo di esigenze spirituali. La grande sofferenza di tutti i filistei è che le *cose ideali* non offrono loro alcun intrattenimento, mentre invece essi, per sfuggire alla noia, hanno sempre bisogno di *cose concrete*. Queste infatti, o si esauriscono ben presto quando, anziché divertire, stancano, oppure provocano ogni sorta di mali; le cose ideali, invece, sono inesauribili e in sé innocenti e innocue.

Nell'insieme di queste considerazioni sulle qualità personali che contribuiscono alla nostra felicità io ho tenuto presenti, accanto a quelle fisiche, soprattutto quelle intellettuali. In che modo però anche l'eccellenza morale renda felici l'ho spiegato in precedenza nel mio saggio sul fondamento della morale (par. 22, p. 275; 2ª ed. p. 272) al quale pertanto rinvio il lettore.

III

Di quello che uno ha

Il grande maestro della felicità, Epicuro, ha suddiviso in modo esemplare i bisogni umani in tre classi. Primo, i naturali e necessari: sono quelli che, se non soddisfatti, causano dolore. Vi rientrano soltanto *victus et amictus*.* Sono facili da soddisfare. Secondo, quelli naturali ma non necessari, come il bisogno di soddisfacimento sessuale, per quanto Epicuro non ne parli nell'opera di Laerzio (peraltro io qui riproduco la sua dottrina un poco adattata e smussata). Soddisfare questo bisogno è già più difficile. Terzo, quelli non naturali e non necessari come il lusso, l'opulenza, il fasto, il lustro: questi bisogni sono infiniti e il loro soddisfacimento è molto difficile (vedi Diog. Laerz. L, X, cap. 27, par. 149 e par. 127; e Cic., *De fin*. I, 14 e 16).

Determinare i confini dei nostri desideri ragionevoli per quanto riguarda il possedere è difficile, se non impossibile. Perché il soddisfacimento di ciascuno, sotto questo riguardo, non si basa su una grandezza assoluta ma solo su una relativa, cioè sul rapporto tra la propria esigenza e il proprio possesso: pertanto quest'ultimo, considerato in sé, è così privo di significato come il numeratore di una frazione priva di denominatore. Un uomo che non si è mai sognato di aspirare a determinati beni, non ne soffre affatto la mancanza, ma anche se ne è privo è completamente

* Vitto e vestiario.

soddisfatto; mentre un altro, che possiede cento volte di più, si sente infelice perché gli manca quell'unica cosa a cui aspira. Anche sotto questo riguardo ognuno ha il proprio orizzonte di ciò che gli è possibile raggiungere: e le sue aspirazioni arrivano fin là. Quando un qualche obiettivo situato all'interno di questo orizzonte gli si presenta in modo tale che egli può confidare di raggiungerlo, si sente felice; si sente invece infelice quando subentrano difficoltà che gli tolgono la prospettiva di raggiungerlo. Tutto quello che sta fuori di questo campo visivo non ha alcun effetto su di lui. Perciò le grandi proprietà dei ricchi non inquietano il povero, e d'altra parte il molto che già possiede non consola il ricco se falliscono le sue mire (la ricchezza somiglia all'acqua del mare: più se ne beve, più aumenta la sete. – Lo stesso vale per la gloria). Che dopo la perdita della ricchezza o del benessere, una volta superato il primo sconforto, il nostro stato d'animo abituale non sia molto diverso dal precedente dipende da questo: dopo che il destino ha diminuito il fattore del nostro patrimonio, noi stessi diminuiamo di molto il fattore delle nostre esigenze. Ma questa operazione, in una circostanza sfortunata, è l'unica cosa veramente dolorosa: una volta compiuta, il dolore diminuisce progressivamente, e alla fine non si avverte più: la ferita si cicatrizza. Al contrario, in una circostanza fortunata, il compressore delle nostre esigenze si solleva ed esse si espandono: in questo è la gioia. Ma anche la gioia dura solo fino a che questa operazione è compiuta interamente: noi ci abituiamo alla misura ampliata delle esigenze e diventiamo indifferenti alla proprietà che a essa corrisponde. Lo diceva già il passo omerico, *Od.* XVIII, 136-37 che termina:

Τοῖος γὰρ νόος ἐστὶν ἐπιχθονίων ἀνθρώπων,
Οἷον επ' ἦμαρ ἄγει πατὴρ ἀνδρῶν τε θεῶν τε.[16]

La fonte della nostra insoddisfazione consiste nei sempre reiterati tentativi di spingere in alto il fattore delle nostre pretese mentre l'altro fattore, che lo frena, resta immobile. In un genere come quello umano, così bisognoso e costituito di bisogni, non c'è da meravigliarsi che la *ricchezza* sia stimata, anzi venerata maggiormente e più sinceramente di ogni altra cosa, tanto che persino il potere è visto solo come un mezzo per pervenire alla ricchezza; né c'è da meravigliarsi che, al fine di ottenerla, tutto il resto sia messo da parte o buttato all'aria, ad esempio la filosofia a opera dei cattedratici.

Spesso si rimprovera agli uomini che i loro desideri siano rivolti principalmente al denaro, e che essi lo amino sopra ogni cosa. Tuttavia è naturale, forse addirittura inevitabile amare ciò che, come un instancabile Proteo, in ogni istante è pronto a trasformarsi in qualsivoglia oggetto dei nostri così mutevoli desideri e così molteplici bisogni. Ogni altro bene infatti può soddisfare un solo desiderio, una sola necessità: i cibi sono buoni soltanto per gli affamati, il vino per chi è sano, la medicina per chi è ammalato, una pelliccia è buona per l'inverno, le donne per i giovani, e via dicendo. Questi sono dunque solo ἀγαθά πρός τι,[17] ossia beni solo relativamente buoni. Solo il denaro è il bene assoluto: perché esso non soddisfa semplicemente un bisogno *in concreto*, ma il bisogno in generale, *in abstracto*. Il patrimonio disponibile dev'essere considerato una muraglia protettiva contro i molti mali e le molte disgrazie possibili: non come una licenza o addirittura un obbligo di procacciarsi piaceri mondani. Le persone che non hanno un patrimonio già acquisito ma che alla fine, col loro talento, di qualsiasi natura esso sia, sono in grado di guadagnare molto, s'immaginano quasi sempre che il proprio talento sia il capitale stabile, e il guadagno che ne ricavano gli interessi. Perciò essi non accantonano una parte di ciò che guadagnano per mettere insieme un capitale durevole, ma spendono nella stessa misura in cui guadagnano. Quindi finiscono per lo più in miseria perché il loro guadagno si blocca o s'interrompe dopo che lo stesso talento si è esaurito, essendo di natura deperibile – come ad esempio in quasi tutte le arti – oppure perché esso poteva farsi valere solo in determinate circostanze e congiunture che sono venute a mancare. Gli artigiani comunque possono sempre comportarsi nel modo suddetto, sia perché le capacità per le loro prestazioni non vanno facilmente perdute, ed eventualmente possono essere sostituite dal talento dei lavoranti, sia perché ciò che fabbricano sono oggetti di prima necessità, quindi trovano smercio in ogni momento; per cui è giusto il proverbio che dice "un mestiere è una miniera d'oro". Le cose non stanno però così con gli artisti e i virtuosi in genere. Appunto per questo sono pagati tanto. Ma per questo quanto guadagnano deve diventare il loro capitale; mentre essi, temerariamente, lo ritengono un mero interesse e perciò vanno incontro alla loro rovina. Coloro invece che possiedono un patrimonio ereditato, sanno perfettamente sin dall'inizio cos'è il capitale e cosa sono gli interessi. Quindi la maggior parte di essi cercherà di mettere al sicuro questo capitale, di non intaccarlo in nessun caso, anzi possibilmente di accantonare almeno un ottavo degli interessi per ovviare a eventuali momenti di crisi. Per questo costoro conservano per lo più l'agiatezza. Questa osservazione non è applicabile ai commercianti: infatti per loro il denaro è il mezzo stesso per il futuro guadagno, è, per così dire, un attrezzo del mestiere; perciò essi, anche quando è stato guadagnato interamente da loro, cercano di conservare e aumentare il denaro impiegandolo. Per conseguenza in nessun ceto la ricchezza si trova così veramente a casa propria come in questo.

Si potrà constatare che, di regola, coloro che hanno già avuto esperienza del vero bisogno e della miseria li temono assai meno e perciò sono più inclini allo sperpero di quelli che conoscono le privazioni solo per sentito dire. Tra i primi sono da annoverare tutti quelli che, grazie a circostanze fortunate, oppure a particolari talenti, non importa di che genere, sono passati piuttosto rapidamente dalla povertà all'agiatezza; i secondi sono quelli nati e rimasti nel benessere. Questi ultimi si preoccupano continuamente del futuro, e perciò sono più economici di quelli. Se ne potrebbe desumere che il bisogno non sia una cosa tanto brutta come appare visto da lontano. Ma la vera ragione potrebbe essere piuttosto questa, che a chi è nato benestante la ricchezza appare come qualcosa di indispensabile, come l'elemento dell'unica vita possibile, come l'aria; perciò la custodirà come la sua stessa vita, quindi per lo più sarà amante dell'ordine, previdente e parsimonioso. A chi invece è nato in una famiglia assuefatta all'indigenza, questa appare la condizione naturale; allora la ricchezza toccatagli in qualche modo sarà considerata qualcosa di superfluo, buona solo per essere goduta e sperperata, perché quando se ne andrà di nuovo egli se la caverà come prima, e inoltre si sarà tolto un pensiero. Come dice Shakespeare:

... the adage must be verified,
*That beggars mounted run their horse to death.**

(*Henry VI*, III, a. I, sc. IV)

Naturalmente vi si aggiunge il fatto che costoro hanno non tanto in testa quanto nell'animo una salda, smisurata fiducia, in parte nel destino, in parte nei propri mezzi che già li hanno tratti fuori dal bisogno e dalla povertà, e quindi le loro voragini non sono ritenute – come accade ai nati ricchi – senza fondo; ma essi pensano che, urtando contro il fondo, saranno spinti di nuovo in alto. In base a questa peculiarità umana si può anche spiegare come le donne maritate che da ragazze erano povere, spesso siano assai più esigenti e spendaccione di quelle che hanno portato una ricca dote; infatti per lo più le ragazze ricche non portano in dote solo una sostanza, ma anche una maggiore sollecitudine, addirittura un istinto ereditario alla conservazione della stessa, rispetto a quelle povere. Chi volesse

* ... dev'essere confermato il proverbio / che i mendicanti, a cavallo, fanno correre la bestia fino ad ammazzarla.

affermare il contrario, troverebbe un precedente autorevole nell'Ariosto della prima Satira; mentre il dottor Johnson è della mia opinione: *A woman of fortune being used to the handling of money, spends it judiciously: but a woman who gets the command of money for the first time upon her marriage, has such a gust in spending it, that she throws it away with great profusion** (v. Boswell, *Life of Johnson*, a. 1776, aetat. 67). In ogni caso vorrei consigliare a chi sposa una ragazza povera di non lasciarle in eredità il capitale, ma solo una rendita, e soprattutto di provvedere in modo che il patrimonio dei figli non finisca nelle sue mani.

Non credo affatto di scrivere qualcosa indegno della mia penna se qui raccomando di pensare alla conservazione del patrimonio acquisito e di quello ereditato. Infatti possedere in proprio tanto da conseguire – anche solo per se stessi se non si ha famiglia – una vera indipendenza, ossia poter vivere agiatamente senza lavorare, è un privilegio inestimabile: perché significa essere dispensato e immune dal bisogno e dall'affanno inerenti all'esistenza umana, dunque l'emancipazione dalla generale servitù che è il destino naturale dei mortali. Solo con questo favore della sorte si nasce veramente liberi, perché solo così si è veramente *sui juris*, padroni del proprio tempo e delle proprie forze, e ogni mattina si può dire: "il giorno è mio". Pertanto, tra chi possiede mille talleri di rendita e chi ne possiede centomila c'è una differenza assai minore che tra il primo e chi non possiede niente. Il patrimonio ereditario però raggiunge il suo massimo valore allorché tocca a qualcuno il quale – dotato di superiori forze intellettuali – persegue mire che mal si conciliano col guadagno, perché in tal caso egli è doppiamente dotato dalla

* Una donna dotata di beni di fortuna, abituata a maneggiare il denaro, lo spende con giudizio; ma una donna che dispone di denaro per la prima volta dopo il matrimonio prova un tale piacere nello spenderlo che lo getta via con grande spreco.

sorte in quanto può vivere per il suo genio: così egli pagherà centuplicato il suo debito nei confronti dell'umanità, compiendo ciò di cui egli solo è capace e producendo qualcosa che costituisce per l'intera umanità un bene e un motivo d'onore. Altri, in condizioni altrettanto privilegiate, si renderanno benemeriti all'umanità con le loro tendenze filantropiche. Chi invece non si sobbarcherà nulla di tutto questo, neppure in parte, neppure tentandolo con lo studio approfondito di qualche disciplina, né si aprirà almeno la possibilità di contribuire all'avanzamento della stessa – un uomo simile, se erediterà un patrimonio, sarà un semplice, spregevole perdigiorno. E neppure sarà felice: perché la liberazione dal bisogno lo consegnerà all'altro polo della miseria umana, a una noia così tormentosa, che egli sarebbe stato più felice se il bisogno gli avesse fornito qualche occupazione. E proprio questa noia lo farà deviare verso stravaganze che gli faranno perdere quel privilegio di cui non era degno. In realtà moltissima gente si trova nell'indigenza perché quando aveva denaro lo sperperava per procurarsi un momentaneo sollievo alla noia che la opprimeva. Del tutto diversa è la situazione quando lo scopo è di far carriera al servizio dello Stato, per cui si devono ottenere protezione, amici, relazioni, per poter, grazie a loro, essere promosso di grado in grado per raggiungere, forse, le posizioni più alte; in questo caso è meglio, in fondo, venire al mondo senza alcun patrimonio. In particolare per chi non ha titoli nobiliari ma è provvisto di qualche talento, è un vero vantaggio e gli serve da raccomandazione se egli è in tutto e per tutto un povero diavolo. Infatti ciò che ognuno cerca e ama già nel semplice intrattenimento, ma ancor più nei rapporti di lavoro, è l'inferiorità altrui. Ora, soltanto un povero diavolo è convinto e compenetrato della propria totale, profonda, indubbia e generale inferiorità e della propria completa insignificanza e irrilevanza, nella misura che si richiede in quest'ambito. Quindi egli solo s'inchina abbastanza spesso e a lungo, e solo i suoi inchini raggiungono pienamente i novanta gradi; egli solo subisce ogni cosa e ci sorride sopra; egli solo riconosce la totale futilità dei meriti; egli solo loda pubblicamente, a voce stentorea o a caratteri cubitali, gli aborti letterari dei suoi superiori, o di persone comunque influenti, come capolavori; egli solo sa mendicare; per conseguenza egli solo può diventare per tempo, ossia da giovane, addirittura un iniziato di quella verità segreta che Goethe ci ha dischiusa con le parole:

Nessuno si lamenti
di quanto è ignobile:
perché esso è la potenza,
checché ti si dica

(*Divano occidentale - orientale*)

Invece chi ha di che vivere di suo avrà per lo più atteggiamenti arroganti: egli è abituato a camminare *tête levée*, e non ha appreso tutte quelle arti, forse si vanta pure di qualche talento, di cui dovrebbe invece comprendere la pochezza di fronte al *médiocre et rampant*; egli infine può essere anche capace di accorgersi dell'inferiorità dei suoi superiori; e quando si arriva addirittura all'indegnità, diventa riottoso e ombroso. In questo modo non si fa strada nel mondo; anzi si può arrivare a dire alla fine, con l'insolente Voltaire: *Nous n'avons que deux jours à vivre: ce n'est pas la peine de les passer à ramper sous des coquins méprisables*: e purtroppo – sia detto tra parentesi – quel *coquin méprisable* è un predicato al quale – in questo mondo – si può attribuire un numero maledettamente alto di soggetti. Si vede dunque che la sentenza di Giovenale *Haud facile emergunt, quorum virtutibus obstat / Res angusta domi** è applicabile più alla carriera delle personalità d'eccezione che non a quella di chi si destreggia nelle

* Non emergono facilmente coloro le cui qualità sono ostacolate / da un misero patrimonio familiare (*Sat*. III, 164).

relazioni mondane. Tra quello che uno ha non ho messo moglie e figli: perché un uomo è piuttosto da essi posseduto. Invece vi si potrebbero contare gli amici: ma anche qui chi possiede dev'essere in pari misura un possesso dell'altro.

IV

Di quello che uno rappresenta

Questo aspetto, ossia la nostra esistenza nell'opinione altrui, per una particolare debolezza della nostra natura è sempre tenuto in eccessiva considerazione, benché la riflessione più semplice potrebbe insegnarci che, preso in sé, non è affatto essenziale per la nostra felicità. Risulta quindi pressoché inspiegabile come mai ogni uomo si rallegri tanto dentro di sé ogni volta che avverte negli altri segni di opinione favorevole nei suoi confronti, o che la sua vanità viene in qualche modo lusingata.

Com'è inevitabile che il gatto faccia le fusa quando lo si accarezza, così sul viso della persona che viene lodata si dipinge una dolce voluttà – in particolare se la lode riguarda l'ambito delle sue aspirazioni – per quanto le parole lusinghiere possano essere palesemente bugiarde. Spesso i segni del consenso altrui la consolano di una disgrazia reale, o della scarsità con cui scorrono per lei le fonti principali della nostra felicità di cui abbiamo fin qui trattato. E viceversa c'è da restare stupefatti di quanto infallibilmente la offenda e spesso la addolori profondamente ogni ferita alla sua ambizione, in ogni senso, grado o circostanza, ogni forma di disistima, di trascuratezza, ogni mancanza di riguardo. Dato che su questa qualità naturale si basa il senso dell'onore, può darsi che essa abbia effetti vantaggiosi per la buona condotta di molti, come surrogato della loro moralità; ma sull'intima felicità dell'uomo, e anzitutto sulla pace e indipendenza dell'animo che ne è parte così essenziale, essa agisce in modo più perturbatore e nocivo che corroborante. È consigliabile perciò, a nostro avviso, porle dei limiti, e, mediante un'opportuna riflessione e un giusto apprezzamento del valore dei beni, moderare per quanto è possibile quella grande suscettibilità nei confronti dell'opinione altrui sia quando è lusingata sia quando è ferita: perché entrambi i casi sono appesi allo stesso filo. Altrimenti si rimane schiavi dell'opinione e del parere altrui:

> *Sic leve, sic parvum est, animum quod laudis avarum subruit ac reficit.**

Un giusto apprezzamento del valore di ciò che si è in sé e per sé, rispetto a ciò che si è solo agli occhi degli altri, contribuirà molto alla nostra felicità. Nel primo rientra tutto ciò che riempie il tempo della nostra esistenza, il contenuto interiore di essa, e quindi tutti i beni che abbiamo considerato sotto i titoli "quello che uno è" e "quello che uno ha".

Perché il luogo in cui tutto questo trova il suo campo d'azione è la propria coscienza. Invece il luogo di ciò che noi siamo per gli altri è la coscienza estranea: è la rappresentazione in cui noi compariamo, insieme coi concetti impiegati per formarla.** Ora, si tratta di qualcosa che non esiste per noi direttamente, ma solo indirettamente, in quanto per suo tramite viene determinato il contegno degli altri verso di noi. E anche questo, a ben vedere, va preso in considerazione solo in quanto influisce su una qualche cosa che può modificare ciò che siamo in noi stessi e per noi stessi. A parte questo, ciò che avviene in una coscien-

* È così irrilevante, così piccola cosa quello che abbatte e risolleva l'animo avido di lode (Orazio, *Epistole* II, 1, 179).

** I ceti più elevati, col loro splendore, il loro sfarzo, la loro magnificenza, e con le loro esibizioni di ogni genere, possono ben dire: la nostra felicità è esclusivamente fuori di noi: sta nelle teste degli altri. [*N.d.A.*]

za estranea è, in quanto tale, per noi indifferente, e anche noi diverremo a poco a poco indifferenti nei suoi riguardi una volta raggiunta una sufficiente conoscenza della superficialità e della futilità dei pensieri, della limitatezza dei concetti, della meschinità dei princìpi, dell'assurdità delle opinioni e della quantità di errori che albergano nella maggior parte dei cervelli; quando inoltre sperimenteremo personalmente con quale disprezzo si parli di ognuno una volta che non si ha più ragione di temerlo o se si crede che non gli verrà riferito; e specialmente poi quando avremo sentito come una mezza dozzina d'imbecilli parlino con disprezzo dell'uomo più degno. Allora ci accorgeremo che chi dà grande valore all'opinione degli uomini tributa loro un onore eccessivo.

In ogni caso sono davvero misere le risorse di chi non trova la sua felicità nelle due categorie di beni già descritte, ma deve cercarla in questa terza: dunque non in ciò che egli realmente è, bensì in ciò che egli è nella rappresentazione altrui. Perché, in assoluto, la base del nostro essere, e quindi anche della nostra felicità, è la nostra natura animale. Di conseguenza per il nostro benessere la cosa più essenziale è la salute, e subito dopo i mezzi per il nostro sostentamento, ossia di che vivere senza preoccupazioni. Onori, vita splendida, rango, fama, per quanto possano valere agli occhi di taluni, non possono competere con quei beni essenziali, né sostituirli: anzi, in caso di necessità, si potrebbe senz'altro cederli in cambio di quelli. Pertanto contribuiremo alla nostra felicità se perverremo tempestivamente alla semplice convinzione che ognuno in primo luogo e di fatto vive nella propria pelle, e non nell'opinione altrui, e che perciò la nostra condizione reale e personale, com'è determinata dalla salute, dal temperamento, dalle capacità, dal reddito, dalla moglie, dai figli, dagli amici, dal luogo dove si abita ecc., è cento volte più importante per la nostra felicità di quello che agli altri piace pensare di noi. Per contro, c'è un'illusione che rende infelici. Quando si proclama con enfasi "l'onore conta più della vita" si dice in realtà questo: "vita e benessere non valgono niente; ma quello che gli altri pensano di noi, questo è importante". Se mai, quell'affermazione può valere come un'iperbole di questa prosaica verità, che per andare avanti e per mantenersi tra gli uomini l'onore, vale a dire l'opinione che essi hanno di noi, spesso è assolutamente necessario: tornerò più avanti su questo punto. Ma quando si osserva come pressoché tutto quello a cui per l'intera vita gli uomini tendono instancabilmente, con sforzo incessante e tra mille pericoli e fatiche, ha come scopo supremo di innalzarsi nell'opinione altrui, in quanto non solo cariche, titoli e onorificenze, ma anche le ricchezze e persino la scienza* e l'arte in fondo sono perseguiti principalmente per questo, e che il traguardo sommo a cui si mira è la maggiore considerazione degli altri, questo, purtroppo, dimostra solo la vastità della follia umana. Attribuire troppo valore all'opinione altrui è un errore universale; sia esso radicato nella nostra natura o sorto per effetto della vita sociale e della civiltà, in ogni caso esso esercita sul complesso delle nostre azioni un influsso smisurato e contrario alla nostra felicità; un influsso che possiamo riscontrare da quando si manifesta nell'ansioso e servile riguardo al *qu'en dira-t-on*, fino a quando spinge il pugnale di Virginio nel cuore della figlia, o induce un uomo a sacrificare, per la fama postuma, la tranquillità, la ricchezza e la salute, persino la vita. Questa falsa credenza comunque offre a chi deve dominare o governare gli uomini un comodo appiglio; per cui in ogni tecnica di addomesticamento umano, la norma di tenere desto e di acuire il senso dell'onore occupa un posto di rilievo; ma per quanto riguarda la vera e propria felicità dell'uomo, che è ciò che qui stiamo considerando, le cose stanno assai diversamente, e si deve piuttosto dissuadere dal dare troppo

* *Scire tuum nihil est, nisi te scire hoc sciat alter* (Persio, *Satire* I, 27). Il tuo sapere non conta nulla se qualcun altro non sa che tu sai. [*N.d.A.*]

valore all'opinione altrui. Tuttavia allorché questo accade, come l'esperienza quotidiana insegna, se la maggior parte degli uomini attribuisce il massimo valore proprio all'opinione degli altri e ne tiene conto più che di quello che è in rapporto diretto con se stesso in quanto sta nella propria coscienza; se quindi, capovolgendo l'ordine naturale, l'opinione altrui appare a quegli uomini la parte reale della loro esistenza, e quello che sta nella loro coscienza solo la parte ideale; se essi dunque fanno di ciò che è derivato e secondario la cosa principale, e sta loro a cuore più l'immagine del proprio essere nella testa degli altri anziché questo essere in sé – allora questo considerare valore diretto quello che per noi direttamente non esiste affatto è quella follia che è stata denominata vanità, *vanitas*, per connotare la vacuità e l'inconsistenza di tale atteggiamento. Da quanto detto sopra è facile intuire che con la vanità – come per l'avarizia – si trascura il fine a vantaggio dei mezzi.

In effetti il valore che attribuiamo all'opinione altrui, e la nostra costante sollecitudine a questo riguardo, oltrepassano, di solito, pressoché ogni aspirazione ragionevole, sicché possono essere visti come una sorta di mania universalmente diffusa, o piuttosto congenita. In tutto quello che facciamo si prende per lo più in considerazione, prima di ogni altra cosa, l'opinione altrui, e se esaminiamo attentamente la questione vedremo che quasi la metà degli affanni e delle angosce sofferti sono sorti dalla preoccupazione per l'opinione degli altri. Essa è al fondo del nostro amor proprio così spesso offeso perché così morbosamente suscettibile, al fondo di tutte le nostre vanità e presunzioni, come pure dei nostri sfoggi e delle nostre ostentazioni. Senza tale preoccupazione e tale mania il lusso non sarebbe neppure un decimo di quello che è. Ogni forma di orgoglio, di *point d'honneur* e di *puntiglio*, per quanto differenziati nei generi e nelle sfere d'appartenenza, nasce da quella preoccupazione, e spesso quanti sacrifici comporta! Essa si manifesta già nella fanciullezza, poi in ogni età, tuttavia mai con tanta forza come nell'età avanzata; perché allora, venendo meno la possibilità dei piaceri sensuali, vanità e superbia hanno da spartirsi il dominio solo con l'avarizia. È una preoccupazione che si può osservare nel modo più evidente nei francesi in quanto presso questo popolo è endemica, e spesso dà luogo alla più insulsa reverenza, alla più ridicola boria nazionale, alla più invereconda millanteria; in tal modo la loro aspirazione si vanifica da sola perché li rende lo zimbello delle altre nazioni, e *grande nation* è divenuto un soprannome derisorio.

Ma per illustrare in modo ancora più caratterizzante l'assurdità dell'esagerata preoccupazione per l'opinione altrui, può essere citato qui un esempio davvero superlativo di quella mania radicata nella natura umana – un esempio potenziato e illuminato nella sua peculiarità dall'incontro delle circostanze con un carattere appropriato – perché da esso si può misurare compiutamente tutta la potenza di quella stranissima molla. Si tratta di un passo tratto dal «Times» del 31 marzo 1846, relativo all'ampio resoconto dell'avvenuta esecuzione di Thomas Wix, un lavorante che per vendetta aveva assassinato il suo padrone: "Al mattino fissato per l'esecuzione il reverendo cappellano delle carceri si recò da lui per tempo. Ma Wix, pur mantenendosi calmo, non mostrò alcun interesse per i suoi moniti; ciò che sembrava stargli a cuore era piuttosto di comportarsi con bravura di fronte agli spettatori della sua ignominiosa fine. E questo gli è anche riuscito. Nel cortile che egli dovette attraversare per recarsi al patibolo eretto vicino alla prigione egli esclamò: 'Ebbene, come ha detto il dottor Dodd, ben presto conoscerò il grande mistero!' – E benché avesse le braccia legate, salì la scala del patibolo senza alcun aiuto: una volta arrivato, s'inchinò a destra e a sinistra agli spettatori, i quali gli risposero gratificandolo con un fragoroso applauso della folla radunata...".

Questo è un mirabile esempio di ambizione: di fronte alla morte nella sua forma più orrenda, con l'incombere dell'eternità, non avere altra preoccupazione che l'impressione suscitata su una folla di curiosi e l'opinione che si lascerà nella loro testa! E tuttavia in Francia, Lecomte, giustiziato nello stesso anno per tentato regicidio, durante il suo processo si rammaricava soprattutto di non poter comparire davanti alla Camera dei Pari in abito adeguatamente decoroso, e anche al momento dell'esecuzione il suo principale cruccio fu che non gli era stato concesso prima di radersi. Che anche un tempo le cose non andassero diversamente lo possiamo constatare da quanto racconta Mateo Alemán nell'introduzione (*declaración*) al suo celebre romanzo *Guzmán de Alfarache*, ossia che molti infatuati criminali, anziché dedicare le ultime ore esclusivamente alla salvezza della loro anima, le passano a redigere e a imparare a memoria una piccola orazione che vogliono pronunciare sulla scala del patibolo. In questi tratti però possiamo rispecchiare noi stessi, perché i casi iperbolici offrono sempre la spiegazione più chiara: tutte le nostre preoccupazioni, i nostri affanni e rovelli, le nostre collere, le nostre ansie e fatiche riguardano forse nella maggioranza dei casi, in realtà, l'opinione altrui, e sono altrettanto assurdi quanto quelli dei poveri reprobi! Dalla medesima radice nasce, per lo più, la nostra invidia e il nostro odio.

Ora, è evidente che nulla potrebbe contribuire di più alla nostra felicità, che in massima parte si basa sulla tranquillità e l'appagamento dell'animo, della limitazione e riduzione di questa molla a una misura ragionevolmente giustificabile, diciamo a un cinquantesimo di quella attuale; nulla dunque contribuirebbe di più alla nostra felicità dell'estrazione di questa sempiterna tormentosa spina dalla nostra carne. Ma è una cosa molto difficile, perché abbiamo a che fare con un'assurdità naturale e congenita. *Etiam sapientibus cupido gloriae novissima exuitur** dice

* Anche per i saggi, la brama della gloria è l'ultima cosa di cui si liberano.

Tacito (*Hist.* IV, 6). Per liberarci di quella universale follia l'unico mezzo sarebbe il riconoscerla chiaramente per tale e il rendersi conto di quanto false, assurde ed errate siano di solito la maggior parte delle opinioni concepite dagli uomini che dunque, prese in sé, non sono degne di alcuna considerazione; il rendersi conto anche di quanto scarso influsso reale può avere, nella maggior parte delle cose e delle circostanze, l'opinione altrui; inoltre come questa opinione sia in linea di principio quasi sempre sfavorevole, per cui pressoché ognuno si offenderebbe a morte se venisse a sapere tutto quello che si dice sul suo conto, e in che tono si parla di lui; infine che persino l'onore stesso è un valore solo indiretto e non diretto ecc. Se ci riuscisse una simile redenzione dall'universale follia, ne conseguirebbe un incremento incredibilmente forte di tranquillità d'animo e di serenità, e anche un atteggiamento più fermo e sicuro, un comportamento sempre più disinvolto e naturale. L'influsso così straordinariamente benefico che una vita appartata esercita sulla nostra tranquillità interiore si fonda in massima parte sul fatto che quel modo di vivere ci sottrae a un'esistenza posta continuamente davanti agli occhi degli altri, quindi alla incessante considerazione della loro eventuale opinione, restituendoci a noi stessi. In tal modo noi eviteremmo molte disgrazie reali a cui ci trascina solo quell'aspirazione puramente immaginaria, più esattamente quell'insanabile stoltezza; avremmo anche una cura assai maggiore dei rimanenti, solidi beni, e potremmo goderceli in tranquillità. Ma, come si è detto, χαλεπὰ τὰ καλά.[18]

La stoltezza della nostra natura qui descritta produce in primo luogo tre rampolli: ambizione, vanità e superbia. La differenza tra queste ultime due consiste nel fatto che la *superbia* è la già ferma convinzione del proprio superiore valore, sotto ogni riguardo; la *vanità* invece è il desiderio di suscitare negli altri tale convinzione, per lo più accompagnato dalla segreta speranza di farla diventare, in seguito, una convinzione propria. Per questo la superbia è un'alta valutazione di se stessi che procede dal *di dentro*, quindi direttamente; invece la vanità è l'aspirazione a raggiungere quell'alta valutazione dal *di fuori*, dunque per via indiretta. La vanità per conseguenza rende loquaci, la superbia silenziosi. Ma il vanitoso dovrebbe sapere che l'alta opinione degli altri, a cui egli aspira, sarebbe più facilmente e sicuramente raggiungibile con un sistematico silenzio, anziché col parlare, anche se avesse da dire le cose più belle. Non è superbo chiunque lo voglia; al massimo, chi vuole può affettare superbia, ma ben presto dovrà uscire da questo come da ogni altro ruolo assunto. Perché solo la ferma, intima, incrollabile convinzione di superiori pregi e di speciali valori rende davvero superbi. Tale convinzione può essere errata, e può basarsi su pregi soltanto esteriori e convenzionali – questo non infirma la superbia, purché quella convinzione sia reale e seria. Poiché dunque la superbia è radicata nella convinzione, al pari di ogni altra conoscenza essa non dipende dal nostro arbitrio. Il suo acerrimo nemico, voglio dire il suo maggiore ostacolo, è la vanità, che corteggia il consenso altrui per fondarvi la propria alta opinione di sé, mentre il presupposto della superbia è che quell'opinione sia già ben salda.

Per quanto la superbia sia biasimata e vilipesa da tutti, io suppongo che ciò sia opera soprattutto di coloro che non hanno nulla per cui essere superbi. Di fronte alla sfacciataggine e all'insolenza della maggior parte degli uomini, chiunque abbia un qualche pregio fa benissimo a tenerlo in vista, per non lasciarlo cadere del tutto nell'oblio: infatti chi, trascurando bonariamente tali meriti, si comporta con la maggioranza degli uomini come se fosse del tutto un loro pari, viene da quelli, in buona fede, considerato per tale. Ma vorrei soprattutto dare questo consiglio a coloro che hanno pregi della qualità più alta, ossia pregi reali, e quindi autenticamente personali, dato che questi non si possono richiamare alla memoria in ogni istante con segni tangibili come le decorazioni e i titoli; in caso contrario essi vedranno applicato spesso in concreto il *sus*

*Minervam.** "Scherza con lo schiavo: ben presto ti mostrerà il posteriore" dice un proverbio arabo assai indovinato; e anche l'oraziano *sume superbiam, quaesitam meritis*** non è da buttar via. Certo la virtù della modestia è una non trascurabile invenzione per i pezzenti, perché per modestia ognuno deve parlare di sé come fosse anch'egli un pezzente; ne consegue un grandioso livellamento, come se al mondo non ci fossero altri che pezzenti.

La specie di superbia più a buon mercato è invece l'orgoglio nazionalistico. Esso tradisce, in chi ne è affetto, la mancanza di qualità individuali di cui poter andare orgoglioso, altrimenti egli non ricorrerebbe a quello che condivide con tanti milioni di persone. Chi possiede spiccati pregi personali sarà piuttosto incline a riconoscere con estrema chiarezza i difetti della propria nazione, perché li ha costantemente sotto gli occhi. Al contrario, ogni miserabile imbecille che non ha niente di cui essere orgoglioso si aggrappa al mezzo estremo per provare orgoglio, alla nazione a cui appartiene: in tal modo si rinfranca, e ora egli, con animo riconoscente, è pronto a difendere πύξ καὶ λάξ[19] tutti gli errori e tutte le follie che sono propri di quella nazione. Per cui, ad esempio, su cinquanta inglesi, sarà difficile trovarne più di uno che sia d'accordo quando si parla, col dovuto disprezzo, della stupida e degradante bigotteria della sua nazione: quell'unico però di solito è un uomo intelligente. I tedeschi sono indenni da orgoglio nazionalistico e con ciò forniscono una prova della loro conclamata onestà; salvo coloro tra essi che, al contrario, lo esibiscono con affettazione in modo ridicolo, come fanno soprattutto i "Fratelli tedeschi" e i democratici, che lusingano il popolo per portarlo fuori strada. Si dice, è vero, che i tedeschi siano dei grossi cervelli: io tuttavia non posso aderire a questa opinione. E Lichtenberg si chiede:

* Il maiale (istruisce) Minerva.
** Sii tanto superbo quanto lo giustificano i tuoi meriti.

"Perché non è facile trovare qualcuno che, non essendo tedesco, si spacci per tale, mentre se vuole spacciarsi per qualcuno che non è solitamente afferma di essere francese o inglese?". Del resto l'individualità è di gran lunga più importante della nazionalità, e nella concretezza del singolo la prima merita mille volte più considerazione della seconda. Del carattere nazionale – che ha come soggetto la massa – onestamente non si potrà mai dire un gran bene. Sono piuttosto la limitatezza umana, l'insensatezza e la mediocrità a presentarsi in ogni paese in forme peculiari, e questo si chiama carattere nazionale. Disgustati da *uno* di questi caratteri, noi ne lodiamo un *altro*, fino a che non facciamo con esso la medesima esperienza. Ogni nazione deride le altre, e tutte hanno ragione.

L'argomento di questo capitolo, ossia quello che noi *rappresentiamo* nel mondo, in altri termini ciò che siamo agli occhi altrui, si suddivide, come già detto, in: onore, rango e fama.

Il *rango*, per quanto importante agli occhi della massa e dei filistei, e per quanto utile al funzionamento della macchina statale, si può sbrigare – per i nostri scopi – in poche parole. È un valore convenzionale, quindi propriamente un valore finto: il suo effetto è una stima finta, e l'insieme una commedia per la massa.

Le decorazioni sono delle cambiali emesse sopra l'opinione pubblica: il loro valore si basa sul credito di chi le emette. Comunque, a prescindere dalla quantità di denaro che fanno risparmiare allo Stato come surrogato di gratificazioni pecuniarie, esse sono un'istituzione assai utile, purché la loro distribuzione sia fatta con discernimento e senso di giustizia. La massa infatti ha occhi e orecchi, ma poco di più, e in particolare ha scarsissima capacità di giudizio e assai poca memoria. Alcuni meriti sono del tutto fuori della sua sfera di comprensione, altri poi sono da essa compresi e applauditi nel momento in cui emergono, ma subito dopo dimenticati. Quindi io trovo assai opportuno che in ogni momento e dovunque si segnali alla folla, mediante croci o stelle al merito: "quest'uomo non è un vostro pari: egli ha dei meriti!". Con una distribuzione ingiusta, insensata ed eccessiva però, le decorazioni perdono quel valore segnaletico; perciò un sovrano, nel concederle, dovrebbe essere cauto quanto un commerciante che firma una cambiale. L'iscrizione *pour le mérite* su una croce è un pleonasmo: ogni decorazione dovrebbe essere *pour le mérite – ça va sans dire*.

Più impegnativa e più vasta di quella del rango è la trattazione dell'*onore*. Per prima cosa dovremmo definirlo. Se a tal fine io dicessi, ad esempio: l'onore è la coscienza esterna, e la coscienza l'onore interno – forse questo a qualcuno piacerebbe; tuttavia sarebbe una definizione più brillante che chiara ed esauriente. Io dico quindi: l'onore è, oggettivamente, l'opinione di altri sul nostro valore e, soggettivamente, il nostro timore di tale opinione. Sotto quest'ultimo aspetto esercita spesso un effetto molto salutare – anche se mai propriamente morale – sull'uomo d'onore.

La radice e l'origine del sentimento dell'onore e della vergogna, insito in ogni uomo non del tutto corrotto, come pure quella dell'alto valore che si riconosce all'onore, risiedono in quanto segue. L'uomo, da solo, può ben poco, ed è un Robinson abbandonato: soltanto nella comunità, con gli altri, egli è e può molto. Di questa condizione egli si rende conto non appena la sua coscienza comincia a svilupparsi, e allora subito sorge in lui l'aspirazione a essere considerato un valido membro della società, ossia un individuo capace di cooperare *pro parte virili* e quindi legittimato a divenire partecipe dei vantaggi della comunità umana. Egli lo diverrà compiendo in primo luogo ciò che dovunque si esige e ci si aspetta da ognuno; e in secondo luogo quello che si esige e ci si aspetta da lui nel posto particolare che ha assunto. Ma altrettanto presto egli si accorge che l'importante non è la convinzione personale di essere un probo cittadino, bensì che lo pensino gli altri; da qui scaturisce dunque la sua assidua aspirazione a una favorevole *opinione* degli altri e l'alto valore che egli attribuisce a tale opinione: la prima e il secondo si manifestano con la spontaneità di un sentimento innato che si chiama senso dell'onore e, secondo le circostanze, senso del pudore (*verecundia*). È questo che fa salire il rossore alle sue guance non appena egli crede di dover essere improvvisamente deprezzato nell'opinione altrui, anche se sa di essere innocente; persino quando la mancanza scoperta riguarda un obbligo soltanto relativo, cioè assunto volontariamente; e d'altro canto niente rinsalda di più la sua forza d'animo come la certezza raggiunta o rinnovata dalla favorevole opinione altrui, perché questa gli promette la protezione e l'aiuto delle forze riunite di tutti, che sono una barriera contro i mali della vita infinitamente più grande delle forze proprie. Dai diversi rapporti in cui un uomo può trovarsi con gli altri uomini, e per cui gli altri possono nutrire fiducia in lui, avere dunque una buona opinione sul suo conto, sorgono diverse *specie di onore*. Questi rapporti sono in primo luogo quelli concernenti la proprietà, poi le prestazioni di cui si è assunto l'impegno, e infine il rapporto sessuale: a essi corrispondono l'onore civile, l'onore dell'ufficio e l'onore sessuale, ognuno dei quali ha delle sottospecie.

La sfera più ampia è quella dell'*onore civile*: esso consiste nel presupposto che noi rispettiamo incondizionatamente i diritti di ognuno e che quindi non ci serviremo mai, per un nostro vantaggio, di mezzi ingiusti o illegali. Esso è la condizione per intraprendere ogni relazione pacifica. E si perde a causa di un'unica azione che sia palesemente e nettamente contraria, quindi anche in seguito a ogni condanna penale, sempre a condizione che questa sia giusta. Ma in ultima analisi l'onore si fonda sempre sulla convinzione dell'immutabilità del carattere morale in forza della quale un'unica azione riprovevole garantisce la medesima qualità morale in tutte le seguenti, non appena si presenteranno circostanze analoghe: ciò è attestato anche dall'espressione inglese *character* per fama, reputazione, onore. Appunto perciò l'onore perduto non può essere ripristinato, a meno che la perdita non sia dipesa da un inganno, come una calunnia o una falsa apparenza. Vi sono pertanto leggi contro la calunnia, le pasquinate, e anche contro le ingiurie: perché l'ingiuria, il semplice insulto, è una sommaria calunnia di cui non si adducono le ragioni: si potrebbe dire bene in greco: ἐστὶ ἡ λοιδορία διαβολὴ σύντομος[20] ma non lo troviamo in nessun testo. Naturalmente chi insulta rivela di non poter addurre contro l'altro niente di reale e di vero; altrimenti lo esporrebbe come premessa, lasciando tranquillamente la conclusione a chi ascolta; invece egli dà la conclusione e rimane debitore delle premesse, nella presunzione che ciò avvenga soltanto per amore di brevità.

L'onore civile (*bürgerliche Ehre*) deriva il suo nome da classe borghese (*Bürgerstand*); ma la sua validità si estende a tutti i ceti, compresi i più elevati, senza distinzione: nessuno può sottrarvisi, ed è una cosa serissima, che ognuno dovrà guardarsi dal prendere alla leggera. Chi è venuto meno alla lealtà ha perduto la credibilità per sempre, chiunque sia e per quanto faccia; i frutti amari che questa perdita comporta non tarderanno a manifestarsi.

L'onore ha un carattere in un certo senso *negativo*, al contrario della *fama*, che ha un carattere *positivo*. Infatti l'onore non è l'opinione di qualità particolari appartenenti solo a un dato soggetto, bensì soltanto di quelle che normalmente si presuppone non gli debbano mancare. Esso conferma solo che questo soggetto non è un'eccezione, mentre la fama conferma che lo è. La fama quindi deve essere conquistata, mentre l'onore è sufficiente che non sia perduto. Per conseguenza la mancanza della fama è l'oscurità, qualcosa di negativo; la mancanza dell'onore la vergogna, una cosa positiva. Ma quella negatività non dev'essere scambiata per passività; invece l'onore ha un carattere spiccatamente attivo. Esso procede infatti soltanto dal *soggetto*, si basa sulle sue azioni, non su quello che fanno gli altri e che egli deve subire: l'onore è dunque τῶν ἐφ' ἡμῖν.[21] Questo è, come presto vedremo, un segno che distingue l'onore vero da quello cavalleresco o pseudo-onore. Solo mediante la calunnia è possibile attentare all'onore dall'esterno: l'unica contromisura è la confutazione della stessa, con la dovuta pubblicità e lo smascheramento del calunniatore. Il rispetto per la vecchiaia sembra basarsi sul fatto che l'onore dei giovani è ammesso, sì, come un presupposto, ma non ancora provato, quindi in realtà è dato a credito. Nelle persone anziane invece deve risultare dal corso della vita se esse, col loro comportamento, sono state in grado di sostenere il loro onore. Perché né gli anni in sé – che possono essere raggiunti e in taluni casi abbondantemente superati anche dagli animali – né l'esperienza, in quanto conoscenza semplicemente più matura del corso del mondo, sono sufficiente motivo del rispetto dei giovani verso gli anziani, pure dovunque richiesto; la semplice debolezza dell'età avanzata dovrebbe provocare più riguardo che rispetto. Ma è curioso come nell'uomo sia innato, e quindi davvero istintivo, un certo rispetto per i capelli bianchi. Le rughe, un segno infinitamente più sicuro di vecchiaia, non suscitano affatto questo rispetto: né si parla di venerande rughe, ma sempre di veneranda canizie.

Il valore dell'onore è soltanto indiretto. Perché, come già si è detto all'inizio di questo capitolo, l'opinione degli altri sul nostro conto può avere valore per noi solo in quanto determini o abbia eventualmente possibilità di determinare il loro agire verso di noi. Questo può accadere quando noi viviamo con altre persone o siamo loro sottoposti. Perché allora noi, inseriti in un ordine civile, dovendo solo alla società la nostra sicurezza e quanto possediamo, abbiamo bisogno anche degli altri per tutto ciò che intraprendiamo, mentre gli altri, per entrare in rapporto con noi, devono nutrire fiducia sul nostro conto, così la loro opinione a nostro riguardo ha un valore alto, benché sempre solo indiretto: un valore diretto io non posso riconoscerglielo. Con ciò concorda anche Cicerone quando dice: *De bona autem fama Chrysippus quidem et Diogenes, detracta utilitate, ne digitum quidem ejus causa porrigendum esse dicebant. Quibus ego vehementer assentior** (*De fin.* III, 17). Una diffusa spiegazione di questa verità è anche data da Helvétius nel suo capolavoro *De l'esprit* (disc. III, cap. 13) la cui conclusione è: *Nous n'aimons pas l'estime pour l'estime, mais uniquement pour les avantages qu'elle procure.* Ora, poiché il mezzo non può avere più valore del fine, così il solenne motto "l'onore vale più della vita" è, come abbiamo detto, un'iperbole.

Quanto detto può bastare per l'onore civile. L'*onore dell'ufficio* è la generale opinione che un uomo il quale ricopre una carica possieda effettivamente tutte le qualità richieste, e in ogni caso adempia puntualmente gli obblighi relativi a quella carica. Quanto più importante e vasto è il raggio d'azione di un uomo nello Stato, ossia quanto più elevato e influente è il posto che egli occupa, tanto più alta dev'essere l'opinione delle capacità intellettuali e morali che lo qualificano per quel posto; tanto più alto sarà il livello del suo onore che si esprime attraverso i suoi titoli, le sue onorificenze ecc., come pure attraverso il contegno deferente degli altri nei suoi confronti. Con lo stesso criterio la posizione determina costantemente il particolare livello di onore, per quanto questo possa essere modificato dalla facoltà dell'opinione pubblica di giudicare dell'importanza di quella posizione. In ogni caso si riconosce sempre a colui che ricopre e adempie speciali obblighi più onore rispetto al comune cittadino il cui onore consiste principalmente in qualità negative.

L'onore dell'ufficio richiede inoltre che chi ricopre una carica faccia rispettare la carica stessa, per riguardo verso i colleghi e i successori, appunto con uno scrupoloso

* Della buona fama Crisippo e Diogene dicevano che a prescindere dai vantaggi materiali per procurarsela non si dovrebbe muovere neppure un dito. Sono totalmente d'accordo con loro.

adempimento dei suoi doveri, e anche che non lasci impuniti gli attacchi all'ufficio e alla sua persona che lo ricopre, ad esempio che egli non adempie puntualmente i suoi obblighi o che l'ufficio non serve al bene pubblico, dimostrando invece, mediante le sanzioni previste dalla legge, che quegli attacchi erano ingiusti. Sottospecie di onore dell'ufficio sono quello del funzionario dello Stato, del medico, dell'avvocato, di ogni insegnante di scuola pubblica, anzi di ogni laureato, insomma di chiunque, con un attestato ufficiale, sia stato dichiarato idoneo a una certa prestazione intellettuale e quindi ne abbia assunto l'incarico; in una parola, l'onore di ogni funzionario pubblico in quanto tale. È qui che va posto quindi anche il vero *onore militare*: esso consiste nel fatto che chi si è impegnato a difendere la patria comune deve anche possedere le qualità adatte, soprattutto coraggio, valore e forza, ed essere pronto a difendere la patria fino alla morte, e soprattutto non deve abbandonare per nessuna cosa al mondo la bandiera su cui ha giurato.

Ho considerato l'onore dell'ufficio in un senso più esteso del consueto; normalmente esso significa il rispetto che i cittadini devono all'ufficio stesso.

L'*onore sessuale* mi sembra che esiga un più accurato esame e una riconversione dei suoi princìpi alla loro radice da cui si trarrà la conferma che ogni onore, in definitiva, si basa su considerazioni utilitaristiche. Per sua natura l'onore sessuale si suddivide in onore femminile e onore maschile ed è in entrambi i casi un bene inteso *esprit de corps*. Il primo dei due è di gran lunga il più importante, perché nella vita della donna il rapporto sessuale è la cosa principale. L'onore femminile è dunque la generale opinione, se si tratta di una ragazza che non si sia data a nessun uomo, se si tratta di una maritata che si sia data solo al marito. L'importanza di tale opinione dipende da questo: il sesso femminile esige e si aspetta da quello maschile tutto, vale a dire tutto quello che può desiderare e di cui ha bisogno; il sesso maschile esige da quello femminile anzitutto e direttamente una cosa sola. Fu quindi necessario introdurre l'istituto per cui il sesso maschile potesse ottenere dal femminile quell'unica cosa in cambio dell'assunzione di responsabilità per tutto, compresi i figli nati da quell'unione: su questo istituto si basa il benessere di tutto il genere femminile. Per ottenerlo il sesso femminile deve necessariamente tenersi unito e mostrare *esprit de corps*. Allora esso, come un insieme compatto, si schiera in file serrate di fronte all'intero genere maschile – il quale per la preponderanza delle sue forze fisiche e spirituali è per natura in possesso di ogni bene – come di fronte al comune nemico che dev'essere vinto e conquistato per ottenere, col possesso di lui, quello dei beni materiali. A tal fine il codice d'onore dell'intero genere femminile impone che a quello maschile sia assolutamente vietato ogni rapporto sessuale al di fuori di quello coniugale, acciocché ogni uomo sia costretto al matrimonio come a una specie di capitolazione, e in tal modo si provveda all'intero genere femminile. Ma questo scopo può essere raggiunto solo con una rigorosa osservanza del suddetto codice d'onore; per questo l'intero genere femminile, con vero *esprit de corps*, vigila perché sia rispettato da ogni sua componente. Per conseguenza ogni ragazza che con una unione fuori del matrimonio abbia commesso un tradimento nei confronti del sesso femminile, viene da questo bandita e coperta d'infamia perché se si generalizzasse questo modo d'agire il benessere di tutto il sesso femminile andrebbe in rovina: quella ragazza ha perduto l'onore. Nessuna donna può più frequentarla: viene tenuta lontana come un'appestata. La medesima sorte tocca all'adultera, perché essa non ha tenuto fede alla capitolazione pattuita col marito, e col suo esempio può dissuadere gli uomini dall'accettarla, mentre proprio su questa si fonda il benessere di tutto il sesso femminile. Ma oltre all'onore sessuale l'adultera, per aver brutalmente mancato di parola e per la frode insita nel suo comportamento, con l'onore sessuale perde anche quello civile. Perciò si dice, con un'espressione indulgente, "una ragazza caduta", ma non "una moglie caduta", e il seduttore può restituire l'onore alla prima col matrimonio, ma il complice dell'adulterio non può farlo con la seconda, una volta che sia divorziata. Se dunque, in base all'evidenza di questa esposizione, si riconosce che è l'*esprit de corps* – certo benefico, anzi necessario, ma ben calcolato e basato sull'interesse – il fondamento del principio d'onore femminile, si potrà attribuirgli la massima importanza per l'esistenza femminile, e quindi un grande valore; ma valore relativo, e non assoluto, tale da trascendere la vita e i suoi fini, e da doversi difendere a costo della stessa vita. Così non si potranno applaudire i gesti esasperati, degeneranti in tragica farsa, di Lucrezia e di Virginio. E appunto per questo il finale dell'*Emilia Galotti* ha qualcosa di così irritante che si lascia il teatro di pessimo umore. Invece non si può fare a meno, malgrado l'onore sessuale, di simpatizzare con la Klärchen dell'*Egmont*. Quel portare alle estreme conseguenze il principio dell'onore femminile è, come tante altre cose, una sorta di oblio del fine a vantaggio dei mezzi: all'onore sessuale, con tale esasperazione, viene surrettiziamente attribuito un valore assoluto, mentre esso, ancor più di ogni altro tipo di onore, ne ha uno semplicemente relativo; anzi, si potrebbe dire ne ha solo uno convenzionale, se si tiene presente il *De concubinatu* del Thomasius dove troviamo che in molti paesi e in ogni tempo, fino alla Riforma luterana, il concubinato era un rapporto legalmente consentito e riconosciuto, in virtù del quale la concubina conservava il proprio onore; per non parlare della Mylitta a Babilonia (Erodoto, I, 199)[22] e di altri casi. Ci sono certo posizioni civili che rendono impossibile la forma esteriore del matrimonio, soprattutto nei paesi cattolici dove non esiste il divorzio; e dovunque per i sovrani – che a mio avviso agiscono più moralmente quando si tengono un'amante che non quando contraggono un matrimonio morganatico; infatti la discendenza, per l'eventuale estinzione del ramo legittimo, potrebbe avanzare pretese per cui, anche se remota, quel matrimonio introduce la possibilità di una guerra civile. Inoltre un matrimonio morganatico, vale a dire concluso in realtà contro tutte le condizioni esterne, è in definitiva una concessione fatta alle donne e ai preti, due categorie alle quali ci si dovrebbe guardare per quanto è possibile dal concedere alcunché. Si consideri inoltre che chiunque, in un paese, può sposare la donna che si è scelto, tranne uno, a cui questo diritto naturale è precluso: questo pover'uomo è il sovrano. La sua mano appartiene alla nazione, e viene concessa in base alla ragion di Stato, vale a dire in vista del bene della nazione. Ma egli è pur sempre un uomo, e vuole seguire l'inclinazione del suo cuore. Perciò è altrettanto ingiusto e irriconoscente quanto meschino impedire al sovrano di tenersi un'amante o rimproverarglielo: beninteso, finché a costei non venga consentita alcuna influenza sul governo. Da parte sua un'amante simile, con riguardo all'onore sessuale, è in un certo senso una persona d'eccezione, dispensata dalla norma comune: perché ella si è semplicemente data a un uomo che ama e da cui è amata, ma che non avrebbe mai potuto sposarla. In generale poi l'origine non puramente naturale del principio dell'onore femminile è attestata dai numerosi sacrifici cruenti che gli vengono tributati, con l'infanticidio e il suicidio delle madri. Certo una ragazza che si concede fuori della legalità viene meno all'impegno di fedeltà verso tutto il sesso femminile: questa fedeltà però è tacitamente accettata, non giurata. E poiché di solito è il proprio interesse a soffrirne più direttamente, così la sua imprevidenza è infinitamente maggiore della sua immoralità.

L'onore sessuale maschile è provocato da quello femminile come un contrapposto *esprit de corps* il quale esige che ognuno – soggetto a una capitolazione tanto favorevole per la controparte come il matrimonio – vigili poi perché ne siano rispettate le condizioni; acciocché questo patto, attraverso la crepa di un'osservanza meno rigorosa, non perda la sua saldezza, e gli uomini che hanno dato tutto non siano più sicuri neppure dell'unica cosa che ricevono in cambio, ossia il possesso esclusivo della donna. Pertanto l'onore dell'uomo esige che l'adulterio della moglie sia vendicato e punito almeno con la separazione da lei. Se ne è al corrente e lo tollera, la comunità degli uomini lo ricopre di ignominia: ma questa non è neppure lontanamente così assoluta come quella che colpisce la donna che perde il suo onore sessuale; è piuttosto una *levioris notae macula*, una pecca leggera; nell'uomo infatti il rapporto sessuale è subordinato, perché coesiste con molte e più importanti relazioni.

I due maggiori drammaturghi dell'età moderna hanno preso come tema due volte ciascuno l'onore maschile: Shakespeare nell'*Otello* e nel *Racconto d'inverno*, e Calderón ne *El medico de su honra* (Il medico del proprio onore) e in *A secreto agravio secreta venganza* (A segreta offesa segreta vendetta). D'altra parte questo onore esige solo la punizione della donna, non quella del suo amante, che è soltanto un *opus supererogationis*, un sovrappiù; con ciò si conferma l'origine di tale onore dall'*esprit de corps* degli uomini.

L'onore come da me considerato sinora nelle sue specie e nei suoi princìpi è un valore che si riscontra universalmente presso tutti i popoli e in tutti i tempi, anche se nei princìpi dell'onore femminile è possibile osservare alcune modificazioni locali e temporali. Invece c'è ancora un genere d'onore, del tutto diverso da quello che è universalmente valido dovunque, un onore di cui né i Greci né i Romani avevano idea, come fino a oggi né i cinesi, né gli indù e i maomettani hanno una qualche nozione. Infatti è sorto solo nel Medioevo e ha allignato solo nell'Europa cristiana, anzi, persino qui solo in una frazione assai ristretta della popolazione, vale a dire tra i ceti elevati della società e in coloro che li imitano. Si tratta dell'*onore cavalleresco* o *point d'honneur*. Poiché i suoi princìpi sono del tutto differenti, persino in certa misura opposti a quelli dell'onore sin qui trattato, in quanto quest'ultimo fa l'*uomo onorato*, l'altro invece l'*uomo d'onore*, voglio qui esporre in modo analitico i suoi princìpi sotto forma di codice o specchio dell'onore cavalleresco.

1. L'onore non consiste nell'opinione altrui sul nostro valore ma esclusivamente nelle manifestazioni di tale opinione; non conta se quell'opinione di fatto esista o no, tanto meno conta se abbia un fondamento. Gli altri quindi, in seguito alla nostra condotta, possono avere di noi l'opinione più cattiva e disprezzarci profondamente; fin tanto che nessuno osa affermarlo esplicitamente, il nostro onore non è affatto leso. Viceversa, anche se noi con le nostre qualità e le nostre azioni costringiamo tutti alla più alta stima nei nostri confronti (poiché questo non dipende dal loro arbitrio), basta che uno qualsiasi – fosse pure il più miserabile e il più stupido – esprima la sua disistima per noi, e immediatamente il nostro onore è leso, addirittura perduto per sempre, se non viene ristabilito. Una dimostrazione in sovrappiù che non si tratta dell'*opinione* altrui ma solo della *manifestazione* di essa sta nel fatto che gli insulti possono essere *ritirati*, se necessario risarciti, dopo di che è come se non fossero mai avvenuti; non ha importanza poi che l'opinione da cui sono scaturiti sia egualmente cambiata e perché; viene annullata solo la loro manifestazione esteriore, e tutto è a posto. In questo caso dunque non ci si propone di meritare rispetto, ma solo di ottenerlo con la forza.

2. L'onore di un uomo non si basa su ciò che egli fa ma su ciò che egli *subisce*, su ciò che gli accade. Se in base ai princìpi delle specie di onore universalmente valide sinora trattate quell'onore dipende esclusivamente da ciò che l'*uomo stesso* dice o fa, l'onore cavalleresco invece dipende da ciò che dice o fa qualcun altro. Esso sta quindi nelle mani, anzi è appeso alla punta della lingua di chiunque, e se questi attacca, ogni momento è buono perché sia perdu-

to per sempre, a meno che il colpito, mediante un processo di riabilitazione di cui tra breve tratteremo, non se lo riprenda con la forza; questo è possibile tuttavia solo mettendo a repentaglio la propria vita, la salute, la libertà, gli averi e la pace interiore. Pertanto il comportamento di un uomo può essere il più retto e il più nobile, il suo animo il più puro e la sua mente la più eccelsa: il suo onore comunque può venire annientato in qualsiasi momento se solo a qualcuno che non abbia ancora leso quelle leggi d'onore, ma che per il resto può essere il più indegno pezzente, lo stupido più bestiale, un perdigiorno, uno dedito al gioco o coperto di debiti, insomma un uomo che l'altro non degnerebbe di uno sguardo – se a costui dunque viene la voglia d'*insultarlo*. Nella maggior parte dei casi proprio a un soggetto simile questa voglia viene, perché – come osserva giustamente Seneca, *ut quisque contemtissimus et ludibrio est, ita solutissimae linguae est* * (*De constantia*, 11): un simile individuo verrà facilmente eccitato proprio da quel genere di persona descritto perché i contrari si odiano, e perché la vista di qualità preminenti di solito provoca la rabbia segreta di chi non vale niente; Goethe dice appunto:

Ti lamenti se hai dei nemici?
Dovrebbero esserti amici forse
coloro a cui il tuo modo di essere
è un tacito, continuo rimprovero?

(*Divano occidentale-orientale*)

Si vede qui quanto siano debitori al principio dell'onore proprio gli individui del genere descritto per ultimo, perché esso li pone al medesimo livello di coloro che altrimenti sarebbero sotto ogni aspetto irraggiungibili. Ora, se un individuo del genere insulta, ossia attribuisce a un altro una qualità negativa, ciò vale provvisoriamente come

* Quanto più uno è disprezzato e deriso, tanto più sciolta è la sua lingua.

un giudizio oggettivamente vero e fondato, come un decreto giuridicamente valido, anzi rimane vero e valido per tutto il tempo che verrà se non lo si lava immediatamente col sangue: vale a dire l'insultato resta (agli occhi di tutta la "gente d'onore") quale lo ha definito l'insultatore (fosse pure costui l'ultimo dei figli di questa terra): egli infatti (questo è il *terminus technicus*) l'ha "mandata giù". Quindi la "gente d'onore" ora avrà per lui il più profondo disprezzo, lo fuggirà come un appestato, ad esempio affermerà in pubblico ad alta voce di evitare un ritrovo dove lui è ammesso, e così via. Credo di poter far risalire con certezza l'origine di questa prudente norma di costume (secondo C.G. von Wächter, *Beiträge zur deutschen Geschichte, besonders des deutschen Strafrechts*, 1845) al fatto che nel Medioevo, fino al secolo XV, nei processi penali non era l'accusatore a dover dimostrare la colpevolezza, bensì l'accusato la propria innocenza. Ciò poteva accadere mediante un giuramento sulla propria innocenza per cui si richiedevano dei mallevadori (*consacramentales*) i quali giuravano di essere convinti che l'accusato era incapace di spergiuro. Se non li trovava, o se l'accusatore non li riteneva idonei, si passava al "giudizio di Dio" e questo consisteva generalmente in un duello. Perché l'accusato adesso era un "infamato" e doveva purificarsi. Vediamo qui l'origine del concetto di "persona infamata" e dell'intera procedura ancora in vigore tra la "gente d'onore", con la sola esclusione del giuramento. E qui si spiega anche l'obbligatoria, profonda indignazione con cui la "gente d'onore" accoglie l'accusa di mentire, e ne chiede vendetta col sangue: cosa assai strana, dato che la menzogna è un'evenienza di tutti i giorni, ma che soprattutto in Inghilterra è divenuta una superstizione profondamente radicata. (In realtà chiunque minacci di punire con la morte un'accusa di menzogna, non dovrebbe aver mentito mai in vita sua.) La forma più breve adottata in quei processi medievali era che l'accusato rispondesse all'accusatore: "su questo menti"; dopo di che si ricorreva subito al giudizio di Dio; per questo è prescritto che, secondo il codice d'onore cavalleresco, all'accusa di menzogna deve seguire subito il ricorso alle armi. Questo per quanto riguarda l'insulto. Ma c'è qualcosa di peggiore dell'insulto, qualcosa di così tremendo che io solo a nominarlo in questo codice dell'onore cavalleresco sento di dover chiedere scusa alla "gente d'onore" perché so che, solo a pensarlo, viene scossa dal tremito e le si rizzano i capelli: è il *summum malum*, il guaio peggiore del mondo, più grave della morte e della dannazione. Ossia può accadere, *horribile dictu*, che uno affibbi all'altro uno schiaffo o una botta. Questo è un evento terrificante e comporta un'estinzione dell'onore così completa che, se anche tutte le altre ferite dell'onore si possono risanare facendo scorrere del sangue, questa per la sua totale guarigione esige un colpo irrimediabilmente mortale.

3. L'onore non ha assolutamente nulla a che fare con ciò che l'uomo in sé e per sé può essere, con la questione di un possibile mutamento della sua natura morale, o con simili pedanterie; ma quando viene leso, o momentaneamente perduto, può essere subito e interamente ristabilito – purché si intervenga tempestivamente – con un unico mezzo di valore universale, il duello. Se però l'offensore non appartiene a quei ceti che si professano osservanti del codice d'onore cavalleresco, o ha agito qualche volta contro le sue norme, si può, soprattutto se l'onore è stato offeso passando a vie di fatto, ma anche se l'offesa è stata verbale, ricorrere a un'operazione sicura, se si è armati, ammazzandolo su due piedi, in ogni caso entro un'ora dall'offesa: e con ciò l'onore è di nuovo salvo. Ma a parte questo, o quando per timore di eventuali inconvenienti si preferisce evitare questo passo, oppure semplicemente se non si è sicuri che l'offensore si assoggetti alle leggi dell'onore cavalleresco, si può ricorrere a un palliativo, l'*avantage*. È una procedura che consiste – qualora uno sia stato villano – nell'essere ancora più clamorosamente

villano dell'avversario; se questo non è possibile con gli insulti, si passa alle botte, e anche qui c'è una graduale ascesa nei modi di salvare l'onore: gli schiaffi si rimediano con le bastonate, queste con le sferzate: contro queste ultime da alcuni è stato raccomandato come sperimentato rimedio lo sputo in faccia. Solo quando non c'è più tempo per impiegare questi mezzi bisogna assolutamente ricorrere a interventi cruenti. Questo metodo dei palliativi ha il suo fondamento nella massima che segue.

4. Come l'essere insultati è disonorevole, così l'insultare procura onore. Se ad esempio verità, diritto e ragione stanno dalla parte del mio avversario, e io comunque lo insulto, allora tutte quelle belle cose vanno in fumo, e il diritto e l'onore stanno dalla parte mia; lui invece, per il momento, ha perduto il suo onore fin tanto che non lo avrà ristabilito: ma non mediante il diritto e la ragione, bensì mediante gli spari e le infilzate. La villania è dunque una qualità che per quanto concerne il punto d'onore rimpiazza o supera qualsiasi altra: il più villano ha sempre ragione: *quid multa*? Qualunque stupidaggine, qualunque sgarbo o meschinità uno possa aver commesso, con una villania cessano di essere tali e diventano subito legittimi. Se in un dibattito o in una conversazione uno rivelerà una competenza più precisa, un più rigoroso amore per la verità, un giudizio più retto, una maggiore intelligenza, o, in generale, se lascerà trasparire pregi intellettuali che ci mettono in ombra, noi possiamo annullare immediatamente tali eminenti prerogative e insieme la nostra insufficienza da loro rivelata, e a nostra volta diventare superiori offendendo e ricorrendo alla villania. Infatti una villania vince qualsiasi argomento ed eclissa qualsiasi spirito. Se quindi il nostro avversario non si lascerà indurre alla replica con una villania più grossa, per cui noi entriamo nella nobile gara dell'*avantage*, ecco che noi restiamo vincitori e l'onore è dalla parte nostra: la verità, la competenza, l'ingegno, lo spirito, l'arguzia devono battere in ritirata e

sono sbaragliati dalla divina villania. Perciò la "gente d'onore", non appena qualcuno esprime un'opinione che si discosta dalla sua, o anche solo mostra un ingegno maggiore di quello che essa può esibire, fa subito le mosse di salire su quel cavallo di battaglia; e se per caso in una discussione è a corto di argomenti, cerca subito una villania, che fa lo stesso servizio e si trova più facilmente: dopo di che se ne va trionfante. Già da questo si vede con quanta ragione si attribuisce al principio d'onore il merito d'ingentilire il costume della società. Questa opinione si basa a sua volta su quella seguente, che è veramente fondamentale, l'anima dell'intero codice.

5. Il tribunale supremo a cui ci si può appellare in ogni vertenza riguardante l'onore è quello della forza fisica, vale a dire dell'animalità. Infatti ogni villania è in sostanza un appello all'animalità in quanto dichiara incompetente lo scontro delle forze intellettuali, o arbitrato dal diritto morale, e pone al suo posto quello delle forze fisiche che nella specie uomo – definito questo da Franklin un *toolmaking animal*, un "animale costruttore di utensili" – si compie con le armi peculiari di quella specie, nel duello, e porta a una decisione inappellabile. Questo postulato è noto con l'espressione *Faustrecht* ("diritto del più forte") analoga all'espressione *Aberwitz* ("delirio") e come questa assume una connotazione ironica:[23] per conseguenza l'onore cavalleresco dovrebbe a rigore chiamarsi "onore del più forte".

Se in precedenza abbiamo visto che l'onore civile è assai scrupoloso in fatto di proprietà, di obblighi assunti e di parola data, il codice che qui consideriamo mostra invece, riguardo a quegli impegni, la più magnanima liberalità. Infatti c'è una sola parola a cui non è consentito venir meno, la parola d'onore, ossia una dichiarazione accompagnata da "sul mio onore!" – da cui si presume che ogni altra parola data possa essere disattesa. Persino quando si manchi alla parola d'onore, all'occorrenza l'onore può ancora essere salvato col rimedio universale, il duello, in questo caso con coloro i quali affermano che abbiamo sostenuto qualcosa sul nostro onore. Inoltre: c'è un solo debito che dev'essere assolutamente pagato, il debito di gioco, che per conseguenza si chiama "debito d'onore". Quanto agli altri debiti, si possono gabbare ebrei e cristiani: l'onore cavalleresco non ne verrà minimamente danneggiato.

Ora, chi è privo di pregiudizi riconoscerà a prima vista che questo strambo, barbaro e ridicolo codice d'onore non è derivato dall'essenza della natura umana o da una sana visione dei rapporti umani. Ciò è confermato, inoltre, dall'ambito estremamente ristretto della sua validità: esso infatti vige esclusivamente in Europa, solo a partire dal Medioevo, e anche qui solo presso la nobiltà, i militari e chi cerca di imitarli. Infatti né i Greci né i Romani, né i civilissimi popoli dell'Asia, nei tempi antichi e moderni, hanno avuto una qualche nozione di questo onore e dei suoi princìpi. Essi non conoscevano alcun altro onore all'infuori di quelle specie considerate in precedenza. Presso costoro quindi l'uomo vale per quello che le sue azioni rendono manifesto di lui, non per quello che una qualche lingua lunga si compiace di dire nei suoi riguardi; e quanto una persona dice o fa può certo annientare il *proprio* onore, ma mai quello di un altro. Una botta è per tutti solo una botta, quale ogni cavallo e ogni asino può sferrare, anche più pericolosamente: una botta che in certi casi può anche eccitare alla collera ed essere vendicata su due piedi; ma questo non ha niente a che fare con l'onore, e certo non si terrà la contabilità delle botte e degli insulti insieme con le "soddisfazioni" ottenute o non sollecitate. Per valore e sprezzo della vita quei popoli non sono da meno di quelli dell'Europa cristiana. Greci e Romani erano certo eroi nel vero senso della parola, ma del *point d'honneur* non sapevano niente. Presso di loro il duello non era praticato dai nobili, ma da gladiatori prezzolati, da schiavi sacrificati e da delinquenti condannati i quali – alternati a bestie feroci – venivano aizzati gli uni contro gli altri per il divertimento del popolo. Con l'introduzione del cristianesimo i giochi dei gladiatori vennero aboliti; al loro posto nell'èra cristiana, come derivato del "giudizio di Dio", è subentrato il duello. Se quei giochi erano un crudele sacrificio offerto alla brama di spettacoli del pubblico, questo è un crudele sacrificio offerto al pubblico pregiudizio: con la differenza che non è, come quello, un sacrificio di delinquenti, di schiavi e di prigionieri, ma di uomini liberi e nobili.

Che gli antichi fossero del tutto indenni da quel pregiudizio è attestato da una quantità di indizi che ci sono stati tramandati. Ad esempio quando un capo dei Teutoni sfidò Mario al duello, questi gli fece rispondere che se ne aveva abbastanza della vita, avrebbe potuto impiccarsi; comunque gli offrì un ex gladiatore con cui potersi battere (Freinsheim Johannes Caspar, *Supplem. in Liv.*, lib. LXVIII, cap. 12). In Plutarco (*Temistocle*, 11) si legge che il comandante della flotta, Euribiade, durante una lite con Temistocle, alzò il bastone per percuoterlo; ma non che l'altro abbia tratto la spada; si legge invece che disse: Πάταξον μὲν οὖν, ἄκουσον δέ – ("Percuotimi, ma ascoltami!"). Con quale disappunto il lettore "d'onore" cercherà qui invano la notizia che il corpo degli ufficiali ateniesi abbia dichiarato di non voler più servire sotto un tale Temistocle! Molto giustamente quindi uno scrittore moderno dice: *Si quelqu'un s'avisait de dire que Démosthène fut un homme d'honneur, on sourirait de pitié;* (...) *Cicéron n'était pas un homme d'honneur non plus* (*Soirées littéraires*, par C. Durand, Rouen 1828, vol. 2, p. 300). Anche il passo di Platone sull'αἰκία (*De leg.* IX, ultime 6 pp.; *ibid.*, p. 131 dell'ed. Bipontina), ossia sui maltrattamenti, dimostra a sufficienza che gli antichi in simili questioni non avevano alcuna idea del punto d'onore cavalleresco. Socrate, per le sue frequenti dispute, spesso venne malmenato, cosa che egli sopportava tranquillamente: avendo ricevuto una volta un calcio, lo prese con pazienza e disse a quello che se ne meravigliava: “Se mi avesse colpito un somaro lo avrei forse denunciato?” (Diog. Laerz. XI, 21). Un’altra volta, a uno che gli diceva “Ma quello non ti insulta, non ti denigra?” rispose: “No, perché quello che dice non si adatta a me” (*ibid.* 36). Stobeo (*Florileg.*, ed. Gaisford, I, pp. 327-330) ci ha conservato un lungo passo di Musonio dal quale si può constatare come gli antichi considerassero le ingiurie: essi non conoscevano altra soddisfazione che quella giudiziaria, e gli uomini saggi disdegnavano anche quella. Che gli antichi, per uno schiaffo ricevuto, non conoscessero altra soddisfazione che quella giudiziaria appare chiaramente dal *Gorgia* di Platone (p. 86 ed. Bipontina) dove si trova anche (p. 133) l’opinione di Socrate al riguardo. La stessa cosa è evidente anche dal racconto di Gellio (XX, 1) su un certo Lucius Veratius il quale aveva il ghiribizzo di schiaffeggiare senza motivo i cittadini romani che incontrava per strada, e allo scopo di evitare le lungaggini di un’azione legale si faceva accompagnare da uno schiavo con una borsa di monete di rame, con cui pagava agli stupefatti cittadini il risarcimento legalmente fissato in venticinque assi.

Cratete, il famoso cinico, aveva ricevuto dal musico Nicodromo uno schiaffo così forte che gli si era gonfiata e illividita la faccia: allora egli si fissò sulla fronte una tavoletta con la scritta Νικόδρομος ἐποίει (*Nicodromus fecit*) da cui derivò grande ignominia all’auleta che aveva commesso una simile brutalità nei confronti di un uomo che tutta Atene venerava come un nume domestico (Diog. Laerz. VI, 89; Apul., *Flor.* p. 126 ed. Bipontina). Abbiamo una lettera di Diogene di Sinope a Melesippo nella quale si dice che il fatto d’essere stato bastonato dai figli ubriachi degli ateniesi non aveva alcuna importanza (*Nota Casaub. ad Diog. Laert.* VI, 33). Nel suo *De constantia sapientis* (dal cap. 10 alla fine) Seneca ha esaminato esaurientemente l’offesa (*contumelia*) per spiegare che il saggio non ne tiene conto. Nel cap. 14 dice: *At sapiens co-*

*laphis percussus, quid faciet? quod Cato; cum illi os percussum esset: non excanduit, non vindicavit injuriam: nec remisit quidem, sed factam negavit.**

"Sì" esclamerete voi "ma quelli erano saggi!" E voi invece siete scervellati? D'accordo.

Vediamo dunque come agli antichi il principio dell'onore cavalleresco fosse completamente estraneo perché essi restavano in tutto e per tutto fedeli a una spregiudicata e naturale visione delle cose e quindi non si lasciavano persuadere ad accettare simili sinistre e perverse buffonate. Perciò essi potevano considerare anche uno schiaffo in faccia per nient'altro che quello che è: un piccolo danno fisico; mentre per i moderni è diventato una catastrofe e un tema di tragedia, ad esempio nel *Cid* di Corneille, nonché in una moderna tragedia borghese tedesca intitolata *Die Macht der Verhältnisse* ("La forza delle circostanze") ma il cui titolo dovrebbe essere piuttosto *La forza del pregiudizio*. Se per caso all'Assemblea Nazionale di Parigi schioccasse uno schiaffo, tutta l'Europa ne risuonerebbe. In ogni caso alla "gente d'onore" che dev'essersi irritata per le reminiscenze classiche e per gli esempi dell'antichità qui addotti, raccomando come antidoto di leggere nel capolavoro di Diderot *Jacques le fataliste* la storia del signor Desgland, esempio egregio di moderna onorabilità cavalleresca, con cui potranno ricrearsi ed edificarsi.

Da quanto si è detto appare con sufficiente chiarezza che quello dell'onore cavalleresco non può essere un principio congenito, radicato nella stessa natura umana; è dunque un principio artificioso, di cui è facile scoprire l'origine. Esso è evidentemente figlio di quell'epoca in cui si esercitavano più i pugni che i cervelli, e la pretaglia teneva la ragione in catene: sto parlando del decantato Medioevo e della sua ca-

* Che farà un uomo saggio se è preso a pugni? Quello che ha fatto Catone quando venne schiaffeggiato: non diede in escandescenze, non vendicò l'offesa, e neppure perdonò, ma disse che non era successo nulla.

valleria. Allora infatti si lasciava al buon Dio il compito non solo di provvedere ma anche di giudicare per gli uomini. Quindi i casi giuridici difficili venivano risolti mediante ordalie, ovvero giudizi di Dio: questi consistevano – salvo poche eccezioni – in duelli, ma non soltanto tra cavalieri, bensì anche tra borghesi, come attesta un colorito episodio dell'*Enrico VI* di Shakespeare (parte II, a. 2, sc. 3). E contro ogni sentenza pronunciata in giudizio ci si poteva appellare sempre al duello come a un'istanza superiore, ossia al giudizio di Dio. In tal modo si ponevano sul seggio del giudice, in luogo della ragione, la forza fisica e la destrezza, ossia la natura animale; e a decidere su torto o ragione non era quello che uno aveva fatto, ma quello che gli era capitato, proprio come avviene secondo il principio dell'onore cavalleresco ancora oggi in vigore. Chi ancora dubitasse di questa origine del duello, legga l'eccellente libro di J.G. Mellingen, *The History of Duelling*, 1849. Ancora ai nostri giorni, tra gli adepti del principio d'onore cavalleresco se ne trovano alcuni – notoriamente non proprio i più istruiti e i più assennati – che ritengono l'esito del duello effettivamente una decisione divina della lite che ne è stata l'origine, certo in base a un'opinione ereditata dalla tradizione.

Indipendentemente da questa origine, il principio d'onore cavalleresco tende a estorcere, con la minaccia della violenza fisica, gli attestati esteriori di quel rispetto la cui acquisizione reale si considera o troppo gravosa o superflua. È pressappoco come se qualcuno, riscaldando con la mano il globo di mercurio alla base del termometro, volesse dimostrare che la colonnina sale perché la sua stanza è ben riscaldata. A un esame più approfondito, il nocciolo della questione risulta essere questo: come l'onore civile, che mira a rapporti pacifici con gli altri, consiste nel fatto che gli altri ci ritengano meritevoli di una completa *fiducia* perché noi rispettiamo incondizionatamente i diritti di ognuno, così l'onore cavalleresco consiste nell'opinione che noi siamo da *temere* perché siamo disposti a difendere incondizionatamente i nostri diritti. Il principio che è più importante essere temuto anziché godere della fiducia altrui non sarebbe poi del tutto sbagliato, visto che c'è da fare poco conto sulla giustizia umana, se però vivessimo allo stato di natura, dove ognuno deve proteggersi da sé e difendere di persona i propri diritti. Ma in uno stadio della civiltà in cui lo Stato si è assunto il compito di tutelare la nostra persona e i nostri averi quel principio non trova più alcuna applicazione e resta come le fortezze e le torri del tempo in cui vigeva il diritto del più forte, inutilizzate e abbandonate in mezzo a campi coltivati e strade piene di traffico, o magari ferrovie. Quindi l'onore cavalleresco, che si attiene fermamente a quel principio, si è buttato su quei danni alla persona che lo Stato punisce solo in modo lieve o, in base al principio *de minimis lex non curat*, non punisce affatto perché sono offese insignificanti, a volte semplici canzonature. Ma proprio in considerazione di tali lievi offese l'onore cavalleresco si è spinto a una sopravvalutazione della persona che lo professa assolutamente sproporzionata alla natura, alle qualità e alla sorte dell'uomo; quella persona è stata innalzata fino alla sacralità, per cui la punizione del potere pubblico per lievi offese arrecate alla medesima è ritenuta assolutamente insufficiente: l'onore stesso se ne assume la punizione, e sempre mettendo a repentaglio la persona fisica e la vita dell'offensore. Com'è evidente, alla base di tutto ci sono la più smodata superbia e la boria più indegna le quali, completamente dimentiche di che cosa l'uomo sia in realtà, pretendono per lui una inviolabilità e una irreprensibilità assolute. Ma uno che intenda imporle con la forza e quindi proclami: "Chi m'insulta o chi mi dà una botta deve morire" merita davvero, solo per questo, di essere bandito dal Paese.*

* L'onore cavalleresco è figlio della superbia e della stoltezza. (Ne *El principe constante* di Calderón si esprime nel modo più incisivo una verità opposta: *Esa es la herencia de Adan*, "questa è l'eredità di Adamo"). È assai sorprendente che una superbia di tale grado superlativo si trovi solo ed esclusivamente tra i proseliti di quella religione che impone come dovere ai

Per mascherare quella presuntuosa arroganza si escogitano ogni sorta di pretesti. Quando sono di fronte due persone impavide si dice che nessuna delle due cederà, perciò dal più lieve screzio si dovrebbe passare alle ingiurie, poi alle percosse, e infine allo scontro all'ultimo sangue; allora è meglio, per ragioni di decoro, saltare le fasi intermedie e ricorrere subito alle armi. La procedura circostanziata di questi casi è stata poi inquadrata in un rigido e pedantesco sistema, con norme e regole che sono la più tragica farsa del mondo, un vero tempio in onore dell'idiozia. Ora, il principio stesso è errato: in cose di poca importanza (quelle davvero importanti rimangono sempre affidate ai tribunali) tra due persone impavide ce n'è comunque una, vale a dire la più ragionevole, che cede, e quanto alle semplici opinioni, si lasciano correre. Ne dà la prova il popolo, o piuttosto tutti quegli strati sociali che non professano il principio dell'onore cavalleresco, presso i quali dunque le liti hanno il loro decorso naturale; in questi ambienti l'esito mortale di una lite è cento volte più raro rispetto agli ambienti in cui si professa quel principio, e che rappresentano forse solo la mille-

suoi fedeli un'estrema umiltà. Infatti né l'antichità, né le altre parti del mondo conoscono quel principio dell'onore cavalleresco. Tuttavia non si può attribuire l'origine di quel principio alla religione, bensì piuttosto al feudalesimo, allorché ogni nobile si considerava un piccolo sovrano che non aveva sopra di sé alcun giudice umano, e quindi era indotto ad attribuire alla propria persona una assoluta inviolabilità e sacralità, per cui ogni attentato contro la stessa, ogni percossa e ogni insulto, erano considerati un delitto punibile con la morte. Così il principio d'onore e il duello in origine riguardavano solo la nobiltà; a essa si ispirarono poi, in epoca posteriore, gli ufficiali, ai quali di tanto in tanto, anche se non sistematicamente, si aggregavano altre cerchie altolocate, per non essere da meno. Anche se i duelli sono derivati dalle ordalie, queste non ne sono però la causa, ma la conseguenza e l'applicazione del principio d'onore: chi non riconosce alcun giudice umano, si appella a quello divino. Le ordalie peraltro non sono un fatto esclusivo della cristianità, ma si riscontrano assai di frequente nell'induismo, certo per lo più nelle epoche antiche, ma ce ne sono tracce ancora oggi. [*N.d.A.*]

sima parte della popolazione; persino le percosse sono una cosa rara.

Si afferma poi che in una società la civiltà dei modi e la raffinatezza dei costumi abbiano come ultimo sostegno quel principio d'onore, che sarebbe il baluardo contro l'invasione della rozzezza e delle cattive maniere. Senonché in Atene, Corinto e Roma esisteva senza alcun dubbio una buona, anzi una buonissima società, c'erano pure raffinatezza di costumi e civiltà di modi, senza alcun bisogno di quel feticcio dell'onore cavalleresco. È anche vero che allora le donne non avevano – come oggi da noi – un ruolo preminente in società, la qual cosa se dà alla conversazione un tono frivolo e insulso ed esclude ogni discorso intelligente, contribuisce certo non poco a far sì che nella nostra buona società il coraggio fisico tenga il primo posto davanti a ogni altra qualità; mentre in realtà si tratta di una virtù molto secondaria, una virtù da sergenti, nella quale ci superano persino le bestie, per cui si dice, ad esempio, "coraggioso come un leone". In opposizione a quanto affermato sopra sull'ingentilimento dei costumi il principio dell'onore cavalleresco spesso è persino un sicuro rifugio sia per la disonestà e la malvagità, nei casi più gravi, sia per la maleducazione, l'insolenza o la villania nei casi più trascurabili, giacché una quantità di sgarbi assai molesti sono sopportati in silenzio proprio perché nessuno ha voglia di rischiare la vita per ritorcerli. A conferma di quanto detto noi vediamo il duello in grandissima voga, praticato con sanguinaria serietà, proprio in quella nazione che nelle faccende politiche e finanziarie ha dimostrato mancanza di vera onorabilità; come vadano le cose nella sfera privata si può chiedere a quelli che ne hanno fatto esperienza. Ma per quanto riguarda la sua urbanità e la sua educazione sociale, essa è famosa da tempo come modello negativo.

Tutti quei pretesti per legittimare il duello dunque non reggono. A maggior ragione si può insistere sul fatto che, come un cane risponde ringhiando a un altro cane che gli ringhia, e con effusioni a chi lo accarezza, così è anche nella natura dell'uomo di rispondere con l'ostilità a ogni segno ostile, di inasprirsi ed eccitarsi contro chi gli manifesti disprezzo e odio; per cui Cicerone dice: *Habet quendam aculeum contumelia, quem pati prudentes ac viri boni difficillime possunt*;* tanto è vero che in nessun luogo del mondo (fatta eccezione per alcune sette religiose) si subiscono con animo imperturbabile ingiurie e percosse. Tuttavia la natura non induce a richiedere più di un risarcimento adeguato all'offesa, e non a punire con la morte un'accusa di menzogna, di stupidità o di viltà; l'antica massima tedesca "per uno schiaffo, una pugnalata" non è nient'altro che una disgustosa superstizione cavalleresca. In ogni caso la ritorsione o vendetta dell'offesa concerne l'ira, ma non l'onore e il dovere come vorrebbe dare a intendere il principio dell'onore cavalleresco. Piuttosto è indubbio che ogni accusa può ferire solo nella misura in cui colpisce nel segno; ciò è evidente dal fatto che allora il minimo accenno ferisce assai più in profondità dell'accusa più grave, però infondata. Chi perciò sia davvero consapevole di non meritare un'accusa può tranquillamente trascurarla, e lo farà. Il principio dell'onore esige invece da lui che mostri una suscettibilità che non prova affatto e che vendichi in modo cruento offese che non lo feriscono. Deve però avere una ben meschina opinione del proprio valore colui che si affretta a reprimere ogni diceria che lo metta in dubbio perché non diventi manifesta! Nel caso di ingiurie una vera stima di sé conferirà una vera indifferenza, e dove questa manchi, la prudenza e l'educazione indurranno a salvare le apparenze simulandola, e a nascondere la collera. Se dunque ci si liberasse di quella superstizione che è il principio d'onore cavalleresco, sicché nessuno potesse più ritenere di poter to-

* L'ingiuria ha un pungiglione che gli uomini saggi e probi assai difficilmente possono sopportare.

gliere qualcosa all'onore di un altro o restituire qualcosa al proprio con gli insulti, né di legittimare ogni torto, ogni villania o grossolanità dichiarandosi pronto a dar soddisfazione, ossia a battersi; allora ben presto tutti si convincerebbero che quella delle denigrazioni e degli insulti è una battaglia in cui lo sconfitto è in realtà il vincitore, e che, come afferma Vincenzo Monti, le ingiurie sono come le processioni, che tornano sempre al punto di partenza. Inoltre non sarebbe più sufficiente, com'è adesso, che uno mettesse in circolazione una diceria villana per aver ragione; intelligenza e senno avrebbero così un'importanza ben diversa che ai tempi odierni; oggigiorno infatti intelligenza e senno devono badare a non urtare in qualche modo le opinioni della gente limitata e sciocca che al loro semplice apparire si allarma e si irrita; per cui può accadere che si debba mettere in gioco la testa che li alberga, contro le zucche vuote di quella gente. Inoltre la superiorità intellettuale otterrebbe nella società il primato che le spetta e che oggi, sia pure dissimulato, detengono la forza fisica e il coraggio da caserma; per conseguenza gli uomini più eminenti non avrebbero motivo di appartarsi dalla società come fanno oggi. Un mutamento del genere introdurrebbe un vero ingentilimento dei costumi e aprirebbe la via alla vera buona società nella forma in cui, senza dubbio, è esistita in Atene, Corinto e Roma. A chi desideri una testimonianza in merito consiglio di leggere *Il simposio* di Senofonte.

L'estrema difesa del codice cavalleresco suonerà indubbiamente così: "Ma allora, Dio ne liberi, è lecito che uno percuota un suo simile!", al che io potrei rispondere in modo conciso che questo, per i novecentonovantanove millesimi di quelle società che non professano quel codice, non di rado è avvenuto, e che mai l'aggredito è morto, mentre tra gli adepti di quel codice ogni colpo è un colpo mortale. Ma voglio addentrarmi nella questione. Mi sono preoccupato abbastanza spesso di trovare una ragione sostenibile, o almeno plausibile, nella natura animale o in quella razionale dell'uomo; una ragione, fondata non su frasi retoriche ma su chiari concetti, della convinzione così radicata in una parte della società umana che una percossa sia un fatto tanto tremendo: ma invano. Una percossa è e rimane un piccolo male fisico che ogni essere umano può infliggere a un altro, dimostrando nient'altro che questo: che è stato più forte o più abile, oppure che l'altro non è stato in guardia. La mia analisi non porta ad altro risultato. Poi vedo lo stesso cavaliere, il quale ritiene che un colpo per mano di un uomo sia il più grave dei mali, ricevere dal suo cavallo un colpo dieci volte più forte, e andarsene zoppicando e stringendo i denti, assicurando che non è niente di serio. Allora ho pensato che tutto dipendesse dalla mano dell'uomo. Senonché ho visto il nostro cavaliere ricevere da quella mano, nella lotta, stoccate e sciabolate, e assicurare che sono bazzecole, di cui non conta parlare. Poi apprendo che le piattonate non sono neppure lontanamente così gravi come le bastonate, tanto è vero che i cadetti sino a non molto tempo fa dovevano subire le prime e non le seconde; inoltre l'accollata, il colpo dato di piatto con la lama sulla spalla del cavaliere al momento dell'investitura, è il più alto degli onori. Con questo ho concluso le mie argomentazioni psicologiche e morali e altro non mi resta che ritenere la cosa un antico, radicato pregiudizio: un ulteriore esempio, aggiunto a molti altri, di ciò che si può dare a intendere agli esseri umani. Una conferma di questo si trova nel fatto, ben noto, che in Cina, colpi con la canna di bambù sono una punizione assai frequente nel personale civile, anche per funzionari di ogni grado; con ciò si dimostra che la natura umana, anche quella altamente civilizzata, non reagisce laggiù allo stesso modo che da noi.* Anzi, un'occhiata

* *Vingt ou trente coups de canne sur le derrière, c'est, pour ainsi dire, le pain quotidien de Chinois. C'est une correction paternelle du mandarin, laquelle n'a rien d'infamant, et qu'ils reçoivent avec action de graces. – Lettres édifiantes et curieuses, édition de 1819*, vol. II, p. 454. [*N.d.A.*]

senza preconcetti alla natura dell'uomo insegna che picchiare è altrettanto naturale quanto il mordere per le bestie feroci e il cozzare per quelle munite di corna: l'uomo è per l'appunto un animale che picchia. Per cui ci indigniamo se, in casi eccezionali, sentiamo che un uomo ha morso un suo simile; invece che egli dia e riceva botte è un fatto tanto naturale quanto frequente. Si spiega facilmente come una compiuta educazione, favorendo un reciproco autocontrollo, porti a evitare anche questo. Comunque è una forma di crudeltà far credere a una nazione, o anche solo a una classe sociale, che una percossa ricevuta sia una tremenda disgrazia cui deve seguire un omicidio. Ci sono al mondo troppi mali veri perché ci si possa permettere di moltiplicarli con quelli immaginari, che poi provocano quelli veri: è ciò che fa quell'idiota e perverso pregiudizio. Devo quindi disapprovare i governi e gli organi legislativi che lo favoriscono prodigandosi assiduamente perché sia abolita ogni punizione corporale nell'ambito civile come in quello militare. Essi credono di agire in tal modo per un interesse umanitario, mentre è proprio il contrario, perché così essi contribuiscono al rafforzamento di quella morbosa illusione contro natura che ha già fatto tante vittime. Per tutte le mancanze, fatta eccezione per le più gravi, le punizioni corporali sono la prima cosa che viene in mente all'uomo, quindi la punizione naturale: chi non ha sentito ragione, sentirà il bastone. E chi non può essere punito negli averi, perché non possiede nulla, o chi non può essere privato della libertà senza svantaggi collettivi perché si ha bisogno che presti servizio, è giusto e naturale che sia punito con una modica dose di bastonate. Contro questo sistema non vengono portati argomenti, ma semplici frasi retoriche come "dignità dell'uomo", che non si fondano su chiari concetti bensì, ancora una volta, sulla suddetta, perversa superstizione. Che sia proprio questa la radice di tutto è confermato in modo quasi grottesco dal fatto che sino a poco tempo fa, in alcuni paesi, la pena del bastone presso i militari veniva sostituita con la reclusione in una cella il cui pavimento era fatto di assicelle a spigolo: una forma di tortura considerata tuttavia non degradante e disonorevole.

Favorendo la suddetta superstizione si contribuisce al rafforzamento del principio d'onore cavalleresco, e quindi del duello, mentre d'altro canto ci si sforza di abolirlo con le leggi, o si fa mostra di volerlo fare.* Pertanto quel residuato del diritto del più forte, calato dal brutale Medioevo fino al secolo decimonono, è tuttora in circolazione, con scandalo generale.

Sarebbe ora che venisse sbattuto fuori con epiteti infamanti. Oggi non è permesso aizzare metodicamente gli uni contro gli altri neppure i cani o i galli (in Inghilterra almeno tali combattimenti sono vietati); mentre gli uomini, contro la loro volontà, vengono spinti l'uno contro l'altro in una lotta mortale dalla ridicola superstizione dell'assurdo principio d'onore cavalleresco e dai suoi ottusi rappresentanti e amministratori che impongono loro, per qualsiasi sciocchezza, di combattersi come gladiatori. Ai nostri puristi tedeschi propongo quindi per il termine duello – che probabilmente non deriva dal latino *duellum*

* Il vero motivo per cui i governi in apparenza si prodigano per sopprimere il duello e fanno mostra di non riuscirvi, mentre è evidente che sarebbe molto facile, almeno nelle università, mi sembra il seguente: lo Stato non è in grado di pagare per intero, con denaro, i servigi dei suoi ufficiali e dei suoi funzionari: per cui fa consistere una metà dei loro stipendi nell'onore rappresentato da titoli, uniformi e decorazioni. Per tenere alto il corso di questa ideale retribuzione il senso dell'onore dev'essere in ogni modo alimentato, acuito, in ogni caso sempre tenuto in spasmodica tensione. Ma poiché l'onore civile non basta a questo scopo, già per il fatto che lo si condivide con tutti, così viene preso in aiuto l'onore cavalleresco e lo si tiene vivo nel modo suddetto. In Inghilterra, dove gli stipendi dei militari e dei funzionari civili sono assai più alti rispetto al Continente, quella gratifica non è necessaria; quindi il duello, almeno negli ultimi vent'anni, è stato quasi completamente estirpato, vi si ricorre ormai in rarissime occasioni, e quando ciò avviene lo si deride come una idiozia; certo vi ha molto contribuito la *Anti-duelling-society*, che ha nelle sue file un gran numero di *lords*, di ammiragli e generali, e il Moloch deve cavarsela senza le sue vittime. [*N.d.A.*]

bensì dallo spagnolo *duelo*, "dolore", "lagnanza", "pena" – la denominazione *Ritterhetze* ("caccia furibonda al cavaliere"). In ogni caso la pedanteria con cui viene praticata quella stupidaggine offre spunti di ilarità. È però una cosa sconcia che quel principio e il suo assurdo codice creino uno Stato nello Stato il quale, non riconoscendo altro che la legge del più forte, tiranneggia i ceti che gli sono soggetti mantenendo un tribunale di inquisizione davanti al quale chiunque può citare un altro usando come sbirri i più futili pretesti, per sottoporsi insieme a un giudizio di vita o di morte. Naturalmente questo diventa il covo dal quale ogni avanzo di galera che appartenga a quei ceti può minacciare o eliminare il migliore e il più nobile degli uomini, che in quanto tale dev'essergli necessariamente odioso. Poiché oggi la polizia e la giustizia sono quasi riuscite a impedire che sulle strade maestre ogni furfante ci possa apostrofare con un "o la borsa o la vita!", anche la sana ragione dovrebbe finalmente impedire che ogni furfante, intromettendosi nella nostra pacifica esistenza, possa intimarci: "o l'onore o la vita!". E bisognerebbe togliere dall'animo della gente altolocata quell'apprensione derivata dal fatto che ognuno, in ogni momento, può dover rispondere con la vita per la brutalità, la villania, la stupidità o la cattiveria di chiunque altro al quale piaccia di scatenargliele contro. È scandaloso, grida vendetta al Cielo che se due giovani, inesperte teste calde vengono a diverbio, debbano pagare questo col loro sangue, con la salute o con la vita. Quanto sia perversa la tirannia di quello Stato nello Stato, e quanto grande il potere di quella superstizione si può calcolare da questo: che molte volte persone a cui il ripristino del proprio onore cavalleresco leso non era stato possibile a causa del ceto troppo elevato o troppo basso o per altre qualità inadeguate dell'offensore, per disperazione si sono tolte la vita, facendo così una fine tragicomica. Ma poiché ciò che è falso e assurdo alla fine per lo più si rivela facendo sbocciare sulla sua cima il fiore della contraddizione; così quel fiore compare anche qui nella forma della più stridente antinomia: infatti all'ufficiale è vietato il duello, ma se se ne presenta l'eventualità ed egli vi si sottrae, viene punito con la degradazione.

Ma giacché ci sono, voglio andare oltre con la franchezza. Considerando le cose obiettivamente e senza preconcetti si può dire che quella differenza così importante e così esaltata tra la lotta condotta contro il nemico in campo aperto e con le sue medesime armi, o la sua eliminazione proditoria, dipenda unicamente dal fatto che lo Stato entro lo Stato non riconosce altro diritto che quello del più forte, ossia il diritto della forza fisica, e questo, elevato a giudizio di Dio, è divenuto il fondamento del suo codice. Perché in quella lotta aperta non si dimostra altro se non chi sia il più forte e il più abile. La giustificazione che si cerca nell'esistenza della lotta aperta presuppone dunque che il diritto del più forte sia veramente un diritto. In realtà la circostanza che l'altro non sappia difendersi bene dà a me la possibilità, ma in nessun caso il diritto, di ucciderlo; questo diritto, ossia la mia giustificazione *morale* può basarsi soltanto sui *motivi* che io ho di togliergli la vita. Ammettiamo ora che questi siano reali e sufficienti; ma allora non c'è alcuna ragione di far dipendere l'esito della controversia dal fatto che io o lui siamo più abili nella pistola o nella spada, ma è indifferente in che modo gli tolgo la vita, se affrontandolo a viso aperto o colpendolo alle spalle. Infatti moralmente il diritto del più forte non ha più peso del diritto del più astuto che si esercita nell'uccisione proditoria: qui dunque il diritto della mente ha lo stesso peso del diritto del braccio. Si deve inoltre osservare che anche nel duello si pone in atto sia l'una sia l'altra cosa, dato che ogni finta, nel tirar di scherma, è un'insidia. Se mi sento moralmente giustificato nel togliere a un altro la vita, è una stupidaggine il far dipendere ciò dal fatto che quello possa sparare o tirar di scherma meglio di me, nel qual caso invece, oltre ad avermi danneggiato, lui dovrebbe anche togliermi la vita. È opinione di Rousseau, il quale vi accenna cautamente nella 21ª Nota, ritenuta alquanto enigmatica, al IV libro di *Émile* (p. 173 ed. Bipontina) che le offese non siano da vendicarsi col duello ma con l'assassinio a tradimento. Ma egli soggiace tanto alla superstizione dell'onore cavalleresco che considera giustificato l'assassinio per la semplice accusa di mendacio, mentre avrebbe dovuto sapere che ognuno ha meritato quest'accusa innumerevoli volte, ed egli stesso più di ogni altro. Ma il pregiudizio che pone come condizione del diritto di uccidere l'offensore una lotta aperta ad armi pari ritiene evidentemente il diritto del più forte un vero diritto, e il duello un giudizio di Dio. Invece l'italiano che, infiammato dall'ira, assale subito col coltello chi l'ha offeso, dovunque lo incontri, agisce almeno coerentemente e secondo natura: egli è più saggio, e non più cattivo di chi fa un duello. Se poi si vuole dire che io, uccidendo il mio avversario in duello, sono giustificato dal fatto che egli si sforza appunto di uccidere me, si può replicare che io, sfidandolo, l'ho posto in condizione di doversi difendere. Questo mettersi intenzionalmente e reciprocamente in condizione di legittima difesa vuol dire in fondo solo che si cerca un plausibile pretesto per l'omicidio. Piuttosto una giustificazione si potrebbe trovare nel principio del *volenti non fit injuria*, dato che si è messa in gioco la vita così per reciproco accordo; senonché non funziona del tutto la faccenda del *volenti*: è infatti la tirannia del principio d'onore cavalleresco e del suo assurdo codice lo sbirro che ha trascinato i duellanti – o almeno uno dei due campioni – davanti a questo cruento tribunale.

Mi sono dilungato sull'onore cavalleresco, ma a fin di bene, e perché in questo mondo, contro i mostri morali e intellettuali c'è un solo Ercole, la filosofia. Ci sono principalmente due cose che distinguono le condizioni sociali dell'epoca moderna rispetto a quelle dell'antichità, a svantaggio delle prime, cui hanno dato una coloratura seria, cupa, sinistra, facendo apparire l'antichità, che ne è stata priva, libera e serena come il mattino della vita. Esse sono: il principio dell'onore cavalleresco e la malattia venerea – *par nobile fratrum*! Essi, insieme, hanno avvelenato νεῖκος καὶ φιλία[24] della vita. La malattia venerea infatti estende il suo effetto più ampiamente di quanto possa apparire a prima vista perché quell'effetto non è solo fisico, ma anche morale. Da quando la faretra di Cupido porta anche frecce avvelenate, nel rapporto tra i sessi è subentrato un elemento estraneo, ostile, addirittura diabolico, per cui quel rapporto è pervaso da una diffidenza tetra e pavida; e l'effetto indiretto di tale metamorfosi in quello che è il fondamento di ogni comunità umana si propaga, più o meno, anche negli altri rapporti sociali; ma l'esposizione di questo argomento mi porterebbe troppo lontano.

Analogo, benché di tutt'altra natura, è l'effetto del principio d'onore cavalleresco, questa tragica farsa che gli antichi non conoscevano, e che rende la società moderna rigida, seriosa e preoccupata già per il solo fatto che la minima asserzione viene scrupolosamente esaminata e rimuginata. Ma c'è di più! Quel principio è un Minotauro universale al quale, a differenza di quello antico, non da un solo Paese, ma da ogni nazione d'Europa dev'essere portato ogni anno come tributo un certo numero di rampolli delle più nobili famiglie. Perciò è ora che questo spauracchio venga attaccato con decisione, come qui è stato fatto da me. Potessero entrambi i mostri dell'età moderna trovare la loro fine nel secolo diciannovesimo!

Noi non vogliamo perdere la speranza che nel caso del primo ciò riesca finalmente ai medici con l'uso di mezzi profilattici. Ma togliere di mezzo lo spauracchio è compito del filosofo per mezzo della rettifica delle idee, dato che questo sinora non è riuscito ai governi col funzionamento delle leggi, e poi perché è solo col primo mezzo che il male può essere aggredito alla radice. Se nel frattempo i governi fossero seriamente intenzionati all'abolizione del duello, e il modesto successo dei loro sforzi dipendesse davvero solo dalla loro impotenza, vorrei proporre loro una legge di cui garantisco la riuscita, e senza procedure cruente, senza patibolo, senza forca o ergastolo. È piuttosto un mezzuccio omeopatico facilissimo: chi sfida un altro o accetta una sfida riceverà, *à la chinoise*, in pieno giorno, davanti all'ufficio di polizia, dodici bastonate dal caporale, i latori del cartello di sfida e i secondi invece sei ciascuno. Per le eventuali conseguenze di duelli effettivamente combattuti resterebbe in vigore la solita procedura penale. Forse una persona ispirata da sentimenti cavallereschi potrebbe obiettarmi che dopo l'esecuzione di tale pena qualche "uomo d'onore" potrebbe arrivare a togliersi la vita con un colpo di pistola; e io gli rispondo: è meglio che un imbecille simile uccida se stesso anziché altri. In fondo però so benissimo che i governi non s'impegnano seriamente nell'abolizione dei duelli. Gli stipendi dei funzionari e ancor più quelli degli ufficiali sono assai inferiori (salvo per i gradi più alti) al valore delle loro prestazioni. All'incirca per una metà vengono quindi pagati con l'onore, rappresentato in primo luogo da titoli e onorificenze e, in senso più generale, dall'onore del rango. Ebbene, per questo onore del rango il duello è un utile cavallo di riserva, e a questo fine nelle università se ne fa l'apprendistato. Le sue vittime perciò pagano col loro sangue gli stipendi deficitari.

In ossequio alla completezza menzioneremo qui anche l'*onore nazionale*, che è l'onore di tutto un popolo in quanto parte della comunità dei popoli. Poiché in quest'ambito non vi è altro tribunale che quello della forza, e quindi ogni membro di quella comunità deve difendere da solo i suoi diritti, ne consegue che l'onore di una nazione non consiste soltanto nell'opinione acquisita che essa meriti fiducia (ossia nel credito) ma anche nell'opinione che la si debba temere: per cui essa non potrà mai lasciare impuniti gli attacchi ai suoi diritti. L'onore nazionale compendia quindi il principio dell'onore civile con quello dell'onore cavalleresco.

Tra le cose che uno *rappresenta*, ossia che è agli occhi del mondo, abbiamo nominato, come ultima, la fama. Ci rimane dunque da considerare ancora questa.

Fama e onore sono gemelli; ma come i Dioscuri, dei quali Polluce era immortale e Castore mortale, la fama è la sorella immortale dell'onore mortale. Naturalmente questo va inteso solo per la fama di specie più eletta, la vera e autentica fama, perché esistono anche diverse specie di fama effimera. L'onore inoltre concerne solo quelle qualità che si esigono da chiunque si trovi nelle identiche condizioni; la fama concerne solo qualità che non si possono pretendere da nessuno; l'onore quelle che ognuno può attribuirsi pubblicamente, la fama quelle che nessuno può attribuirsi da sé. Mentre il nostro onore arriva fin dove arriva notizia di noi, al contrario la fama precede la notizia di noi e la diffonde fin dove essa stessa giunge. Ognuno può esigere l'onore, la fama possono esigerla solo le persone eccezionali, perché solo con imprese straordinarie si consegue la fama. Queste imprese sono a loro volta azioni od opere: alla fama dunque si aprono due vie. Un grande cuore rende atti a percorrere principalmente la via delle azioni; una grande mente la via delle opere. Ciascuna delle due vie ha i propri vantaggi e svantaggi. La principale differenza è che le azioni passano, le opere rimangono. La più nobile impresa ha un influsso solo sul proprio tempo; l'opera di genio invece vive e agisce – benefica ed edificante – attraverso tutti i tempi. Delle azioni rimane solo il ricordo, che diventa sempre più fioco, deformante e indifferente, finché a poco a poco finisce per spegnersi se la storia non se ne impossessa tramandandolo ai posteri per così dire pietrificato. Le opere invece sono in sé immortali e possono sopravvivere – almeno quelle scritte – attraverso i tempi. Di Alessandro Magno sopravvivono il nome e la memoria: ma Platone e Aristotele, Omero e Orazio sono presenti di persona, vivono e operano direttamente. I *Veda*, con le loro *Upaniṣad*, continuano a esistere: ma di tutte le gesta accadute ai loro tempi non ci è pervenuta alcuna notizia.*

Un altro svantaggio delle azioni è la loro dipendenza dall'occasione che deve crearne la possibilità; per cui la fama non si giudica dall'intrinseco valore delle azioni ma anche dalle circostanze che hanno conferito loro importanza e lustro. Inoltre quando – ad esempio in guerra – le azioni sono puramente personali e dipendenti dalle asserzioni di pochi testimoni oculari, questi non sono sempre disponibili, e poi non sono sempre giusti e obiettivi. Per contro le azioni hanno il vantaggio di essere, in quanto cose pratiche, nell'ambito di una facoltà di giudizio comune a tutti gli uomini; per cui, se i dati sono trasmessi con esattezza, si rende loro giustizia senza indugi; a meno che non si venga a un'adeguata conoscenza o si possa rettamente giudicare delle loro motivazioni solo in seguito, perché per comprendere la portata di ogni azione occorre conoscerne la motivazione. Con le opere avviene il contrario: la loro nascita non dipende dall'occasione ma solo dal loro autore, e quello che sono in sé e per sé rimangono, fino a che rimangono. Con le opere però subentra la difficoltà del giudizio, e questa è tanto maggiore quanto

* Non è quindi un complimento se oggi, com'è di moda, si crede di onorare le opere chiamandole "azioni". Perché le opere sono nella loro essenza di qualità più elevata. Un'azione è sempre determinata da motivi, è qualcosa di particolare, di transitorio che appartiene all'elemento universale e originario del mondo, la volontà. Un'opera grande e bella è invece qualcosa di duraturo perché di significato universale, ed è sbocciata dall'intelligenza innocente e pura che si leva, come un profumo, da questo mondo della volontà.
La fama che deriva dalle azioni ha questo vantaggio, che di regola si manifesta a un tratto, con una forte esplosione, spesso così forte che viene udita in tutta l'Europa; mentre la fama delle opere arriva lentamente e gradualmente, dapprima flebile, poi sempre più intensa, e spesso solo dopo secoli raggiunge la sua piena forza; ma poi rimane, come rimangono le opere, talvolta per millenni. Quell'altra fama invece, quando è passata la prima esplosione, diventa sempre più debole e sempre meno diffusa, finché da ultimo non resta che il suo fantasma nella storia. [*N.d.A.*]

più elevato è il genere dell'opera: spesso mancano i competenti, spesso i giudici imparziali e onesti. Per contro la fama delle opere non è decisa da una sola istanza, ma esiste la possibilità di appello. Infatti mentre, come si è detto, delle azioni arriva ai posteri solo il ricordo, e questo così come i contemporanei lo hanno tramandato, le opere arrivano esse stesse così come sono, salvo qualche eventuale frammento mancante: qui non c'è alcun travisamento di dati, e anche l'eventuale influsso svantaggioso dell'ambiente al loro sorgere, in seguito svanisce. Il tempo piuttosto porta spesso, a mano a mano, i pochi giudici veramente competenti i quali, essi stessi eccezioni, giudicano di eccezioni ancora più grandiose: uno dopo l'altro essi deporranno i loro importanti voti, a volte, certo, solo dopo secoli, e così si costituirà un giudizio perfettamente adeguato che nessuna epoca successiva ribalterà più. Tanto sicura, anzi immancabile, è la fama delle opere. Ma che l'autore la goda in vita dipende dalle circostanze esterne e dal caso: e questo è tanto più raro quanto più elevato e arduo è il loro genere. A questo riguardo Seneca dice, con una bellissima similitudine, che al merito segue immancabilmente la fama come l'ombra segue il corpo, solo che, appunto come l'ombra, a volte essa precede il corpo, a volte lo segue, e aggiunge, dopo aver spiegato questo: *Etiamsi omnibus tecum viventibus silentium livor indixerit, venient qui sine offensa, sine gratia judicent*;* da queste parole noi vediamo anche che l'arte di soffocare i meriti mediante subdolo silenzio, di ignorarli per nascondere al pubblico il buono a favore dello scadente era già praticata dalle canaglie all'epoca di Seneca come lo è ai tempi nostri, e che alle canaglie antiche come a quelle attuali era l'invidia a cucire le labbra. Di regola la fama quanto più è destinata a durare tanto

* Anche se l'invidia avrà imposto il silenzio a tutti i tuoi contemporanei, verranno altri che giudicheranno senza malanimo e senza favoritismi.

più tardi arriva, perché come tutto ciò che è pregiato matura lentamente. La fama che si perpetuerà presso i posteri è simile a una quercia che si sviluppa assai lentamente dal suo seme; la fama facile, effimera, somiglia alle piante annuali che crescono rapidamente, e la fama immeritata alle erbacce che proliferano in fretta e in fretta vengono estirpate. Questo processo dipende propriamente dal fatto che quanto più uno appartiene alla posterità, vale a dire è parte dell'umanità come valore universale e indivisibile, tanto più egli è estraneo al proprio tempo, perché ciò che egli produce non è dedicato specificamente alla propria epoca, non appartiene a essa in quanto tale, ma solo in quanto questa è parte della storia dell'umanità, e quindi non ha impresso il colore locale: per cui può accadere che lo si lasci passare inosservato. Ogni epoca apprezza invece coloro che assecondano le faccende della sua breve giornata o gli umori del momento, e quindi le appartengono interamente, che con essa vivono e muoiono. La storia dell'arte e della letteratura insegnano esaurientemente che le più eccelse opere dello spirito umano, di regola, sono state accolte con sfavore e vi sono rimaste finché non sono sopraggiunti spiriti superiori che ne hanno sentito il richiamo e le hanno collocate in una posizione di prestigio che, una volta raggiunta, esse hanno poi conservato. Ma tutto ciò dipende in ultima analisi dal fatto che ognuno comprende e può apprezzare effettivamente solo quello che gli è omogeneo. Al superficiale è omogeneo il superficiale, all'ordinario l'ordinario, al confuso il tortuoso, allo scervellato l'assurdo; e soprattutto a ognuno piacciono le opere proprie, perché le sente omogenee al cento per cento. Lo aveva già cantato nell'antichità il favoloso Epicarmo:

Θαυμαστὸν οὐδέν ἐστι μὲ ταῦθ' οὕτω λέγειν
Καὶ ἁνδάνειν αὐτοῖσιν αὐτοὺς καὶ δοκεῖν
Καλῶς πεφυκέναι· καὶ γὰρ ὁ κύων κυνὶ
Κάλλιστον εἶμεν φαίνεται καὶ βοῦς βοΐ,
Ὄνος δὲ ὄνῳ κάλλιστον, ὗς δὲ ὑΐ

che io voglio tradurre perché sia comprensibile a ogni lettore:

Nessuna meraviglia se parlo a modo mio,
e che quelli che piacciono a se stessi s'illudano
di essere degni di lode: il cane appare al cane
l'essere più bello, e così il bove al bove,
l'asino all'asino, e il maiale al maiale.

Come anche il braccio più robusto, se scaglia lontano un corpo leggero, non può imprimergli un movimento che lo faccia volare lontano e colpire con violenza, ma quel corpo ricade fiaccamente vicino a chi l'ha scagliato perché manca di una massa in grado di accogliere l'energia esterna, così accade alle idee belle e grandi, e agli stessi capolavori del genio quando ad accoglierli non vi sono che menti grette, deboli o contorte. I saggi di ogni tempo hanno fatto coro nel lamentarlo. Dice ad esempio Gesù Sirach: "Chi parla con uno stolto parla con uno che dorme. Quando ha finito di parlare quello dice: 'Ma che vuol dire?'". E Amleto *A knavish speech sleeps in a fool's ear* ("Un discorso scaltro dorme nell'orecchio di uno stolto").

E Goethe:

La frase più riuscita è accolta con dileggio
se chi l'ascolta ha un difetto all'orecchio.[25]

e inoltre:

Tu non fai effetto, tutto resta così inerte!
Sta' di buon animo!
La pietra, nel pantano,
non fa alcun cerchio.[26]

E Lichtenberg: "Quando una testa e un libro cozzano l'una contro l'altro e si sente risuonare il vuoto, dipenderà sempre dal libro?". E ancora: "Certe opere sono come specchi: se vi si guarda una scimmia non possono riflettere un apostolo". Anche il lamento, bello e toccante, di papà Gellert merita di essere ricordato:

Che sovente le doti migliori
abbiano pochissimi ammiratori,
e che la maggior parte della gente
consideri buono lo scadente,
è un male che si vede ogni giorno,
ma come difendersi da tale morbo?
Io dubito che questo flagello
si faccia eliminare dal nostro mondo.
Un unico mezzo sulla terra ci sarebbe,
ma è oltremodo difficile.
Gli stolti dovrebbero diventare savi;
ma vedete, non lo diverranno mai.
Quelli non riconoscono il valore delle cose,
non è la ragione, sono gli occhi a giudicare:
lodano sempre quello che è meschino
perché non hanno mai conosciuto il buono.

(*Die beiden Hunde*)

A questa incapacità intellettuale degli uomini per cui l'eccellente, come dice Goethe, se rare volte si trova ancor più raramente è riconosciuto e apprezzato, si aggiunge, in questo come in ogni altro caso, la grettezza morale sotto la forma dell'invidia. Infatti con la fama conseguita uno si eleva al di sopra dei suoi simili, che perciò stesso vengono di altrettanto abbassati, sicché ogni merito riconosciuto raggiunge la propria fama a spese di coloro che non ne possiedono.

Se rendiamo onore ad altri,
dobbiamo degradare noi stessi.

(*Divano occidentale-orientale*)

Così si spiega come, in qualsiasi genere l'eccellente si manifesti, l'intera massa dei mediocri – così numerosa! – si coalizzi e congiuri per non farlo riconoscere, anzi, possibilmente per soffocarlo. La sua parola d'ordine è: *à bas le mérite*. Ma persino coloro che possiedono meriti personali e hanno già raggiunto la fama non vedono di buon occhio il sorgere di una fama nuova, che col suo splendore renderà meno sfolgorante la propria. In proposito Goethe dice:

Avessi aspettato, per nascere,
che mi fosse stato concesso di esistere,
non sarei ancora sulla Terra,
come potrete comprendere
se osservate il comportamento
di coloro che, per mettersi un po' in mostra,
rifiuterebbero volentieri la mia esistenza.

(*Xenie miti* V, vv. 1442-48)

Mentre dunque l'onore, di regola, trova giudici giusti e non viene attaccato dall'invidia, anzi viene concesso in anticipo a credito, la fama dev'essere conquistata lottando contro l'invidia, e l'alloro è concesso da un tribunale di giudici decisamente sfavorevoli. L'onore infatti possiamo e vogliamo condividerlo con ognuno: la fama viene sminuita o resa più ardua da chiunque la ottenga.

La difficoltà di ottenere la fama con le opere è inversamente proporzionale al numero delle persone che costituiscono il pubblico di quelle opere, e le ragioni sono evidenti. Quella difficoltà è assai maggiore in opere che promettono di istruire rispetto a quelle che promettono di divertire. La difficoltà è massima nelle opere filosofiche, perché l'insegnamento che promettono da un lato è incerto, dall'altro è privo di utilità materiale; inoltre tali opere si stampano in primo luogo per un pubblico costituito di soli concorrenti. Dalle difficoltà illustrate che si oppongono al conseguimento della fama appare chiaramente che se chi compie opere degne di fama non lo facesse per amore delle opere stesse e perché ne prova gioia, ma avesse bisogno, come incoraggiamento, della prospettiva della fama, l'umanità di opere immortali ne avrebbe ricevute ben poche, forse nessuna. È così: chi vuole produrre cose buone e veraci ed evitare le scadenti dovrà sfidare il giudizio della folla e dei suoi portavoce disprezzandoli. Su questo si basa la veracità di quanto è stato rilevato, in particolare da Osorio (*De glo-*

ria): la fama fugge da coloro che la cercano e segue quelli che la trascurano: i primi infatti si adeguano al gusto dei contemporanei, i secondi lo sfidano.

Quanto è difficile raggiungere la fama, altrettanto facile è conservarla. Anche per questo aspetto essa si contrappone all'onore, che viene concesso a ognuno, persino a credito, e occorre solo conservarlo. Il compito è appunto questo: perché con un'unica azione indegna l'onore è irrevocabilmente perduto. La fama invece non si può mai veramente perdere: perché l'impresa, o l'opera grazie alla quale è stata conseguita stanno per sempre salde e la fama che gli hanno procurato resta all'autore anche se egli non la rinverdisce con occasioni nuove. Se però la fama realmente si spegne, se viene superata, vuol dire che non era autentica, ossia che non era meritata, bensì dovuta a una momentanea sopravvalutazione; o forse si trattava di una fama come quella di Hegel, che Lichtenberg definisce: "Strombazzata da una congrega di amici laureandi e ripetuta dall'eco di teste vuote; ma i posteri come sorrideranno quando un giorno busseranno alle brulicanti gabbie di parole, ai bei nidi di una moda volata via, alle dimore di convenzioni trapassate, e troveranno tutto vuoto, senza il minimo pensiero che possa dire fiducioso: *avanti!*".

La fama si basa propriamente su ciò che un uomo è in confronto al resto degli uomini. Perciò è essenzialmente qualcosa di relativo, e può avere quindi solo un valore relativo. Scomparirebbe completamente se tutti gli altri divenissero quello che è l'uomo famoso. Valore assoluto può averlo solo quello che mantiene tale valore in ogni circostanza, dunque in questo caso quello che uno è direttamente e per se stesso: è in questo dunque che deve consistere il valore e la felicità del grande cuore e della grande mente. Ciò che vale allora non è la fama, ma quello che l'ha fatta meritare. Esso è, per così dire, la sostanza, mentre la fama non è che l'accidente; e per l'uomo famoso ha l'effetto di un sintomo esterno mediante il quale egli riceve la conferma dell'alta opinione che ha di sé;

quindi si potrebbe dire che come la luce non è visibile se non è riflessa da un corpo, così ogni cosa eccellente diventa davvero sicura di se stessa solo mediante la fama; senonché quel sintomo neppure è infallibile, perché c'è anche fama senza merito e merito senza fama; Lessing trova per questo un motto felice: "Alcuni sono celebri, e altri meritano di esserlo". Sarebbe poi una ben misera esistenza quella il cui valore o disvalore si basasse sul modo in cui appare agli occhi altrui: ma sarebbe tale la vita dell'eroe e quella del genio se consistesse nella fama, ossia nel plauso degli altri. Invece ogni essere vive ed esiste per se stesso, quindi prima di tutto in sé e per sé. Ciò che uno è, in qualunque modo lo sia, lo è in primo luogo e principalmente per se stesso: e se non vale molto ai propri occhi, non vale molto in assoluto. Invece la sua immagine nelle teste di altri è qualcosa di secondario, di derivato e soggetto al caso, qualcosa che solo in modo assai indiretto si riferisce alla prima modalità. Inoltre, le teste della gente sono un sito troppo miserabile perché la vera felicità possa eleggervi il proprio domicilio: là non si può trovare che una felicità chimerica! E quale eteroclita compagnia si raduna in quel tempio della fama universale! Generali, ministri, ciarlatani, giocolieri, danzatori, cantanti, milionari e giudei: anzi i pregi di tutti costoro vi vengono apprezzati assai più sinceramente, trovano là assai più *estime sentie* che non i pregi spirituali, specialmente se di qualità superiore i quali, da parte della maggioranza, ottengono solo una *estime sur parole*. Dal punto di vista eudemonologico dunque la fama non è altro che il più raro e squisito boccone per il nostro orgoglio e la nostra vanità. Ma questi vizi, nella maggior parte degli uomini, sono presenti in misura eccessiva – anche se dissimulata – e forse maggiormente in coloro che sono in qualche modo idonei ad acquisire la fama e quindi per lo più devono portarsi a lungo dentro la malcerta consapevolezza della propria superiorità prima che si presenti l'occasione di metterla alla prova e di goderne il riconoscimento: fino ad allora essi vivono con la sensazione di subire in segreto un torto.* In genere poi, come già detto all'inizio di questo capitolo, il valore che l'uomo attribuisce all'opinione altrui sul proprio conto è del tutto sproporzionato e irragionevole: sicché Hobbes si è espresso in modo certo assai drastico ma tutto sommato esatto quando dice: *Omnis animi voluptas, omnisque alacritas in eo sita est, quod quis habeat quibuscum conferens se possit magnifice sentire de se ipso* (*De cive*, I, 5).** Così si spiega l'alto valore che in genere si attribuisce alla fama e i sacrifici che si fanno nella semplice speranza di raggiungerla un giorno:

Fame is the spur, that the clear spirit doth raise
(That last infirmity of noble minds)
*To scorn delights and live laborious days.****

E così pure:

How hard it is to climb
*The hights where Fame's proud temple shines afar.*****

Così finalmente si spiega anche come mai la più boriosa delle nazioni abbia sempre in bocca *la gloire* e la consideri senz'altro la principale molla per grandi imprese e grandi opere. Tuttavia poiché la fama è incontestabilmen-

* Poiché il massimo dei nostri piaceri consiste nell'essere *ammirati*, ma gli ammiratori, anche là dove ce ne siano tutte le ragioni, sono riluttanti a farlo, il più felice è allora colui che – non importa come ci sia arrivato – è in grado di ammirare sinceramente se stesso. Bisogna però che gli altri non gli facciano perdere la fiducia. [*N.d.A.*]

** Ogni intimo piacere, ogni contentezza consistono nel trattare con persone dal cui confronto si possa concepire un'alta opinione di se stessi (*Elementorum philosophiae sectio tertia: De cive*).

*** La fama – questa estrema debolezza delle anime nobili – / è lo sprone che eleva gli spiriti illuminati / a disdegnare i piaceri e a sobbarcarsi fatiche (Milton, *Lycidas*, 70).

**** ... com'è difficile inerpicarsi sulle cime / dove lontano rifulge il superbo tempio della Fama (Beattle, *The minstrels*, I).

te qualcosa di secondario, la semplice eco, il riflesso, l'ombra, il sintomo del merito, e poiché comunque ciò che viene ammirato deve avere più valore dell'ammirazione, così quello che veramente dà felicità non può risiedere nella fama ma in ciò che ha permesso di conseguirla, dunque nel merito in sé, o più esattamente nell'animo e nelle qualità da cui è sorto, si tratti di merito morale o intellettuale. A fruire del meglio di una persona è necessariamente la persona stessa: quello che si riflette nelle teste altrui e nelle loro opinioni è di secondaria importanza e può essere per lei solo d'interesse subordinato. Quindi chi *merita* la fama, anche senza averla raggiunta, possiede di gran lunga l'essenziale, e questo servirà a consolarlo per ciò di cui è privo. A renderlo degno d'invidia non è il fatto che egli sia ritenuto un grand'uomo da una folla incompetente e tanto spesso fuorviata, ma che lo sia; e la grande felicità non è data dalla prospettiva che la posterità abbia notizia di lui, ma dal fatto che in lui si generino idee meritevoli di essere conservate e rimeditate nei secoli. Quella è poi una felicità che non gli può essere tolta: è τῶν εφ' ἡμῖν ("in noi"); l'altra invece è τῶν οὐκ ἐφ' ἡμῦν ("non in noi"). Se invece la cosa principale fosse l'ammirazione in sé, l'oggetto d'ammirazione non ne sarebbe degno; ed è così che effettivamente avviene con la fama falsa, cioè immeritata. Chi la detiene deve accontentarsene, restando in realtà privo di quello di cui essa è sintomo, semplice riflesso. Ma persino questa falsa fama deve diventargli incresciosa quando a volte, nonostante tutte le illusioni scaturite dall'amor proprio, egli prova le vertigini su quelle vette che non sono fatte per lui, e ha la sensazione di essere un ducato di rame; allora è preso dall'angoscia di essere smascherato e umiliato come merita, specie quando egli, sul volto dei più saggi, legge il giudizio della posterità. Costui somiglia quindi a uno entrato in possesso di un'eredità con un testamento falso.

La fama più autentica, quella postuma, non viene mai goduta da chi l'ha meritata, eppure questa persona è ritenuta felice. La sua felicità dunque consisteva nelle grandi qualità che gli hanno procurato la fama e nell'occasione che egli trovò per svilupparle, quindi nell'essergli stato concesso di agire conformemente alla sua natura o di fare quello che faceva con piacere e amore: perché solo le opere nate in questo modo ottengono fama presso i posteri. La sua felicità consisteva dunque nel suo grande cuore o nella ricchezza di uno spirito la cui impronta, nelle sue opere, avrebbe avuto l'ammirazione dei secoli futuri, e consisteva, quella felicità, negli stessi pensieri che, rimeditati, avrebbero rappresentato l'occupazione e il diletto dei più nobili spiriti, in un avvenire senza limiti. Il valore della fama postuma sta dunque nel meritarla, ed è questo merito la sua unica ricompensa. Che poi certe opere destinate a una fama postuma abbiano goduto la celebrità anche presso i contemporanei è dipeso da circostanze fortuite, e non ha molta importanza. Infatti poiché gli uomini, di regola, non hanno un'autonoma capacità di giudizio, e in specie non sanno giudicare creazioni elevate e ardue, essi seguono sempre l'autorità altrui, e la fama più eletta, nel novantanove per cento degli estimatori, si basa solo sulla fiducia in un'opinione corrente. Quindi anche il più concorde plauso dei contemporanei avrà poco valore per le persone avvedute che vi sentiranno solo l'eco di poche voci, anch'esse poi condizionate dal momento. Un virtuoso si sentirebbe forse lusingato dal caloroso applauso del suo pubblico se sapesse che – eccezion fatta per uno o due – esso consiste di gente completamente sorda che per nascondersi a vicenda il proprio difetto applaude con fervore non appena vede le mani di uno di quei due in movimento? E che direbbe se venisse a sapere che quegli iniziatori dell'applauso, come accade spesso, si sono fatti corrompere per tributare il più scrosciante battimani al più scadente dei violinisti? Così si spiega perché la fama goduta presso i contemporanei così di rado si trasforma in gloria postuma, per cui D'Alembert, nella sua stupenda descrizione del tempio della gloria letteraria dice: "L'interno del tempio è abitato solo da morti che durante la loro vita non vi erano entrati, e da alcuni viventi che quando muoiono ne vengono quasi tutti buttati fuori". Tra parentesi si può osservare che erigere un monumento a un vivente significa implicitamente dichiarare che, per quanto lo concerne, non si può far conto sui posteri. Se tuttavia uno riesce da vivo a conseguire la fama che diverrà gloria postuma, ciò avverrà raramente prima della tarda età: tra gli artisti e i poeti comunque ci sono eccezioni a questa regola, ma pochissime tra i filosofi. Ne danno conferma i ritratti di uomini illustri per le loro opere, eseguiti per lo più solo dopo che erano divenuti celebri; in genere sono rappresentati come vecchi canuti, soprattutto i filosofi. Del resto, dal punto di vista eudemonologico è giustissimo. Avere fama e gioventù insieme è troppo per un mortale. La nostra vita è così povera che i suoi beni devono essere distribuiti con parsimonia. La gioventù ha in sé una tale ricchezza che può esserne appagata. Ma in vecchiaia, quando tutti i godimenti e le gioie, come gli alberi d'inverno, si estinguono, allora è il momento più giusto perché germogli l'albero della fama come una vera e propria pianta sempreverde; la fama può anche essere paragonata alle pere d'inverno che crescono in estate, ma si mangiano nei mesi invernali. Nella vecchiaia non c'è consolazione più bella che aver incorporato tutta la forza della giovinezza in opere che non invecchieranno con noi. Se vogliamo considerare un po' più da vicino le vie per le quali si raggiunge la fama nelle scienze – il campo a noi più familiare – si può stabilire la regola seguente: la superiorità intellettuale che tale fama connota viene sempre messa in evidenza mediante una nuova combinazione di dati, di qualunque genere essi siano. Questi possono essere di natura assai diversa; tuttavia la fama che si vuole ottenere con la loro combinazione sarà tanto più grande e diffusa quanto più essi stessi siano universalmente conosciuti e accessibili a tutti. Se ad esempio i dati consistono in alcuni numeri o in curve, oppure in qualche particolare fatto di fisica, di zoologia, di botanica o di anatomia, oppure in alcuni passi travisati di autori antichi, o in iscrizioni cancellate a metà o di cui non possediamo l'alfabeto, come anche in punti oscuri della storia, la fama raggiungibile mediante la loro giusta combinazione non si estenderà di molto oltre coloro che sono a conoscenza dei dati, vale a dire un piccolo numero di persone che per lo più vivono appartate e sono gelose della notorietà nel loro campo. Se invece i dati sono una conoscenza comune del genere umano, ad esempio riguardano qualità essenziali, comuni a tutti, dell'intelletto o dell'animo, o forze naturali di cui abbiamo sempre davanti agli occhi gli effetti, o processi naturali noti a tutti; allora la fama per aver portato alla luce una loro nuova, evidente e importante combinazione col tempo si estenderà pressoché all'intero mondo civilizzato. Perché quei dati sono accessibili a ognuno, e così sarà, per lo più, anche la loro combinazione. In ogni caso la fama corrisponderà sempre soltanto alle difficoltà superate. Perché quanto più i dati sono conosciuti da tutti, tanto più difficile è combinarli in una maniera nuova eppure giusta; infatti già uno stragrande numero di studiosi ha tentato di farlo, e ha esaurito le loro possibili combinazioni. Invece i dati inaccessibili al grosso pubblico, che si possono raggiungere solo per vie impervie e faticose, consentono quasi sempre ancora nuove combinazioni; quindi se ci si applica a essi con lucida intelligenza e retto giudizio, ossia con una vigile superiorità intellettuale, è possibile che uno abbia la sorte di operare una nuova e giusta combinazione. Senonché la fama così raggiunta avrà all'incirca i medesimi limiti della conoscenza dei dati. Perché certo la soluzione di tali problemi esige un grande studio e lavoro solo per ottenere la conoscenza dei dati; mentre in quell'altro modo, che permette di raggiungere la fama più grande e più estesa, i dati sono già disponibili; però nella misura in cui questo secondo modo esige meno lavoro, richiede più talento, anzi genialità, pregi con cui – se si tratta di valore e di giudizio di valore – nessuno studio, nessun lavoro può sostenere il paragone.

Da ciò risulta che coloro i quali sentono di possedere un intelletto capace e un sano giudizio, senza tuttavia attribuirsi eccezionali doti intellettuali, non debbono riluttare di fronte a uno studio intenso e a un lavoro faticoso per distinguersi in tal modo dalla massa degli uomini a cui sono disponibili le conoscenze generali, e per raggiungere mete più lontane, accessibili solo allo zelo dello studioso. Qui infatti, dove il numero dei concorrenti è enormemente ridotto, con una superiorità intellettuale anche non eccelsa si avrà l'opportunità di scoprire una combinazione dei dati originale e giusta: il merito della scoperta sarà anzi avvalorato dalla difficoltà di ottenere i dati. Ma il plauso dei colleghi, che sono i soli competenti della materia, verrà percepito dalla massa degli uomini come una lontana eco.

Volendo percorrere fino in fondo la via qui tracciata, si potrà indicare un punto in cui i dati, per l'intrinseca difficoltà del reperirli, sono sufficienti di per sé a giustificare la fama, senza richiedere alcuna combinazione. È il caso di viaggi compiuti in paesi assai lontani e poco visitati; allora si diventa famosi per quello che si è veduto, non per quello che si è pensato. Questa via presenta un altro grosso vantaggio: è assai più facile partecipare agli altri ciò che si è visto anziché ciò che si è pensato, e lo stesso avviene per la comprensione altrui: per quello che si è visto quindi si troveranno anche assai più lettori che non per quello che si è pensato. Infatti, come dice Asmus:

Quando uno fa un viaggio
ha qualcosa da raccontare.[27]

È anche vero che spesso, quando si conoscono personalmente celebrità di tal genere, viene in mente l'osservazione di Orazio:

*Coelum, non animum, mutant, qui trans mare currunt.**

(*Epist.* I, 11, v. 27)

D'altra parte, con riguardo a chi è dotato di alte capacità intellettuali e che solo può arrischiarsi alla soluzione

* Mutano clima, non animo, quelli che attraversano il mare.

dei più ardui problemi, quelli concernenti il Tutto e l'Universale: questi certo farà bene ad ampliare il più possibile il proprio orizzonte, tuttavia lo dovrà fare sempre in modo uniforme, da ogni lato, e senza mai smarrirsi in qualche zona particolare e poco conosciuta, in altri termini senza addentrarsi nelle specialità di una singola disciplina, e senza sprecare tempo in pignolerie. Egli infatti non ha bisogno, per sottrarsi alla ressa dei concorrenti, di ricorrere ad argomenti di difficile accesso; ma proprio ciò che è disponibile a tutti gli darà materia per nuove, importanti e veraci combinazioni. E per questo i suoi meriti potranno essere apprezzati da tutti coloro che sono a conoscenza dei dati, quindi da una gran parte del genere umano. Su questo si fonda l'enorme differenza esistente tra la fama conseguita da poeti e da filosofi e quella che possono ottenere fisici, chimici, anatomisti, mineralogisti, zoologi, filologi, storici, e così via.

V

Consigli e massime

Non mi pongo come obiettivo di esaurire la materia, qui meno che altrove, altrimenti sarei costretto a ripetere le numerose (in parte eccellenti) regole di vita formulate dai pensatori di tutti i tempi: da Teognide allo pseudo-Salomone fino a La Rochefoucauld; e così facendo non potrei evitare anche molti luoghi comuni ormai divulgati. Con la completezza viene meno però anche gran parte dell'ordinamento sistematico. Della mancanza di entrambi ci si consoli pensando che l'una e l'altro, in trattazioni del genere, portano quasi inevitabilmente come conseguenza la noia. Io ho scritto semplicemente quello che mi veniva in mente, che mi sembrava degno di essere partecipato, e che, per quanto mi era dato ricordare, non era ancora stato detto, o almeno non esaurientemente e allo stesso modo: è quindi solo una integrazione supplementare rispetto a ciò che è stato già intrapreso da altri in questo campo sterminato.

Tuttavia per portare un certo ordine nella grande quantità delle opinioni e dei suggerimenti attinenti all'argomento, li ripartirò in: consigli generali; consigli che riguardano il nostro comportamento verso noi stessi, poi verso gli altri, e infine rispetto al mondo e al destino.

a. *Considerazioni generali*

1. Considero norma suprema di ogni umana saggezza una proposizione formulata incidentalmente da Aristotele

nell'*Etica Nicomachea* (VII, 12): Ὁ φρόνιμος τὸ ἄλυπον διώκει, οὐ τὸ ἡδύ (*Quod dolore vacat, non quod suave est, persequitur vir prudens*). In tedesco questa proposizione suonerebbe ancora meglio: *Nicht dem Vergnügen, der Schmerzlosigkeit geht der Vernünftige nach* ("L'uomo ragionevole non cerca il piacere, bensì l'assenza di dolore"). La veracità di tale asserzione è basata sul fatto che ogni godimento e ogni felicità sono di natura negativa, il dolore invece di natura positiva: una tesi argomentata e motivata nella mia opera principale (vol. I, par. 58). Qui però vorrei riproporla con dati di fatto tratti dall'esperienza di ogni giorno. Quando tutto il corpo è sano e sta bene tranne una piccola ferita o comunque un punto dolorante, la salute complessiva non si avverte, ma l'attenzione è rivolta costantemente al dolore della parte ferita e la sensazione di benessere dell'intero organismo è annullata. Allo stesso modo, se tutti i nostri affari procedono secondo i nostri desideri, tranne *uno* che va in senso contrario alle nostre intenzioni, quest'unico, anche se insignificante, ci torna sempre in mente; noi pensiamo spesso a quello, e poco a tutte le altre cose importanti che vanno come noi desideriamo. Ebbene, in entrambi i casi è la volontà a subire il danno, nel primo caso in quanto obiettivata nell'organismo, nel secondo caso in quanto obiettivata nelle aspirazioni dell'uomo; e in entrambi i casi constatiamo come il soddisfacimento della volontà abbia sempre un effetto negativo, e perciò non venga avvertito direttamente, ma tutt'al più giunga alla coscienza tramite la riflessione. Invece l'impedimento della volontà è un fatto positivo, che quindi si manifesta direttamente. Ogni piacere consiste nella semplice eliminazione di quell'impedimento, nel liberarsi di esso, ed è quindi di breve durata. Proprio su questo si fonda la sullodata norma di Aristotele che ci invita a non rivolgere la nostra attenzione ai godimenti e alle amenità del vivere, ma a sottrarci, per quanto è possibile, agli innumerevoli mali che la vita comporta. Se questa non fosse la via giusta, dovrebbe essere altrettanto falsa (mentre in realtà è vera) la sentenza di Voltaire: *Le bonheur n'est qu'un rêve, et la douleur est réelle*. Chi voglia perciò tirare le somme della propria vita dal punto di vista eudemonologico deve mettere in conto non le gioie che ha goduto, ma i mali a cui è sfuggito. Anzi l'eudemonologia deve cominciare con l'insegnare che il suo stesso nome è un eufemismo e che con "vivere felici" si deve intendere solo vivere "meno infelici", dunque in modo tollerabile. In ogni caso la vita non è data per essere goduta, ma per essere sopportata e sbrigata; questo è indicato anche da varie espressioni come *degere vitam*, *vitam defungi*,* o, in italiano, "si scampa così", e, in tedesco *Man muss suchen, durchzukommen, er wird schon durch die Welt kommen* ("Bisogna cercare di venirne fuori; riuscirà a cavarsela in questo mondo") e simili. È davvero un conforto, nella vecchiaia, avere dietro di sé il travaglio dell'esistenza. Quindi la sorte migliore toccherà a colui che passa la vita senza gravissime sofferenze, morali o fisiche, non a colui a cui sono state concesse le gioie più intense e i più grandi godimenti. Chi volesse misurare la felicità di una vita da questi ultimi, adotterebbe un criterio sbagliato. I piaceri sono e restano qualcosa di negativo: che portino la felicità è un'illusione alimentata dall'invidia, a proprio castigo. I dolori invece rappresentano un dato positivo per la coscienza: la loro assenza è quindi il criterio per valutare una vita felice. Se poi alla mancanza del dolore si aggiunge l'assenza della noia, allora la felicità umana è sostanzialmente raggiunta: perché tutto il resto è una chimera. Da ciò consegue che non si devono mai acquisire piaceri a prezzo di dolori, neppure come semplice rischio; altrimenti si paga una cosa negativa, quindi illusoria, con una positiva e reale. Ci si guadagna invece quando si sacrificano i piaceri per sfuggire ai dolori. In entrambi i casi è indifferente se i dolori seguono i piaceri o li prece-

* Trascorrere la vita; adempiere la vita.

dono. È veramente il massimo dell'assurdità voler trasformare questa valle di lacrime in un parco di divertimenti, e porsi come meta, anziché la soppressione del dolore, per quanto è possibile, piaceri e gioie; eppure sono in tanti a fare così.

Sbaglia assai meno chi, con occhio sin troppo torvo, guarda a questo mondo come a una specie di inferno e perciò si preoccupa solo di crearsi una camera a prova di fuoco. Lo stolto corre dietro ai piaceri della vita e resta ingannato: il saggio evita i mali. Se anche dovesse fallire in questo, sarà colpa del destino, non della propria sventatezza. Ma nella misura in cui gli riesce, non è ingannato: perché i mali che ha evitato sono realissimi. Persino se li avesse evitati in modo troppo drastico, sacrificando senza necessità tutti i piaceri, non avrebbe perduto in sostanza niente, dato che tutti i godimenti sono una chimera, e affliggersi per la loro perdita sarebbe meschino, anzi ridicolo.

Il disconoscimento di questa verità, favorito dall'ottimismo, è la fonte di tanta infelicità. Infatti quando siamo liberi dal dolore, i nostri irrequieti desideri ci fanno balenare davanti le chimere di una felicità inesistente, e ci inducono a seguirle: con ciò noi ci attiriamo un dolore che è indubbiamente reale. Allora ci lamentiamo per aver perduto quell'assenza di dolore che come un paradiso perduto ci resta alle spalle, e desideriamo invano di poter annullare quanto è accaduto. Sembra che un dèmone maligno – con le immagini illusorie dei desideri – ci attiri costantemente fuori della condizione priva di dolore in cui è la vera, la suprema felicità. Il giovane inesperto crede che il mondo esista per esser goduto, che sia la dimora di una felicità positiva, di cui restano privi solo coloro a cui fa difetto l'abilità di impadronirsene. In questa convinzione è sostenuto da romanzi e poesie, come pure dalla falsità con cui il mondo in lungo e in largo si riveste di belle apparenze: un punto su cui tra breve torneremo. L'avvenire del giovane è allora una caccia, più o meno consapevole, alla felicità positiva la quale, in quanto tale, deve consistere in piaceri positivi; in tal modo ci si espone a rischi di cui si deve tener conto; perché quella caccia a una selvaggina che neppure esiste porta regolarmente a una realissima, positiva infelicità, che si configura come dolore, sofferenze, malattie, perdite, affanni, povertà, disonore e altre mille angustie. Il disincanto arriva troppo tardi.

Se invece, seguendo l'alternativa qui considerata, il piano della vita sarà diretto a evitare la sofferenza, dunque a tenere lontani la miseria, la malattia e ogni bisogno – questa è una meta reale; allora si può ottenere qualcosa, e tanto più quanto meno quel piano di vita sarà turbato dall'aspirazione alla chimera della felicità positiva. Su questo concorda anche Goethe che ne *Le affinità elettive* fa dire a Mittler, sempre preoccupato della felicità altrui: "Chi vuole liberarsi di un male sa sempre ciò che vuole; chi vuole qualcosa di meglio di quello che ha è completamente cieco". E questo richiama alla memoria il bel detto francese: *Le mieux est l'ennemi du bien*. Da qui si evince anche l'assunto fondamentale della scuola cinica, da me esposto nella mia opera principale (vol. 2°, cap. 16). Infatti null'altro indusse i cinici a ripudiare tutti i piaceri se non appunto il pensiero dei dolori a quelli più o meno direttamente connessi; e sfuggire a quei dolori parve a loro più importante che ottenere godimenti. I cinici furono profondamente compenetrati dal senso della negatività del piacere e della positività del dolore; per cui, con grande coerenza, fecero di tutto per evitare i mali, ritenendo necessario, a tal fine, il completo e intenzionale rigetto dei piaceri; perché in questi essi vedevano solo trabocchetti che ci consegnano al dolore.

Certo noi siamo tutti nati in Arcadia, come dice Schiller, ossia veniamo al mondo pieni di pretese di felicità e di piacere e nutriamo la folle speranza di realizzarle. Ma di regola arriva il destino, ci afferra brutalmente e ci insegna che nulla è *nostro*, ma tutto è *suo*, che esso ha incontestabili diritti non solo sul nostro patrimonio e sui nostri redditi, su moglie e figli, ma anche su braccia e gambe, su occhi e orecchi, persino sul naso in mezzo alla faccia. Comunque col tempo subentra l'esperienza, e porta la consapevolezza che la felicità e i piaceri sono una Fata Morgana che, visibile solo in lontananza, svanisce quando uno s'avvicina; e che invece dolori e sofferenze sono cose reali, che si presentano direttamente, e non hanno bisogno di illusioni né di aspettative. Ora, se la lezione del destino dà buoni frutti, noi smettiamo di dare la caccia alla felicità e ai piaceri e ci preoccupiamo piuttosto di sbarrare la via per quanto è possibile alla sofferenza e al dolore. Quindi riconosceremo che quanto di meglio questo mondo ha da offrire è un'esistenza senza dolori, tranquilla, sopportabile, e limiteremo le nostre pretese a questo, per realizzarlo tanto più sicuramente. Infatti per non cadere nell'estrema infelicità il mezzo più sicuro è non desiderare una grande felicità. Lo aveva riconosciuto anche Johann Heinrich Merck, l'amico di gioventù di Goethe, quando scriveva: "La disgustosa pretesa di raggiungere la felicità, per di più nella misura da noi vagheggiata, è la rovina di tutto a questo mondo. Riuscirà a cavarsela chi se ne può liberare e non brama altro all'infuori di ciò di cui può disporre" (Carteggio di Merck, p. 100). È quindi consigliabile ridurre a una misura assai moderata le proprie pretese ai godimenti, agli averi, al rango, agli onori ecc.; perché proprio l'aspirazione alla felicità e il competere per essa, le ambizioni al lustro e la brama di piaceri provocano le più gravi disgrazie. Tale risoluzione è saggia e consigliabile perché è facile essere molto infelici; invece essere molto felici non è difficile, ma addirittura impossibile. Assai giustamente il cantore della vita saggia dice:

Auream quisquis mediocritatem
diligit, tutus caret obsoleti
sordibus tecti, caret invidenda
sobrius aula.

Saevius ventis agitatur ingens
pinus, et celsae graviore casu
decidunt turres, feriuntque summos
*fulgura montes.**

Chi poi ha assimilato perfettamente i princìpi della mia filosofia e quindi sa che l'intera nostra esistenza è qualcosa che sarebbe meglio non ci fosse, e che la suprema saggezza sta nel negarla e nel rifiutarla – costui non si aspetterà molto da nessuna cosa, da nessuna circostanza, non perseguirà niente con passione, né eleverà alti lamenti per ogni suo insuccesso; ma sarà compenetrato delle parole di Platone: Οὔτε τι τῶν ἀνθρωπίνων ἄξιον μεγάλης σπουδῆς (*Rep.* X, 604),[28] come pure dei versi in epigrafe al *Gulistan* di Saadi:

Se ti sfuma il possesso di un mondo,
non te ne addolorare, non è nulla;
se sei venuto in possesso di un mondo,
non te ne rallegrare, non è nulla.
I dolori e i piaceri sono passeggeri,
passa anche tu nel mondo, non è nulla.

(Anwari, *Soheili*)

Tuttavia, ciò che rende particolarmente difficile il raggiungimento di questa salutare convinzione è la già menzionata falsità del mondo, che andrebbe tempestivamente svelata alla gioventù. La maggior parte delle sue meraviglie sono mera apparenza, come delle scenografie teatrali a cui non corrisponde alcuna realtà. Ad esempio navi pavesate e inghirlandate, colpi di cannone, luminarie, rulli di tamburo e trombe, evviva e grida di giubilo – tutto questo è l'insegna, il preannuncio, il geroglifico della gioia: ma per lo più la gioia è assente; è la sola a non essere interve-

* Chi predilige l'aurea moderazione, si tutela dallo squallore di una casa fatiscente come, saggiamente, dall'invidiabile fasto di un palazzo. Il gigantesco pino è squassato con più furia dai venti, le alte torri crollano più pesantemente, i fulmini colpiscono le vette dei monti (Orazio, *Odi*, II, 10, 5-12).

nuta alla festa. Quando vi si trova davvero, di norma è intervenuta senza invito e senza essersi fatta annunciare, di propria iniziativa e *sans façon*, spesso scivola dentro furtivamente nelle occasioni meno importanti e più futili, nelle circostanze più ordinarie, in occasioni tutt'altro che fastose o solenni; è come l'oro in Australia, sparso qua e là secondo il capriccio del caso, senza alcuna regola fissa, per lo più in minuscoli granelli, assai di rado in grandi agglomerati. Invece lo scopo di tutte quelle belle cose sopra elencate è di far credere che la gioia è presente; l'intenzione è di creare quell'apparenza nelle menti degli altri.

Le cose non vanno diversamente con la tristezza e il lutto. Com'è malinconico quel lungo corteo funebre che lentamente avanza! La fila delle carrozze è interminabile; ma osservate dentro: sono tutte vuote, e il defunto viene accompagnato alla fossa, in realtà, solo dalla corporazione dei vetturini dell'intera città. Eloquente immagine dell'amicizia e del rispetto di questo mondo! Ecco dunque la falsità, la vuotaggine e l'ipocrisia dell'agire umano! Un altro esempio è offerto da un ricevimento con molti invitati in abito da cerimonia; essi sono l'insegna di una eletta, squisita socievolezza; ma invece di questa, di regola sono entrati solo la costrizione, il fastidio e la noia: già per il fatto che dove ci sono molti ospiti c'è molta gentaglia, anche se tutti esibiscono sul petto stelle al merito. Infatti dovunque l'autentica buona società è necessariamente assai ristretta. In genere le feste e i trattenimenti splendidi e chiassosi hanno sempre in sé un vuoto, una stonatura già per il semplice fatto che contrastano in modo stridente con la miseria e le privazioni della nostra esistenza, e dal contrasto emerge con più forza la realtà. Nondimeno visto dal di fuori, tutto quello splendore fa effetto, e questo era appunto lo scopo. È assai pertinente quindi Chamfort quando dice: *La société, les cercles, les salons, ce qu'on appelle le monde, est un pièce misérable, un mauvais opéra, sans intérêt, qui se soutient un peu par les machines, les costumes, et les décorations*. Lo stesso si può dire delle accademie e delle cattedre di filosofia, questo simulacro della sapienza: ma anche quest'ultima, per lo più, ha declinato l'invito, e la si può trovare in tutt'altri luoghi. Scampanii, paramenti sacerdotali, gesti devoti e atteggiamenti istrionici sono l'insegna, la falsa apparenza della devozione, e questo vale in ogni campo. Così quasi tutto al mondo può paragonarsi a una noce bacata: è raro che il gheriglio ci sia, ed è ancora più raro che si trovi dentro il guscio. Va cercato in tutt'altro posto, e per lo più lo si trova solo per caso.

2. Quando si voglia valutare la condizione di un uomo in merito alla sua felicità non si dovrà cercare che cosa lo rallegra ma che cosa lo rattrista; perché quanto più questo, in sé, sarà irrilevante, tanto più felice sarà l'uomo; infatti ci vuole uno stato di benessere per essere sensibili alle inezie; se siamo infelici, non ce ne accorgiamo neppure.

3. Bisogna guardarsi dal costruire la felicità della propria vita, con molte pretese di raggiungerla, su *larghe fondamenta*; perché quello che si costruisce su fondamenta del genere è destinato a crollare più facilmente in quanto offre occasione a molte più disgrazie, che non tarderanno ad arrivare. L'edificio della nostra felicità, sotto questo aspetto, si comporta dunque in modo contrario a tutti gli altri, che si mantengono più saldi su fondamenta ampie. Per conseguenza, ridurre il più possibile le proprie pretese in rapporto ai mezzi, di qualsiasi genere, è la via più sicura per evitare una grande infelicità.

In genere una delle assurdità più grandi e più frequenti è che l'uomo si organizza una vita a lungo termine, quale che sia la forma adottata. Così facendo, innanzi tutto si calcola di avere una vita lunga e piena, un traguardo che invece pochissimi raggiungono; e poi, anche per i più longevi, la vita è troppo breve in relazione ai progetti fatti; perché la loro attuazione richiede sempre assai più tempo di quanto era previsto; inoltre questi progetti, come tutte le cose umane, sono talmente esposti al fallimento, o ad ostacoli, che riescono a realizzarsi molto raramente. Infine, anche se tutto venisse raggiunto, non si era tenuto conto delle metamorfosi che il tempo produce *in noi*; e quindi non si era pensato che le nostre facoltà – sia per produrre, sia per fruire di beni – non si conservano immutate per l'intera vita. Accade quindi che spesso ci prodighiamo per cose che, una volta raggiunte, non sono adatte a noi; come pure che consumiamo nei preliminari di un'opera gli anni che ci sottraggono inavvertitamente le forze per portarla a compimento. Così accade che non possiamo più godere la ricchezza ottenuta con tanta fatica e tanti rischi, e che quindi abbiamo lavorato per gli altri; oppure che non siamo più in grado di svolgere le mansioni di un posto finalmente raggiunto dopo anni di assidui sforzi: è arrivato troppo tardi! O viceversa, arriviamo troppo tardi noi, se si tratta di prestazioni o produzioni: il gusto attuale è cambiato, è cresciuta una nuova generazione che non prova interesse per quanto facciamo; altri, per vie più brevi, ci hanno preceduto. Orazio ha in mente tutto quello che abbiamo detto in questo paragrafo quando dice:

Quid aeternis minorem
*consiliis animum fatigas?**

La causa di questo frequente errore è l'inevitabile illusione ottica dell'occhio della mente per cui la vita, vista dall'inizio, sembra senza fine, ma quando al termine del percorso si guarda indietro, appare molto breve. Certo quell'illusione ha il suo lato buono: senza di essa difficilmente si realizzerebbe qualcosa di grande.

In genere nella vita ci capita come al viandante davanti al quale, quando avanza nel cammino, gli oggetti assumono altre sembianze rispetto a quelle mostrate di lontano e

* Perché ti affanni a fare progetti per l'eternità, se non sei all'altezza? (*Odi*, II, 11, 11-12).

in un certo senso si trasformano quando egli si avvicina. Accade così in specie coi nostri desideri. Spesso troviamo qualcosa del tutto diverso, addirittura migliore di quello che cercavamo; e spesso troviamo la cosa cercata per vie del tutto diverse da quelle che avevano imboccato in precedenza. Spesso dove cercavamo piacere, felicità, gioia, troviamo invece insegnamento, discernimento, conoscenza – un bene duraturo, autentico invece di uno caduco e apparente. Questo è anche il motivo che – come un basso continuo – percorre il *Wilhelm Meister*, che è un romanzo intellettuale, e appunto per questo supera tutti i rimanenti, *persino quelli di Walter Scott*, che sono solo romanzi etici, vale a dire comprendono la natura umana semplicemente dalla parte della volontà. E così pure nel *Flauto magico*, questo geroglifico grottesco ma dagli alti e molteplici significati, quell'idea di fondo è simboleggiata per tratti sommari e ingenui come quelli delle scene teatrali; e troverebbe la sua compiuta espressione se, alla fine, Tamino recedesse dal suo desiderio di possedere Pamina, e invece di lei chiedesse e ottenesse solo l'iniziazione al Tempio della Sapienza; mentre, come suo necessario opposto, Papageno ottenesse giustamente la sua Papagena.

Gli uomini di animo nobile e di qualità superiori prendono atto ben presto di quella lezione del destino a cui si è accennato, e vi si adeguano con animo docile e grato: essi si accorgono che al mondo si può trovare certo insegnamento, ma non felicità, e vi si abituano, contenti di scambiare speranze con cognizioni, e infine dicono, col Petrarca:

Altro diletto, che 'mparar non provo.

Può accadere persino che essi perseguano i loro desideri e le loro aspirazioni in certa misura come un apparente trastullo, mentre nella serietà del loro intimo aspettano semplicemente la conoscenza; la qual cosa dà loro un che di contemplativo, di geniale e sublime. In questo senso si può anche dire che a noi accade come agli alchimisti i quali, mentre cercavano soltanto l'oro, scoprivano la polvere da sparo, la porcellana, dei farmaci e persino alcune leggi naturali.

b. *Del nostro comportamento verso noi stessi*

4. Come un operaio che coopera alla costruzione di un edificio senza conoscere il progetto nell'insieme, o comunque senza averlo sempre presente, così si comporta l'uomo che fila uno per uno i giorni e le ore della sua vita nei confronti del complesso di quella stessa vita, e del proprio carattere. Quanto più degno, ispirato a valori, coerente e personale è questo carattere, tanto più è necessario e utile che di tanto in tanto la pianta di esso, il progetto, gli venga sotto gli occhi. Naturalmente è anche necessario che egli sia stato alquanto introdotto al γνῶθι σαυτόν ("conosci te stesso"), e dunque sappia ciò che veramente e prima di tutto vuole, ossia la condizione primaria della sua felicità, e quindi quello che viene al secondo e al terzo posto; come pure che riconosca quale sia in linea di principio la sua vocazione, il suo ruolo nel mondo e il suo rapporto con esso. Se tutto questo corrisponde a qualcosa di significativo e di rilevante, allora la vista della pianta in scala ridotta della sua vita lo rafforzerà e lo rinfrancherà più di ogni altra cosa, gli darà entusiasmo e incoraggiamento ad agire e lo tratterrà dal prendere strade sbagliate.

Come il viandante solo quando è arrivato su un'altura domina con lo sguardo e riconosce la via percorsa nell'insieme di tutte le sue curve e le sue svolte, così noi solo alla fine di un periodo della nostra vita, o addirittura al suo termine identifichiamo il vero nesso delle nostre azioni, delle nostre prestazioni e delle nostre opere, la loro esatta consequenzialità e concatenazione, persino il loro stesso valore. Perché fin tanto che vi siamo implicati, noi agiamo sempre secondo le qualità stabili del nostro carattere, sotto l'influsso di motivazioni e secondo la misura delle nostre facoltà, dunque sempre condizionati dalla necessità, perché in ogni momento facciamo semplicemente ciò che ci sembra giusto e opportuno, appunto, in quel momento. Solo l'esito finale rivela che cosa abbiamo raggiunto, e lo sguardo retrospettivo all'intera concatenazione ci mostra come e con quali mezzi. Per questo, mentre compiamo le imprese più grandiose, e creiamo opere immortali, non ne siamo consapevoli, ma sappiamo solo di fare qualcosa che corrisponde ai nostri scopi attuali, alle nostre intenzioni del momento, qualcosa dunque che – in quel momento – è giusto: ma solo dall'insieme, nella sua completa articolazione, emergeranno in seguito il nostro carattere e le nostre capacità; e venendo ai casi singoli, vediamo spesso che noi abbiamo preso l'unica via giusta, tra mille sbagliate, come per ispirazione, guidati dal nostro genio tutelare. Tutto questo vale nel campo teoretico come in quello pratico, e in senso opposto per i cattivi risultati e gli insuccessi.

5. Un punto importante della saggezza del vivere risiede nell'attenzione giustamente proporzionata da prestare al presente e al futuro, perché l'uno non ci rovini l'altro. Molti vivono troppo nel presente: sono gli sconsiderati; altri troppo nel futuro: sono gli ansiosi e gli apprensivi. È raro che uno tenga il giusto mezzo. Coloro che con aspirazioni e speranze vivono solo nel futuro, guardando sempre avanti a sé, e che impazienti si affrettano ad andare incontro alle cose future come alle sole in grado di portare la vera felicità (e lasciando passare frattanto il presente senza badargli e senza goderne), sono paragonabili – nonostante la loro aria saputa – a quegli asini il cui passo, in Italia, è affrettato da un fascio di fieno che penzola da un bastone fissato sul loro capo, e che le bestie si vedono davanti vicinissimo e sperano sempre di raggiungere. Infatti costoro ingannano se stessi e l'intera loro esistenza in quanto vivono solo *ad interim* – finché arriva la morte. Dunque invece di affannarci sempre ed esclusivamente

con piani e preoccupazioni per il futuro, o al contrario invece di abbandonarci alla nostalgia del passato, non dovremmo mai dimenticare che solo il presente è reale e certo; il futuro invece quasi sempre è diverso da come lo immaginiamo, persino il passato è stato diverso da come lo pensiamo, sicché entrambi sono meno importanti di quanto a noi sembri.

Infatti la lontananza, se rimpicciolisce le cose agli occhi, le ingrandisce al pensiero. Soltanto il presente è vero e reale: è tempo davvero adempiuto, ed esclusivamente in esso consiste la nostra esistenza. Perciò dovremmo riservargli sempre una lieta accoglienza, e quindi godere consapevolmente come tale ogni ora sopportabile, indenne da incombenti avversità o dolori, vale a dire senza turbarla col rammarico per speranze deluse del passato e preoccupazioni per l'avvenire. Perché è assolutamente da stolti respingere un'ora bella del presente, o guastarla volontariamente per i crucci del passato o le apprensioni per il futuro. Alla sollecitudine, d'accordo, persino al rimorso sia dedicato il tempo dovuto; ma dopo si deve pensare del passato:

'Αλλὰ τὰ μὲν προτετύχθαι ἐάσομεν ἀχνύμενοί περ
Θυμὸν ἐνὶ στήθεσσι φίλον δαμάσαντες ἀνάγκῃ[29]

e del futuro:

Ἤτοι ταῦτα θεῶν ἐν γούνασι κεῖται,[30]

invece del presente: *singulas dies singula vita puta** (Seneca), e si deve rendere quest'unico tempo reale il più piacevole possibile.

Hanno ragione di inquietarci esclusivamente quei mali futuri che sono certi, e il cui arrivo avverrà in un momento altrettanto certo. Ma saranno ben pochi: perché i mali o sono solo possibili, o al più probabili; o sono certi, ma il

* Considera ogni giornata come una vita a sé stante.

momento del loro arrivo è assai incerto. Se ci assoggettiamo a queste due eventualità, non avremo più un istante di quiete. Quindi per non perdere la tranquillità dell'esistenza con mali incerti o indeterminati, dobbiamo abituarci a considerare i primi come se non dovessero mai venire, i secondi come se avessimo la certezza che non arriveranno presto.

Ora, quantò più uno è lasciato in pace dalla paura, tanto più lo inquietano desideri, brame e aspirazioni. Il popolarissimo Lied di Goethe *Hab'ich mein Sach auf nichts gestell* ("Ho puntato tutto sul nulla") conferma che in realtà solo dopo che l'uomo si è liberato di ogni possibile aspirazione ed è tornato alla nuda, spoglia esistenza diviene partecipe di quella tranquillità spirituale che è il fondamento della felicità umana in quanto condizione necessaria per trovare accettabile il presente, e con esso l'intera vita. Proprio a tal fine non dovremmo dimenticare che l'oggi viene una volta sola e non torna più. Noi invece ci illudiamo che torni domani: ma domani è un altro giorno, che viene anch'esso una volta sola. Noi però dimentichiamo che ogni giorno è una parte integrante e perciò insostituibile della vita, e lo consideriamo piuttosto contenuto nella stessa come gli individui sono compresi nel concetto generale di individuo.

In ogni caso noi daremmo più valore al presente, e lo godremmo di più se nei giorni in cui siamo sereni e in buona salute fossimo sempre consapevoli che quando siamo ammalati o afflitti la memoria ci presenta ogni ora indenne da dolore e da privazioni come degna di una smisurata invidia, come un paradiso perduto, come un amico misconosciuto. Ma noi viviamo i nostri giorni migliori senza rendercene conto; solo quando arrivano i giorni brutti vorremmo richiamarli indietro. Lasciamo passare crucciati un'infinità di ore serene, piacevoli, per poi, al momento della prova, sospirare con vana nostalgia per esse. Dovremmo invece apprezzare ogni presente sopportabile, anche quello quotidiano che facciamo trascorrere indifferenti e forse addirittura spingiamo via con impazienza – sempre ricordando che in questo stesso istante questo presente sta trasferendosi in quell'apoteosi del passato dove, circonfuso di luce imperitura, verrà conservato dalla memoria acciocché quando questa un giorno, in specie nelle ore tristi, ne sollevi il velo, possa configurarsi come un oggetto della nostra profonda nostalgia.

6. *Ogni limitazione porta felicità*. Quanto più ristretto è il nostro orizzonte, la nostra cerchia di attività e di relazioni, tanto più noi siamo felici; quanto più quella cerchia è ampia, tanto più spesso ci sentiamo tormentati e angosciati. Perché con le sue dimensioni, si moltiplicano e si ingrandiscono le preoccupazioni, i desideri e le paure. Per questo persino i ciechi non sono così infelici come a priori ci possono apparire: lo dimostra la mite, quasi serena quiete che spira dai loro volti. È anche, in parte, per questa ragione che la seconda metà della nostra esistenza è più triste della prima. Nel corso della vita infatti si espande sempre più l'orizzonte delle nostre finalità e delle nostre relazioni. Nella fanciullezza quell'orizzonte è ristretto all'ambiente più prossimo e ai rapporti più intimi; nella giovinezza è già notevolmente più ampio; nell'età matura abbraccia tutto il corso della nostra vita, anzi spesso si estende ai rapporti più lontani, a Stati e a popolazioni; nell'età avanzata comprende i discendenti. Ogni limitazione invece, anche di ordine intellettuale, incrementa la nostra felicità. Infatti quanto minore è l'eccitazione della volontà, tanto minore è il dolore: e noi sappiamo che il dolore è l'elemento positivo dell'esistenza, la felicità solo l'elemento negativo. La limitatezza della sfera di attività toglie alla volontà le occasioni esterne di eccitazione, la limitatezza della mente le occasioni interne. Senonché quest'ultima presenta lo svantaggio d'aprire la porta alla noia, che indirettamente diventa la fonte d'innumerevoli dolori in quanto l'uomo, unicamente per scacciarla, s'appiglia a

tutto: agli svaghi, alla vita di società, al lusso, al gioco, al bere, e via dicendo – espedienti che tuttavia arrecano ogni sorta di danni, rovina e infelicità. *Difficilis in otio quies*. Quanto invece una limitazione *esterna* sia favorevole, anzi necessaria alla felicità – fin dove questa è umanamente raggiungibile – è evidente dal fatto che l'unico genere poetico deputato a rappresentare persone felici, l'idillio, le raffigura sempre e sostanzialmente in situazioni e ambienti estremamente limitati. Ritroviamo il senso di questa verità nel nostro gradimento di fronte ai cosiddetti quadri di genere. Pertanto la massima *semplicità* delle nostre condizioni e persino l'*uniformità* del modo di vivere, sino a che non genera la noia, ci renderanno felici perché ci faranno sentire il meno possibile la vita, quindi anche il peso che comporta; l'esistenza scorrerà come un ruscello, senza onde e senza vortici.

7. In ultima analisi, ciò che per noi è bene o male dipende dai contenuti e dalle occupazioni della coscienza. Nel complesso ogni occupazione intellettuale darà allo spirito capace di svolgerla molto più di quanto non dia la vita reale, col continuo alternarsi di successi e insuccessi, con le sue scosse e i suoi tormenti. Naturalmente si richiedono spiccate doti intellettuali. C'è poi da osservare che come la vita rivolta alle cose pratiche ci distrae e ci distoglie dagli studi, privando lo spirito della quiete e del raccoglimento necessari, d'altro canto la prolungata attività intellettuale ci rende più o meno inadatti ai convulsi traffici della vita pratica, per cui è consigliabile sospenderla del tutto, per qualche tempo, allorché subentrano circostanze che per qualche verso esigono una energica attività pratica.

8. Per vivere in modo perfettamente *assennato* e per trarre dalla propria esperienza tutto l'insegnamento possibile è necessario ripensare spesso al passato e ricapitolare quanto si è sperimentato, si è fatto, appreso e sentito, con-

frontare i giudizi di un tempo con quelli attuali, i propositi e le aspirazioni con i risultati raggiunti e le soddisfazioni ottenute. Tutto ciò equivale a una ripetizione delle lezioni private che l'esperienza impartisce a ciascuno di noi; la propria esperienza funge da testo; la riflessione e la cultura da commento. Molta riflessione e cultura, con poca esperienza, sono simili a quelle edizioni le cui pagine presentano due righe di testo e quaranta righe di commento; molta esperienza, con poca riflessione e scarsa cultura, fa pensare alle edizioni Bipontine,[31] senza note, che lasciano molti passi del testo incomprensibili.

A sostegno della raccomandazione qui espressa può valere anche la norma di Pitagora per cui alla sera, prima di addormentarci, è bene passare in rassegna quello che si è fatto durante il giorno. Chi vive costantemente nel trambusto degli affari e dei divertimenti, senza mai rimeditare il proprio passato, e continuando invece a dipanare la sua vita, perde la chiara cognizione della realtà: il suo animo diventa un caos, e nei suoi pensieri subentra una confusione che si palesa ben presto nel suo modo di parlare e di conversare: il suo discorso è rotto, frammentario, per così dire smozzicato. Questo si verificherà tanto più spesso quanto maggiore è l'irrequietezza fisica, la quantità delle impressioni, e quanto più è scarsa l'attività interiore dello spirito.

Qui è opportuno osservare che dopo parecchio tempo, scomparsi le circostanze e gli ambienti che hanno influito su di noi, non siamo in grado di rievocare, di rivivere sensazioni e stati d'animo da quelli suscitati, mentre possiamo ricordare i *commenti* provocati da quelle sensazioni e stati d'animo, e che ne costituiscono la risultante, l'espressione e il criterio di valutazione. Quindi la memoria, o le carte, dovrebbero conservare con cura quei ricordi di momenti memorabili. A tal fine sono molto utili i diari.

9. Bastare a se stessi, essere tutto per se stessi in ogni circostanza, e poter dire *omnia mea mecum porto*, è certo il requisito più salutare per la nostra felicità: per cui non

sarà mai ripetuto abbastanza il detto di Aristotele Ἡ εὐδαιμονία τῶν αὐτάρκων ἐστί (*Felicitas sibi sufficientium est*, *Eth. Eud.* VII, 2).[32] (È in sostanza il medesimo concetto che in modo estremamente efficace esprime la sentenza di Chamfort da me posta come motto a questo libro.) Infatti, da un lato non si può contare con sicurezza su nessuno all'infuori di se stessi, dall'altro le molestie e gli svantaggi, i rischi e i motivi di malcontento che la vita di società comporta sono innumerevoli e inevitabili. Non c'è via più contraria per la felicità che la bella vita nel gran mondo (*highlife*), perché essa mira a trasformare la nostra misera esistenza in una sequela di gioie, piaceri e divertimenti che provocano immancabilmente la delusione; quella delusione che neppure può mancare alla compagna obbligata della bella vita, la reciproca menzogna.*

Anzitutto ogni vita di società richiede necessariamente un reciproco adattamento e temperamento delle esigenze: ragion per cui quanto più si espande, tanto più è insulsa. Si può *essere interamente se stessi* soltanto finché si è soli: chi non ama la solitudine quindi non ama neppure la libertà, perché si è liberi unicamente quando si è soli. La costrizione è l'inseparabile compagna di ogni vita mondana, e ogni vita mondana richiede sacrifici che riescono tanto più gravosi quanto più è rilevante la propria personalità; perciò ognuno fuggirà la solitudine, la sopporterà e l'amerà in proporzione esatta al valore del proprio io. Nella solitudine infatti il miserabile avvertirà tutta la propria miseria, il grande spirito tutta la propria grandezza, insomma ognuno quello che è. Inoltre, quanto più uno è in alto nella gerarchia della natura, tanto più è costitutivamente, inevitabilmente solo. Ed è un bene per lui che alla solitudine spirituale corrisponda quella fisica; nel caso

* Come il nostro corpo è avvolto negli abiti, così lo è il nostro spirito nelle menzogne. Tutto quello che diciamo o facciamo, il nostro intero essere è mendace: e solo attraverso questo involucro, talvolta, si può indovinare il nostro vero animo, come attraverso gli abiti la forma del corpo. [*N. d. A.*]

contrario, la moltitudine di esseri eterogenei che lo assedia avrà su di lui un effetto perturbatore, addirittura ostile, in quanto gli sottrae il proprio io e non ha niente da offrirgli come surrogato. Si aggiunga che mentre la natura ha stabilito tra gli uomini la più ampia diversità nell'ambito morale e intellettuale, la società, senza badare a questo, stabilisce che gli uomini sono tutti uguali, o piuttosto, in luogo di quelle naturali, fa valere la diversità e la gradazione del ceto e del rango le quali spesso sono diametralmente opposte alla gerarchia della natura. In tale ordinamento quelli che la natura ha collocato in basso sono assai avvantaggiati, mentre ci rimettono i pochi che ha collocato in alto; per cui costoro sono soliti sottrarsi alla società, e quindi in ogni cerchia sociale, non appena diventa più numerosa, predomina la volgarità.

Quello che nei grandi spiriti provoca il rigetto della società è l'eguaglianza dei diritti, quindi delle pretese, a fronte della disuguaglianza delle capacità, quindi delle prestazioni (sociali) degli altri. La cosiddetta buona società ammette privilegi di ogni sorta, purché non siano intellettuali: questi sono addirittura merce di contrabbando. Essa ci impone di avere un'infinita pazienza nei confronti di ogni stoltezza, follia, assurdità, ottusità; i pregi personali invece devono chiedere scusa, e nascondersi; infatti la superiorità intellettuale offende per il semplice fatto di esistere, senza alcuna partecipazione della volontà. Pertanto quella società che si chiama "buona" non solo ha lo svantaggio di presentarci uomini che non possiamo lodare né amare, ma neppure ci consente di comportarci in modo conforme alla nostra natura; essa al contrario ci costringe, per essere in armonia con gli altri, a rimpicciolire o addirittura a deformare noi stessi.

Discorsi e idee intelligenti valgono solo per una società intelligente; in una ordinaria sono addirittura detestati; per compiacere questa, infatti, è assolutamente necessario essere superficiali e limitati. In una società del genere noi dunque dobbiamo rinnegare gravemente noi stessi, rinunciando a tre quarti della nostra personalità per renderci simili agli altri. Certo, abbiamo in compenso gli altri; ma quanto più valore uno possiede in proprio, tanto più troverà che, in questo caso, il guadagno non copre la perdita, e l'affare è per lui svantaggioso; perché la gente, di solito, è insolvente, vale a dire che nei suoi contatti non ha nulla che possa ripagare della noia, delle molestie e delle seccature che quei contatti comportano, come pure della rinuncia a se stesso che impongono: perciò nella maggioranza dei casi la società è tale che chi la scambia con la solitudine fa un buon affare. Si aggiunga che la società, per sostituire l'autentica superiorità spirituale – che essa non tollera, e che del resto si trova difficilmente – ha adottato una superiorità falsa, convenzionale, basata su codici arbitrari, trasmessa per tradizione dai ceti più elevati, e come la sua parola d'ordine mutevole: è ciò che viene chiamato etichetta, *bon ton, fashionableness*. Quando tuttavia viene in collisione con quella autentica, questa superiorità mostra la sua debolezza. E poi: *Quand le bon ton arrive, le bon sens se retire*.

In generale ognuno può essere in *perfetta armonia* soltanto con se stesso; non con il suo amico, non con la sua amante, perché le differenze di personalità e di temperamento comportano sempre una sia pur leggera dissonanza. Per questo la vera, profonda pace del cuore e la perfetta tranquillità dell'animo, questo supremo bene terreno, accanto alla salute, si trovano soltanto nella solitudine, e come condizione psicologica durevole solo nella vita più appartata. Se allora il proprio io è ricco di grandi qualità, è possibile godere la condizione più felice concessa su questa misera terra. Anzi, diciamolo chiaro: per quanto l'amicizia, l'amore e il matrimonio possano legare strettamente gli uomini, ognuno in fondo è completamente schietto solo con se stesso, e tutt'al più col proprio figlio.

Quanto meno uno è costretto, da circostanze oggettive o soggettive, a venire in contatto con gli altri tanto migliore è la sua condizione. La solitudine, il vuoto che ci circonda ci consentono di prospettarci – anche se non di provare – tutto il complesso dei mali che gli altri potrebbero arrecarci; la compagnia invece è insidiosa: dietro l'apparenza dello svago, della partecipazione, dei piaceri condivisi, essa cela mali gravi, spesso inguaribili.

Una disciplina importante per i giovani dovrebbe essere *imparare a sopportare la solitudine*, perché è fonte di tranquillità interiore e di felicità. Da tutto ciò consegue che sta meglio di tutti chi ha fatto assegnamento solo su se stesso, e che può essere se stesso al cento per cento. Lo stesso Cicerone dice: *Nemo potest non beatissimus esse, qui est totus aptus ex sese, quique in se uno ponit omnia** (*Parad.* II, 17). Inoltre, quanto più uno ha in sé, tanto meno per lui possono contare gli altri. È un senso di autosufficienza a trattenere gli uomini interiormente ricchi e meritevoli dal tributare alla comunanza con gli altri i rilevanti sacrifici che questa richiede, e ancor più dal cercarla, rinunciando a una gran parte di se stessi. Ed è una sensazione opposta a rendere le persone comuni socievoli e accomodanti: infatti è più facile per loro sopportare gli altri che se stessi. Si aggiunga che ciò che ha realmente valore non è apprezzato nel mondo, mentre ciò che è apprezzato non ha alcun valore: prova e conseguenza di questo è la vita appartata di ogni persona degna e di meriti insigni. Pertanto colui che ha in sé qualcosa di buono darà segno di autentica saggezza se, all'occorrenza, limiterà le proprie esigenze al fine di conservare e accrescere la sua libertà; e se farà il meno possibile di concessioni alla propria persona, per il fatto che questa inevitabilmente è in rapporto col mondo degli uomini.

Ciò che invece rende socievoli gli uomini è la loro incapacità di sopportare la solitudine, e in questa se stessi. Dal vuoto interiore e dal tedio sono spinti alla vita di società, o

* Non può non essere in tutto e per tutto felice colui che dipende completamente da se stesso, e che ripone tutto esclusivamente in se stesso.

ai viaggi in terre straniere. Al loro spirito manca la forza propulsiva per mettersi in moto autonomamente: cercano quindi di potenziarla col vino, e così molti finiscono per diventare degli ubriaconi. Proprio per questo hanno bisogno di costante eccitazione dall'esterno, anzi delle eccitazioni più forti, quelle fornite da esseri simili a loro. Senza questi stimoli il loro spirito affonda sotto il proprio peso, in un greve letargo.*

Si potrebbe anche dire che ciascuno di loro è solo una piccola frazione dell'idea di umanità, e che quindi ha bisogno di integrarsi con molti altri perché ne risulti, in qualche modo, una coscienza umana completa; chi invece è un uomo completo, un uomo *par excellence*, rappresenta una unità e non una frazione, e quindi è autosufficiente. A questo riguardo si può paragonare la società, nel suo tradizionale conformismo, a una banda russa di corni nella quale ogni strumento ha un tono solo e la musica scaturisce dalla perfetta sincronia dei suoni. Infatti lo spirito della maggior parte degli uomini è monotono come quei corni, e molti di loro sembra che abbiano in testa sempre e solo un unico pensiero, e che siano incapaci di concepirne un qualche altro. Con ciò si spiega non solo perché essi siano così noiosi,

* Com'è noto i mali diventano più leggeri quando sono sopportati in comune: tra questi mali sembra che la gente ponga anche la noia; per questo si raduna, per annoiarsi insieme. Come l'amore della vita, in fondo, non è altro che il timore della morte, così anche l'*impulso alla socievolezza* da parte degli uomini non è, in fondo, un impulso diretto, non si basa infatti sull'amore della compagnia ma sul timore della *solitudine*, perché non è tanto che si cerca la presenza gratificante degli altri, quanto che si fugge la desolazione e l'oppressione della solitudine, insieme con la monotonia della propria coscienza. Per sfuggire a questa ci si accontenta anche di una cattiva compagnia, e ci si rassegna a quanto di fastidioso e di costrittivo ogni compagnia necessariamente implica. Se invece prevale il disgusto per tutto ciò e quindi subentra l'abitudine a essere soli; se si resiste alla prima impressione, sicché la solitudine non produrrà più gli effetti descritti sopra; allora si riuscirà a star soli sempre col massimo piacere, senza più desiderare la compagnia; sia perché lo stare insieme agli altri non è un bisogno naturale, sia perché ci si è abituati ai benefici effetti della solitudine. [*N. d. A.*]

ma anche perché siano tanto socievoli e amino procedere in branco: *the gregariousness of mankind*. È la monotonia del proprio essere a riuscire intollerabile a ognuno: *Omnis stultitia laborat fastidio sui*; solo stando insieme e mediante l'unione essi sono qualcosa – come quei cornisti russi. Invece l'uomo intelligente è paragonabile a un virtuoso che esegue il suo concerto *da solo*; oppure è paragonabile al pianoforte. Infatti come questo è, per costituzione, una piccola orchestra, così quell'uomo è un mondo in miniatura, e quello che tutti gli altri sono grazie alla cooperazione, egli lo rappresenta nell'unità di una coscienza singola. Come il pianoforte, egli non è una parte della sinfonia, ma è adatto per le parti solistiche; se deve concertare con gli altri, può essere solo la parte principale con accompagnamento, come il pianoforte; o, come il pianoforte, interviene per dare il la nella musica vocale. Chi peraltro ama la compagnia può trarre, dal nostro paragone, la regola per cui ciò che scarseggia in qualità, nelle persone della sua cerchia, dev'essere in qualche modo rimpiazzato dalla quantità. Egli può accontentarsi di frequentare un'unica persona intelligente; ma se non si trova altro che qualità ordinaria, sarà bene averne molti campioni, affinché dall'assortimento e dalla cooperazione sortisca qualcosa – sempre in analogia alla musica di corni sopra descritta – e che il Cielo gli conceda la pazienza necessaria.

Al vuoto interiore e alla meschinità della gente si deve anche attribuire il fatto che se talora, in vista di un nobile ideale, gli uomini migliori si raccolgono in una associazione, l'esito è quasi sempre il seguente: anche là s'insinuano e s'intrufolano alcuni rappresentanti di quella sottospecie umana la quale, come una sterminata orda di parassiti che tutto riempie e ricopre, è sempre pronta a dare addosso a chiunque, senza distinzione, per dare sollievo alla propria noia come, in altre circostanze, alle proprie carenze; allora quelli o mandano in malora l'intero progetto, o lo modificano in modo che ne risulti qualcosa di diametralmente opposto alle primitive intenzioni.

Del resto si può anche considerare la socievolezza come un modo adottato dagli uomini per scaldarsi l'un l'altro spiritualmente, come avviene quando c'è un freddo tale che gli uni si addossano agli altri per riscaldare il corpo. Ma chi possiede in proprio un grande calore spirituale non ha bisogno di un tale aggruppamento. Nel secondo volume di quest'opera, nell'ultimo capitolo, c'è una favola inventata da me su questo motivo.[33] Considerato tutto ciò, si può affermare che la socievolezza di ognuno è più o meno in rapporto inversamente proporzionale al suo valore intellettuale; e che quando si dice "quello è assai poco socievole" si dice pressappoco "quello è un uomo di grandi qualità".

All'uomo di spiccate doti intellettuali la solitudine offre un duplice vantaggio: primo, stare con se stesso, e secondo, non stare con gli altri. A quest'ultimo si attribuirà un alto valore quando si consideri quanta costrizione, quanti inconvenienti e persino quanti rischi comporta ogni relazione umana. Dice La Bruyère: *Tout notre mal vient de ne pouvoir être seul*. L'inclinazione alla socievolezza è pericolosa, anzi deleteria, perché ci mette in contatto con esseri che in grande maggioranza sono moralmente cattivi e intellettualmente ottusi o strambi. Chi non è socievole, non ha bisogno di loro. Avere in sé tanto da non aver bisogno della presenza degli altri è una grande fortuna già per questo: perché quasi tutte le nostre sofferenze provengono dagli altri, e la tranquillità d'animo che, con la salute, è l'elemento essenziale della nostra felicità, ne viene minacciata, né d'altra parte quella tranquillità può sussistere se non si riserva un ampio spazio alla solitudine. Per conseguire la felicità che viene da un animo tranquillo, i cinici rinunciavano a ogni possesso materiale: chi, per il medesimo scopo, rinuncia alla società, ha scelto la via più saggia. Giuste e belle sono a riguardo le parole di Bernardin de Saint Pierre: *La diète des aliments nous rend la santé du corps, et celle des hommes la tranquillité de l'âme*. Quindi chi si è legato d'amicizia per tempo con la solitudine, o meglio chi le si affeziona, ha trovato una miniera d'oro. Ma non tutti sono in grado di farlo; perché come in origine gli uomini si sono aggregati per bisogno, così una volta eliminato il bisogno si aggregano per noia. Senza l'uno e l'altra ognuno, forse, rimarrebbe solo, non fosse altro perché soltanto nella solitudine l'ambiente circostante corrisponde all'importanza esclusiva, anzi all'unicità che ognuno assume ai propri occhi, e che la ressa del mondo riduce a niente, perché qui a ogni passo riceve una dolorosa smentita. In questo senso la solitudine è addirittura la condizione naturale di ognuno: essa ricolloca l'uomo, come un primo Adamo, in una originaria felicità, conforme alla propria natura.

Adamo però non aveva padre né madre! Quindi, per altro verso, la solitudine non è una condizione naturale dell'uomo: egli infatti, quando è venuto al mondo, non si è trovato solo, ma tra genitori e fratelli, dunque in una comunità. Per conseguenza l'amore per la solitudine non può sorgere da una tendenza originaria, ma solo dall'esperienza e dalla riflessione: e ciò avverrà a mano a mano che si svilupperanno le sue forze intellettuali, ma anche con l'avanzare degli anni; per cui, tutto sommato, l'istinto alla socievolezza sarà in ognuno inversamente proporzionale alla propria età. Il bambino piccolo lancia strilli di paura e piange lamentosamente se viene lasciato solo per qualche minuto; per il ragazzo lo star solo può rappresentare una grossa penitenza. I giovani stanno insieme con facilità: soltanto chi, tra loro, ha spiccate qualità spirituali cerca di tanto in tanto la solitudine, anche se gli riesce difficile passare da solo un'intera giornata. Per l'uomo invece questo è facile: egli può già godere ampiamente della solitudine, e tanto più lo potrà con l'avanzare degli anni. Il vecchio, che è il solo sopravvissuto di una generazione scomparsa, e che in parte si è distaccato dai piaceri della vita, e in parte è impossibilitato a goderne, trova nella solitudine il suo vero elemento. In ogni caso negli individui l'intensificarsi della propensione all'isolamento e alla solitudine è una conseguenza del loro valore intellettuale. Infatti, come abbiamo detto, quella non è una tendenza naturale, sorta direttamente dai bisogni, ma solo un effetto di esperienze vissute e di riflessione sulle stesse, in particolare un effetto della raggiunta consapevolezza della scadente qualità morale e intellettuale della maggior parte degli uomini; il peggio di tale umanità è che, nell'individuo, le imperfezioni morali e intellettuali cospirano per potenziarsi a vicenda, dal che risulta tutta una serie di fenomeni assai antipatici che rendono incresciosi, anzi intollerabili i rapporti con la maggior parte degli uomini.

Così accade che, con tutto quello che c'è al mondo di cattivo, la cosa peggiore è la società; tanto che lo stesso Voltaire, un francese e uomo socievole quant'altri mai, è stato costretto a dire: *La terre est couverte de gens qui ne méritent pas qu'on leur parle*. Il medesimo motivo è addotto dal dolce Petrarca per spiegare il suo intenso e costante amore della solitudine:

Cercat'ho sempre solitaria via
(le rive il sanno, e le campagne, e i boschi)
per fuggir quest'ingegni storti e loschi
che la strada del cielo hanno smarrita.

Lo stesso motivo è trattato nel suo bel libro *De vita solitaria*, che a quanto pare lo Zimmermann ha preso a modello per la sua celebre opera sulla solitudine. Anche Chamfort, col suo tono sarcastico, accenna a quest'origine solo secondaria e indiretta della mancanza di socievolezza: *On dit quelquefois d'un homme qui vit seul, il n'aime pas la société. C'est souvent comme si on disait d'un homme qu'il n'aime pas la promenade, sous le prétexte qu'il ne se promène pas volontiers le soir dans la forêt de Bondy.**

* Analogamente Saadi, nel *Gulistan*, dice: "Da quel momento ci siamo accomiatati dalla società e abbiamo preso la via dell'isolamento: perché *la sicurezza sta nella solitudine*". [*N. d. A.*]

Ma anche il mite poeta cristiano Angelus Silesius, alla sua maniera e col suo linguaggio mitico dice la stessa cosa:

Erode è un nemico; Giuseppe l'intelletto
a cui Dio in sogno (nello spirito) rivela il pericolo.
Il mondo è Bethlemme, l'Egitto la solitudine:
Fuggi, anima mia! Fuggi, o morirai di dolore.

Nello stesso senso si esprime Giordano Bruno: "Tanti uomini che in terra hanno voluto gustare vita celeste dissero con una voce: *Ecce elongavi fugiens et mansi in solitudine*".*

E troviamo formulato il medesimo concetto da Saadi, il poeta persiano, che nel *Gulistan* dice di se stesso: "Stanco dei miei amici di Damasco, mi ritirai nel deserto presso Gerusalemme, cercando la compagnia delle bestie". Insomma, si sono espressi tutti nello stesso modo quelli che Prometeo aveva formato con l'argilla migliore. Quale piacere può offrire a costoro il contatto con esseri con cui è possibile stringere quelle relazioni sociali che creano una comunità solo mediante la parte più bassa e meno nobile della propria natura, ossia quanto c'è in essa di ordinario, di triviale e di generico? E ai quali, non potendo elevarsi al loro livello, altro non resta da fare che farli scendere al livello proprio, concentrando in questo le loro mire? È dunque un sentimento aristocratico quello che alimenta la tendenza all'isolamento e alla solitudine. Tutti i pezzenti sono socievoli, socievoli da far pietà: invece l'uomo di qualità più eletta si rivela in primo luogo dal fatto che non prova piacere a stare con gli altri, ma preferisce sempre più la solitudine alla loro compagnia, e con gli anni, a poco a poco, diventa consapevole che al mondo – salvo rare eccezioni – c'è solo la scelta tra la solitudine e la volgarità. Per quanto duro questo possa suonare, persino Angelus Silesius, con tutta la sua mansuetu-

* Ecco, sono fuggito lontano, e ho dimorato nel deserto. (*Salmi*, 55, 7).

dine e il suo amore cristiano, non ha potuto fare a meno di dirlo:

> La solitudine è necessaria, ma purché tu non sia volgare, dovunque potrai essere in un deserto.

Per quanto concerne gli spiriti grandi, è perfettamente naturale che questi autentici educatori del genere umano siano così poco inclini a una frequentazione intensiva degli altri come all'insegnante non viene l'idea di mescolarsi al gioco degli scolari che gli schiamazzano intorno. Infatti quegli spiriti che sono venuti al mondo per trarlo fuori dal mare di errori e guidarlo alla verità, per sollevarlo dall'abisso della sua rozzezza e volgarità alla luce, alla cultura e alla nobiltà dello spirito, devono sì vivere tra la gente, ma senza essere come la gente; perciò, fin dalla giovinezza, essi si sentono come esseri considerevolmente diversi dagli altri, ma solo a poco a poco, con gli anni, diventano chiaramente consapevoli della loro condizione, e allora si prodigano perché alla loro distanza spirituale dagli altri si aggiunga anche quella fisica, e perché nessuno possa avvicinarli, a meno che non si tratti di persone che in qualche modo siano esenti dalla comune volgarità.

Da tutto ciò risulta dunque che l'amore per la solitudine non si presenta direttamente, come impulso originario, ma che piuttosto si sviluppa indirettamente, di preferenza negli spiriti più nobili, e solo per gradi, non senza aver superato il naturale impulso alla socievolezza, e anzi contro l'eventuale opposizione del suggerimento mefistofelico:

> Smetti di trastullarti col tuo dolore
> che come un avvoltoio ti rode la vita:
> anche la peggiore compagnia ti fa sentire
> che sei un uomo in mezzo agli uomini.
>
> (Goethe, *Faust* I, vv. 1635-38)

La solitudine è il destino di tutti gli spiriti egregi: talvolta la deploreranno, ma la sceglieranno sempre come il minore tra due mali. Col passar degli anni però il *sapere aude* diventa a questo riguardo sempre più facile e naturale, e in un sessantenne la tendenza alla solitudine è davvero qualcosa di conforme alla natura, anzi di istintivo. Ora infatti tutto concorre a favorirla: l'impulso più forte alla socievolezza, ossia l'amore per le donne e l'istinto sessuale, non agisce più; anzi la mancanza di una vita sessuale nella vecchiaia pone le basi di una certa autosufficienza che gradualmente assorbe l'impulso alla socievolezza. Ci si è ricreduti di tante illusioni e follie; la vita attiva è per lo più conclusa, non ci si aspetta più niente, non si fanno più progetti, non si tende a nulla; la generazione a cui si appartiene non è più in vita; circondati da generazioni a noi estranee, si è oggettivamente, sostanzialmente, soli. La fuga del tempo intanto si è fatta più rapida, e questo tempo si vorrebbe poterlo utilizzare per un'attività intellettuale. Infatti se la mente ha conservato il suo vigore, tutte le cognizioni e le esperienze acquisite, la compiuta elaborazione di ogni concetto e la grande pratica raggiunta nell'esercizio di tutte le facoltà rendono più interessante e più agevole che mai ogni genere di studio. Ora vediamo chiaro in tante cose che prima erano come avvolte nella nebbia; raggiungiamo dei risultati, e ci rendiamo conto di tutta la nostra superiorità. Avendo alle spalle una lunga esperienza, abbiamo smesso di aspettarci molto dagli uomini; perché essi, presi in generale, non ci guadagnano a essere conosciuti da vicino; si sa invece che, a parte qualche rara e fortunata eccezione, non si incontrerà tra loro che esemplari assai difettosi della natura umana, da cui è meglio tenersi lontani. Quindi non siamo più esposti alle consuete illusioni, ci accorgiamo subito con chi abbiamo a che fare, e di rado proveremo il desiderio di rapporti più stretti. Infine, soprattutto quando si riconosce nella solitudine un'amica di gioventù, sarà subentrata anche l'abitudine a stare isolati e in contatto con se stessi, divenendo una seconda natura. Pertanto l'amore della solitudine, che prima doveva essere il frutto della vittoria contro la socievolezza, ora è un sentimento del tutto naturale e semplice:

si vive in solitudine come il pesce nell'acqua. Quindi ogni personalità eminente, che si distingue dalle altre e perciò inclina a star sola, si sente proprio per questo suo connaturale isolamento oppressa in gioventù, ma sollevata nella vecchiaia. Perché naturalmente di questo autentico privilegio dell'età avanzata ognuno sarà partecipe solo in misura conforme alle proprie doti intellettuali, dunque ne fruirà soprattutto la mente superiore; tuttavia in misura minore ognuno potrà esserne partecipe. Solo le nature più misere e volgari saranno, anche nella vecchiaia, socievoli come prima: esse sono di peso alla società, a cui non si adattano più, e arrivano a essere al massimo tollerate, mentre un tempo erano ricercate. Nel rapporto inverso, a cui s'è accennato, tra numero di anni e grado di socievolezza, si può cogliere anche un aspetto teleologico. Quanto più l'uomo è giovane, tanto più egli ha da imparare, in ogni senso; e la natura lo rinvia all'istruzione reciproca che ciascuno riceve con la frequentazione dei propri simili, sicché la società umana potrebbe essere definita un grande istituto scolastico Bell-Lancaster; infatti libri e scuole sono istituzioni artificiose, lontane dal progetto della natura. Molto opportunamente quindi l'uomo frequenterà con tanta più diligenza quell'istituto naturale quanto più è giovane.

*Nihil est ab omni parte beatum** dice Orazio, e un proverbio indiano suona "Non c'è loto senza gambo": così anche la solitudine, oltre ai molti vantaggi, presenta i suoi piccoli svantaggi e i suoi inconvenienti, che tuttavia, al confronto con quelli che si possono subire dalla società, sono irrilevanti; quindi chi ha in sé qualcosa di buono troverà sempre più agevole vivere separato dagli uomini anziché con loro. Peraltro tra quegli svantaggi ce n'è uno di cui non ci si rende conto così facilmente come degli altri, ed è questo: come a vivere sempre chiusi in casa il nostro corpo di-

* Nessuno è in tutto e per tutto felice (*Odi*, II, 16, 26-27).

venta così sensibile agli influssi esterni che ogni spiffero d'aria fredda lo fa ammalare; così a vivere ritirati in sempiterna solitudine l'animo diventa tanto sensibile che i fatti e le parole più insignificanti, addirittura le espressioni di un viso bastano per inquietarci e per offenderci; mentre chi vive sempre nel trambusto neppure vi bada.

Ma a chi, soprattutto in gioventù, per giustificato disgusto dei rapporti umani si è ritirato in solitudine e tuttavia, a lungo andare, non ne sopporta il vuoto io consiglio che si abitui a portare in società una parte di quella solitudine, acciocché impari a essere in certa misura solo anche nel contatto con gli altri: e quindi non si affretti a partecipare agli altri ciò che pensa, come d'altro canto si abitui a non prendere alla lettera ciò che gli altri dicono, ma al contrario, senza aspettarsi granché né moralmente né intellettualmente, consolidi di fronte alle loro opinioni quell'indifferenza che è il mezzo più sicuro per esercitare sempre una lodevole tolleranza. Anche in mezzo agli altri, egli allora non starà completamente in loro compagnia, ma potrà comportarsi, nei loro confronti, con assoluta obiettività: e ciò lo preserverà da rapporti più stretti che potrebbero in qualche modo contaminarlo o addirittura lederlo. Abbiamo una interessante rappresentazione di tale limitata, o meglio trincerata socievolezza nella commedia di Moratín *El café o sea la comedia nueva*, e precisamente nel personaggio di don Pedro, in particolare nella seconda e terza scena del primo atto. Sotto questo aspetto si può anche paragonare la società a un fuoco al quale il saggio si scalda a debita distanza, senza mettervi dentro le mani come fa lo stolto, il quale dopo essersi scottato fugge nel freddo della solitudine e si lamenta perché il fuoco brucia.

10. L'*invidia* è un impulso naturale dell'uomo: ma è al tempo stesso un vizio e una disgrazia.* Perciò dobbiamo

* Negli uomini l'*invidia* rivela quanto essi si sentano infelici; la loro costante *attenzione* a quanto fanno gli altri, dimostra quanto si annoiano. [*N. d. A.*]

considerarla una nemica della nostra felicità e cercare di soffocarla come un dèmone maligno. In questo possono esserci di guida le belle massime di Seneca: *Nostra nos sine comparatione delectent: nunquam erit felix quem torquebit felicior** (*De ira* III, 30); e anche: *Quum adspexeris quot te antecedant, cogita quot sequantur*** (*Epist. ad Luc.* 15): dunque noi dobbiamo considerare più spesso quelli che stanno peggio di noi che non coloro che sembrano star meglio. Persino nel caso di mali gravi, il conforto più efficace, benché scaturito dalla medesima fonte dell'invidia, ci sarà dato dalla considerazione di sofferenze maggiori delle nostre, e anche dal contatto con quelli che si trovano nelle nostre stesse condizioni, coi *socii malorum*.

Questo per quanto riguarda il lato attivo dell'invidia. Quanto al lato passivo, c'è da considerare che nessun odio è così implacabile come l'invidia, perciò non dovremmo darci da fare con tanta costanza e zelo per suscitarla; faremmo meglio invece a rinunciare a questo piacere, come a parecchi altri, per le sue pericolose conseguenze.

Esistono tre aristocrazie: 1. quella della nascita e del rango; 2. quella del denaro; 3. l'aristocrazia dello spirito. Quest'ultima è in realtà la più nobile, e come tale viene anche riconosciuta, purché le sia concesso tempo. Già Federico il Grande disse: *Les âmes privilégiées rangent à l'égal des souverains*, e lo disse al suo maresciallo di corte, che era scandalizzato perché mentre ministri e generali mangiavano alla tavola dei marescialli, Voltaire doveva avere il suo posto a una tavola dove sedevano solo dei regnanti e i loro principi.

Ciascuna di quelle aristocrazie è circondata da un esercito di invidiosi, che covano astio contro ognuno degli appartenenti, e quando non abbiano ragione di temerlo, si

* Rallegriamoci delle cose che abbiamo senza fare confronti; mai sarà felice colui che si tormenta perché c'è qualcuno più felice.
** Quando guardi a quanti ti stanno davanti, pensa a quanti stanno dietro di te.

danno da fare in svariati modi per fargli capire che "tu non vali più di noi!". Ma proprio questi sforzi rivelano che sono convinti del contrario. Il comportamento che devono tenere invece le persone invidiate consisterà nel tener lontani i componenti di quella schiera evitando il più possibile ogni contatto con loro, in modo da essere separati da un incolmabile abisso; e quando ciò non sia possibile, nel sopportare con grande calma i loro sforzi, neutralizzati già dalla loro origine: vediamo che per lo più ci si comporta così.

Invece gli appartenenti a ognuna delle aristocrazie andranno quasi sempre d'accordo con quelli delle altre due, senza provare alcuna invidia; perché ognuno mette sulla bilancia il proprio speciale merito, contrapposto a quello degli altri.

11. Si rifletta bene e ripetutamente prima di mettere in atto un progetto, e, anche dopo aver calcolato tutto meticolosamente, si lasci un certo margine all'insufficienza di ogni sapere umano, per cui ci possono essere circostanze che è impossibile appurare o prevedere, e che possono pregiudicare tutti i nostri calcoli. Questa remora dovrà sempre pesare sull'altro piatto della bilancia, e consigliarci, nelle cose importanti, di non toccare niente senza necessità: *quieta non movere*. Tuttavia una volta giunti alla decisione e posta mano all'opera, di modo che tutto è stato avviato e non si attende che l'esito, allora non ci si affanni a rimuginare ancora su quello che è già compiuto, e a paventare di continuo possibili rischi; invece ci si deve liberare completamente della faccenda, considerando definitivamente concluso quel genere di pensieri, tranquillizzati dalla convinzione che su tutto è stato meditato a dovere a suo tempo. È lo stesso consiglio dato dal proverbio italiano "legala bene e poi lasciala andare", che Goethe ha tradotto *Du, sattle gut und reite getrost* (letteralmente: "Sella bene il cavallo e va' tranquillo") – tra parentesi, una gran parte degli epigrammi raccolti sotto il titolo

Sprichwörtlich ("Motti proverbiali") sono proverbi italiani tradotti.

Se l'esito tuttavia non è buono, ciò dipende dal fatto che tutte le cose umane sono soggette al caso e all'errore. Che Socrate, il più saggio tra gli uomini, per operare scelte giuste nelle faccende personali, o quanto meno per evitare passi falsi, avesse bisogno dei moniti di un *dàimon*, dimostra che nessuna intelligenza umana è sufficientemente munita a questo fine. Pertanto la massima (pare, pronunciata da un papa) secondo cui di ogni calamità che ci colpisce noi siamo, almeno in certa misura, colpevoli, non è del tutto e in ogni caso vera: anche se lo è ampiamente nella maggior parte dei casi. Sembra addirittura che la sensazione di quella responsabilità abbia un considerevole influsso sul fatto che gli uomini cercano di nascondere il più possibile le loro disgrazie, e fanno del loro meglio per ostentare un'aria soddisfatta: essi temono che dal loro dolore si possa dedurre una loro colpevolezza.

12. Quando una disgrazia è omai accaduta e dunque non si può più cambiare la situazione, non dovrebbe neppure sfiorarci il pensiero che poteva andare diversamente, e tanto meno che la cosa poteva essere evitata perché è proprio un tal genere di pensieri ad accrescere il dolore fino a renderlo insopportabile: così uno diventa ἑαυτοντιμωρούμενος, "punitore di se stesso". Si faccia piuttosto come il re Davide il quale, fin tanto che il figlio giaceva ammalato, tempestava continuamente Jehovah con preghiere e suppliche; ma una volta morto il figlio, fece schioccare le dita e non ci pensò più. Chi invece non si sente altrettanto spensierato per agire così, si rifugi nel punto di vista fatalistico, e gli apparirà evidente una grande verità, ossia che tutto ciò che accade accade necessariamente, dunque è ineluttabile.

Nonostante tutto ciò, questa norma è valida solo in parte. Essa è efficace nel darci al momento sollievo e calma nei casi sfortunati; ma se la colpa di questi, come avviene per lo più, è almeno in parte nella nostra negligenza o nella nostra temerarietà, allora la reiterata, dolorosa riflessione su come si sarebbe potuto evitare il guaio costituirà una punizione salutare per il futuro, servirà cioè a renderci meno ingenui e a migliorarci. E quanto agli errori da noi evidentemente commessi, non dobbiamo tentare di giustificarli, come facciamo di solito, né di mascherarli e attenuarli di fronte a noi stessi, bensì confessarceli e squadernarli in tutta la loro gravità ai nostri occhi, per poter concepire il fermo proposito di evitarli in futuro. In questo caso, certo, dobbiamo infliggerci il grande dolore di essere malcontenti di noi stessi; ma Ὁ μὴ δαρεὶς ἄνθρωπος οὐ παιδεύεται.[34]

13. In tutto ciò che riguarda le nostre sorti dobbiamo *tenere a freno la fantasia*: quindi anzitutto non costruire castelli in aria, perché sono troppo costosi; subito dopo averli innalzati infatti dobbiamo demolirli, non senza rammarico. Ma ancor più dobbiamo guardarci dall'angustiare il nostro animo immaginandoci disgrazie che sono solo possibili. Se infatti queste fossero del tutto campate in aria oppure assai improbabili, nel risvegliarci da un tal sogno sapremmo subito che è stato tutto frutto dell'immaginazione e quindi tanto più ci rallegreremmo di una realtà più consolante, ricavandone in ogni caso un avvertimento circa remotissime quantunque possibili disgrazie. Però la nostra fantasia non si trastulla facilmente con eventualità simili: essa, del tutto gratuitamente, costruisce, al più, splendidi castelli in aria. Il contenuto dei suoi sogni angosciosi sono disgrazie che, seppure da lontano, tuttavia in certa misura ci minacciano realmente: essa le accresce, ne rende la possibilità assai più immediata di quanto effettivamente sia, e le dipinge con colori terribili. Svegliandoci, non possiamo scrollarci subito di dosso un simile sogno come accade con uno lieto, poiché questo è immediatamente contraddetto dalla realtà e lascia al massimo una flebile speranza in grembo alla possibilità. Se

invece ci siamo abbandonati alle fantasie nere (*blue devils*) quelle ci mettono davanti immagini che non si dileguano tanto presto: perché la possibilità che configurano, in linea di principio, esiste, e quanto al grado di realizzazione noi non possiamo sempre stabilirlo: quella possibilità si trasforma facilmente in probabilità, e noi finiremo in preda all'angoscia. Perciò dobbiamo considerare tutto ciò che riguarda il nostro benessere interiore unicamente con gli occhi della ragione e col nostro senso critico, riflettendo in modo freddo e disincantato, in base a puri concetti e *in abstracto*. La fantasia dev'essere esclusa da questi ragionamenti: essa infatti non può giudicare, ma si limita a porre davanti ai nostri occhi immagini che sommuovono l'animo senza necessità e spesso in modo assai penoso. Questa regola dovrebbe essere osservata col massimo rigore di sera; perché se l'oscurità ci rende paurosi facendoci scorgere dovunque forme terrificanti, lo stesso effetto provoca un'analoga mancanza di chiarezza nell'ambito dei pensieri: ogni incertezza produce insicurezza: perciò la sera, quando un certo rilassamento ha ricoperto di una soggettiva oscurità il discernimento e il senso critico, quando l'intelletto è stanco e θορυβούμενος[35] e non riesce ad arrivare in fondo alle cose, gli oggetti della nostra meditazione, se riguardano le nostre condizioni personali, assumono un aspetto minaccioso ed è facile che diventino incubi. Ciò accade per lo più di notte, a letto, quando la coscienza è completamente rilassata e quindi la facoltà del giudizio non è più in grado di svolgere il suo compito, mentre la fantasia è ancora sveglia. La notte dà a tutto e a ogni cosa la sua tinta nera. Quindi i nostri pensieri, prima che ci addormentiamo o se ci svegliamo di notte, sono per lo più deformazioni o stravolgimenti delle cose, al pari dei sogni, e quando riguardano faccende personali, di solito sono neri come la pece, spaventosi. Al mattino poi, tutte queste immagini terrificanti, come accade ai sogni, svaniscono: questo è il senso del proverbio spagnolo: *Noche tinta, blanco el dia* ("La notte è nera, il giorno bianco"). Ma già di sera, alla luce della lampada, la mente, come gli occhi, non vede chiaro come di giorno: perciò quelle ore non sono adatte alla meditazione di faccende serie, e tanto meno sgradevoli. Il tempo giusto per questo sono le ore del mattino; ciò vale del resto per tutte le attività, sia intellettuali sia fisiche, nessuna eccettuata. Perché il mattino è la giovinezza del giorno: tutto è sereno, fresco, leggero; ci sentiamo pieni di energia e abbiamo tutte le nostre facoltà a completa disposizione. Non dovremmo accorciarlo alzandoci tardi, né sperperarlo con attività e discorsi che non meritano, ma considerarlo come la quintessenza della vita e sentirlo, in certo modo, come sacro. La sera invece è la vecchiaia del giorno: di sera siamo fiacchi, ciarlieri e svagati. Ogni giorno è una piccola vita, ogni risveglio e levata una piccola nascita, ogni nuovo mattino una piccola giovinezza, ogni coricarsi e addormentarsi una piccola morte.

In generale poi lo stato di salute, il sonno, il cibo, la temperatura, il clima, l'ambiente e altri fattori esterni hanno un influsso potente sul nostro stato d'animo, e questo sui nostri pensieri. Pertanto, come la nostra opinione su una data circostanza, così anche la nostra capacità di realizzare qualcosa è altrettanto soggetta al tempo e persino al luogo. Dunque:

> Approfittate della buona [seria] disposizione
> di spirito, perché è raro che capiti.
>
> (Goethe, *Generalbeichte* vv. 4-5)

Non solo si deve aspettare se e quando abbiano voglia di venire le concezioni oggettive e le idee originali, ma anche una riflessione approfondita su una vicenda personale non sempre riesce nel momento che le era stato prefissato e in cui ci disponiamo a farla; anch'essa si sceglie da sola il suo momento; allora il corso di pensieri che le conviene si mette in moto spontaneamente, e noi lo seguiamo con totale partecipazione. Per imbrigliare la fantasia, come abbiamo consigliato, c'è da aggiungere che noi non dobbiamo consentirle di ripresentarci alla memoria le immagini di torti subiti, di danni, perdite, offese, umiliazioni, mortificazioni e via dicendo, perché in tal modo ridestiamo in noi risentimenti da poco sopiti, l'ira e le altre passioni perverse che contaminano il nostro animo. Infatti, secondo una bella similitudine del neoplatonico Proclo, come in ogni città, accanto ai nobili e ai signori abita ogni genere di plebaglia (ὄχλος) così anche nell'uomo più nobile e sublime alberga la disposizione a quanto di più basso e vile è nella natura umana, anzi animale. Quella plebaglia non deve essere aizzata a creare disordini, né ha il diritto di mostrarsi alla finestra, perché non ha certo un bell'aspetto: ma quelle rievocazioni della fantasia che abbiamo descritto sono i suoi demagoghi. Si aggiunga che la minima contrarietà, proveniente dagli uomini o dalle cose, se si continua a rimuginarla e a ripresentarcela ingigantita e a tinte stridenti, può diventare una mostruosità che ci fa uscir di senno. Tutto quello che può contrariarci dobbiamo invece rappresentarcelo in modo del tutto prosaico e spassionato, per potergli dare il minor peso possibile.

Come dei piccoli oggetti avvicinati agli occhi, limitando il nostro campo visivo, ci coprono il mondo, così spesso uomini e cose della nostra cerchia più ristretta, per quanto insignificanti e indifferenti possano essere per noi, occupano la nostra attenzione e i nostri pensieri al di là del dovuto, e oltre tutto in modo spiacevole. A ciò si deve reagire.

14. Alla vista di quello che non possediamo sorge facilmente in noi il pensiero: "E se questo fosse mio?". Voglio dire, noi dovremmo sforzarci di considerare a volte quello che possediamo come ci apparirebbe dopo averlo perduto; qualunque cosa: il patrimonio, la salute, gli amici, l'amante, la moglie, i figli, i cavalli e i cani: perché per lo più è solo la perdita a rivelarci il valore delle cose. Con la prospettiva qui suggerita allora, in primo luogo il loro possesso ci darà subito una felicità maggiore rispetto a prima; e poi cercheremo di evitare in tutti i modi la perdita di quei

beni: non rischieremo il patrimonio, non irriteremo gli amici, non esporremo a tentazioni la fedeltà della moglie, baderemo alla salute dei figli, e così via. Spesso noi cerchiamo di rischiarare un presente fosco speculando su possibilità favorevoli, e ci inventiamo speranze illusorie, ognuna delle quali è gravida di una delusione che non mancherà di manifestarsi quando quella speranza andrà a infrangersi contro la dura realtà. Sarebbe meglio fare oggetto della nostra speculazione le molte eventualità negative, il che servirebbe sia a farci predisporre contromisure, sia a procurarci gradite sorprese qualora non si verificassero; infatti, dopo aver superato una paura, siamo sempre notevolmente contenti. Anzi, talvolta è persino un bene immaginarci grandi sventure che potrebbero colpirci, per poter sopportare più facilmente quelle, assai più lievi, che poi ci capitano davvero, consolandoci col pensiero di quelle più gravi che non ci hanno colpito. Non si deve però, per seguire questa norma, trascurare quella precedente.

15. Poiché i casi e le vicende che ci riguardano si presentano isolati, e si susseguono senza ordine e senza rapporti tra loro, nel più stridente contrasto e senza avere nulla in comune tranne, appunto, che riguardano noi, i nostri pensieri e la nostra sollecitudine per loro devono essere, perché ci sia una conformità, altrettanto improvvisati e indipendenti. Perciò quando intraprendiamo una cosa, dobbiamo prescindere da tutte le altre e sbrigarla, sì da curare, godere e sopportare ogni cosa a suo tempo, senza preoccuparci del resto: dobbiamo dunque, per così dire, avere per i nostri pensieri dei cassetti, e aprirne uno mentre tutti gli altri restano chiusi. Con ciò otterremo che una grave preoccupazione non ci farà intristire ogni piccola gioia del presente, togliendoci completamente la tranquillità; che un ordine di pensieri non ne scacci un altro; che l'apprensione per una faccenda importante non ce ne faccia trascurare tante minori, e così via. Ma so-

prattutto chi è capace di riflessioni alte e nobili non deve lasciarsi occupare e riempire la coscienza da faccende personali e da preoccupazioni triviali fino al punto di chiudere l'accesso a quelle riflessioni: questo significherebbe davvero *Propter vitam vivendi perdere causas**. Certo, per guidare il nostro io a un obiettivo come per distoglierlo da altri occorre, come per molte altre cose, imporsi un'autocostrizione; ma in questo dovrebbe esserci di aiuto la riflessione che ogni uomo ha da sopportare molte e forti costrizioni dall'esterno: nessuna vita ne è esente; e che una piccola costrizione volontaria, esercitata al momento giusto, preserva da molte esterne; come un piccolo settore di cerchio vicino al centro corrisponde spesso a uno cento volte maggiore vicino alla circonferenza. Niente ci sottrae più decisamente alla costrizione esterna come l'autocostrizione: ciò è confermato dalla massima di Seneca: *Si tibi vis omnia subicere, te subice rationi*** (*Epist. ad Luc.* 37). Peraltro noi abbiamo sempre sotto controllo l'autocostrizione e possiamo, in casi estremi, e qualora essa tocchi il nostro lato più sensibile, cedere qualcosa: invece la costrizione esterna è brutale, spietata, inflessibile. Quindi è cosa saggia prevenire l'una con l'altra.

16. È necessario porre un limite ai nostri desideri, tenere a freno le nostre brame, dominare l'ira, richiamandoci sempre alla memoria che un individuo può raggiungere solo una parte infinitamente piccola di tutto ciò che è desiderabile, e che invece ognuno deve subire molti mali; insomma ἀπέχειν καὶ ἀνέχειν[36] (*Abstinere et sustinere*): se non si osserva questa regola, né la ricchezza, né il potere potranno impedire che ci si senta dei poveri disgraziati. Questo intende Orazio quando dice:

* Per vivere, perdere la ragione di vivere (Giovenale, 8, 44).
** Se vuoi sottomettere tutto a te, sottometti te stesso alla ragione.

Inter cuncta leges et percontabere doctos
Qua ratione queas traducere leniter aevum:
ne te semper inops agitet vexetque cupido,
*ne pavor, et rerum mediocriter utilium spes.**

17. Ὁ βίος ἐν τῇ κινήσει ἐστί (*Vita motu constat*) dice Aristotele, ed è evidente che ha ragione; e come la nostra vita fisica consiste soltanto in un moto incessante che ne è la condizione essenziale, così anche la nostra vita interiore, spirituale, esige una continua occupazione: un'occupazione qualsiasi, nell'ambito dell'azione e del pensiero; lo prova già quel tamburellare con le dita, o con un oggetto qualunque, a cui ricorrono subito gli uomini inattivi e che non stanno pensando a nulla. La nostra esistenza è, per sua natura, irrequieta: per questo la completa inattività ci diviene presto intollerabile in quanto comporta la più tremenda noia. L'istinto ad agire va comunque regolato perché sia soddisfatto metodicamente, quindi in modo migliore. Pertanto essere attivi, occuparsi di qualcosa, se è possibile fare, o almeno imparare qualcosa è indispensabile per la felicità dell'uomo: le sue forze esigono di essere adoperate, ed egli aspira a vedere l'esito di quell'impiego. Tuttavia la più grande soddisfazione a questo riguardo è data dal *costruire* qualcosa, dal realizzare – si tratti di un cesto o di un libro; che uno veda ogni giorno crescere tra le sue mani un'opera, fino a portarla a compimento, è una felicità che ci tocca nel profondo. È l'effetto di un'opera d'arte, di uno scritto, persino di un semplice lavoro manuale; naturalmente più è elevato il genere dell'opera, tanto più profonda è la soddisfazione. Sotto questo aspetto i più felici sono gli uomini di genio, consapevoli come sono di poter produrre opere grandiose per concezione e den-

* Tra le altre cose leggerai i filosofi, e chiederai loro con quale criterio tu possa condurre una vita tranquilla; perché non ti agiti e ti tormenti l'avidità sempre insaziata, né la paura, e la speranza di cose poco utili. (*Epist.* I, 18, vv. 95-99).

sità di significati; perché da ciò gliene deriva un interesse di natura superiore che si espande su tutta la loro esistenza e le dà un sapore ignoto alle altre che, al confronto, risultano del tutto insipide. Per questi uomini superiori la vita e il mondo, accanto agli interessi materiali, comuni a tutti, ne presentano un altro, più elevato, di natura formale, che contiene i motivi e i temi delle loro opere, nella cui ricerca essi sono assiduamente impegnati per tutta la vita, non appena le necessità personali lasciano loro un po' di respiro. Anche il loro intelletto è in certo modo duplice: uno, al pari di tutti gli altri, per le relazioni comuni (obiettivi della volontà), uno per la comprensione puramente oggettiva delle cose. Così essi vivono una vita duplice, sono al tempo stesso spettatori e attori, mentre gli altri uomini sono soltanto attori.

In ogni caso ognuno dovrebbe avere un'occupazione conforme alle proprie capacità. Infatti, quanto la mancanza di un'attività organizzata, di un qualsiasi lavoro, agisca negativamente su di noi, è evidente nei lunghi viaggi di piacere durante i quali, non di rado, ci si sente davvero infelici, perché senza una vera occupazione si è per così dire sottratti al proprio elemento naturale. Darsi da fare, lottare contro una resistenza è un bisogno dell'uomo, come per la talpa scavare. Lo stato di quiete del totale appagamento, per effetto di un godimento durevole, gli sarebbe intollerabile. Il pieno godimento della sua esistenza consiste nel superare ostacoli, siano essi di ordine materiale, come nell'attività pratica o nel commercio, oppure di ordine spirituale, come nello studio e nella ricerca scientifica: la felicità è data dalla lotta contro questi ostacoli, e dalla vittoria. Se gliene manca l'occasione l'uomo si arrangia come può: a seconda della sua indole andrà a caccia, giocherà al *bilboquet* oppure, per un impulso inconscio della sua natura, cercherà le liti, ordirà intrighi, si dedicherà alla truffa e a ogni sorta di malversazioni unicamente per porre fine a un intollerabile stato di quiete. *Difficilis in otio quies.*

18. Come guida delle proprie aspirazioni non si assumano *immagini della fantasia* ma concetti chiaramente definiti. Per lo più invece accade il contrario. Se si osserva bene risulterà infatti che a dare la spinta determinante alle nostre decisioni, nella maggior parte dei casi non sono i concetti e i giudizi, bensì un'immagine della fantasia che illustra e rappresenta una delle alternative. Non ricordo più in quale romanzo di Voltaire o di Diderot al protagonista – ancora giovane Ercole al bivio – la virtù si presentava sempre nelle sembianze del suo vecchio precettore, il quale gli faceva la morale tenendo nella sinistra una tabacchiera e nella destra una presa di tabacco; il vizio invece nelle sembianze della cameriera di sua madre. Soprattutto nella giovinezza, la meta della nostra felicità si fissa in alcune immagini che si librano davanti a noi e spesso vi rimangono per un lungo tratto, se non addirittura per l'intera vita. Esse sono in realtà dei fantasmi beffardi; se li raggiungiamo, si dissolvono nel nulla, e noi avremo fatto l'esperienza che essi non mantengono assolutamente nulla di quanto avevano promesso. Rientrano in questo genere certe scene di vita domestica o cittadina, di vita mondana o rustica, scorci della casa o dell'ambiente circostante, immagini di onorificenze, di attestati di stima ecc. *Chaque fou a sa marotte*: spesso vi trova posto anche l'immagine dell'amata. Che ci accada così è del tutto naturale, perché ciò che è intuitivo, in quanto immediato, agisce anche più direttamente sul nostro volere che non il concetto, il pensiero astratto, che dà solo il generale, senza il particolare, mentre proprio questo contiene la realtà; il concetto dunque può agire sul nostro volere solo mediatamente. E tuttavia soltanto il concetto mantiene la parola: è quindi segno di cultura fidarsi solo di esso. Naturalmente ci sarà bisogno di alcune immagini per chiarirlo o parafrasarlo: si faccia *cum grano salis*.

19. La norma precedente può rientrare in quella più generale che prescrive di dominare sempre e comunque

l'impressione di una realtà presente sotto forma d'intuizione. Questa è incomparabilmente più forte rispetto a una realtà soltanto pensata o saputa: non a motivo della sua materia e del suo contenuto – spesso assai trascurabili – bensì della sua forma, dell'evidenza e dell'immediatezza con cui penetra nell'animo, ne turba la quiete e ne sconvolge i propositi. Quello che è presente, che è evidente, poiché lo si può facilmente abbracciare con lo sguardo, agisce sempre con tutta la sua potenza immediatamente concentrata; invece pensieri e motivazioni richiedono tempo e agio per essere elaborati a fondo, un particolare dopo l'altro; quindi non possono essere presenti a ogni istante in tutta la loro portata. Per conseguenza le cose piacevoli a cui, dopo aver riflettuto, abbiamo rinunciato, continuano ad attirarci con la loro apparenza; e così ci offende un giudizio di cui pure conosciamo tutta l'incompetenza; e ci muove all'ira un affronto di cui vediamo chiaramente la bassezza; allo stesso modo dieci ragioni contro l'esistenza di un pericolo sono soverchiate da un'immagine falsa della sua presenza reale, e così via. A prevalere in tutto questo è l'originaria irragionevolezza del nostro essere. Saranno spesso le donne a soggiacere a un'impressione siffatta, ma pochi uomini possono vantare un tale predominio della ragione da renderli invulnerabili ai suoi effetti. Se dunque non possiamo sopraffare del tutto quell'impressione semplicemente riflettendo, la cosa migliore è neutralizzarla con una contraria, ad esempio l'impressione di un'offesa andando a trovare quelli che ci stimano molto; l'impressione di un pericolo con la considerazione circostanziata di quanto lo smentisce. Leibniz nei suoi *Nouveaux Essais* (lib. I, cap. 2, par. 11) porta l'esempio di un italiano il quale riuscì a resistere persino alle sofferenze della tortura perché neppure per un attimo lasciò che la sua fantasia, come aveva predisposto, abbandonasse l'immagine della forca a cui lo avrebbe portato la sua confessione; per cui continuava a esclamare "io ti vedo", parole che poi egli spiegò nel senso sopra descritto.

Proprio per la ragione qui considerata è così difficile, quando tutti intorno a noi sono di opinione contraria alla nostra, non vacillare nei nostri assunti, anche se siamo convinti che gli altri siano in errore. A un re fuggiasco, inseguito, che viaggi in stretto incognito, il cerimoniale di sottomissione del suo fido accompagnatore, osservato a quattr'occhi, deve essere un indispensabile corroborante psicologico per non mettere in dubbio, alla fine, la propria identità.

20. Dopo aver messo in risalto già nel secondo capitolo l'alto valore della *salute*, considerata il fattore primario e più importante della nostra felicità, voglio qui dare qualche norma generale sul modo di rafforzarla e conservarla.

Per irrobustirsi, finché si è sani, si impongano al corpo – sia nel suo complesso sia in ogni sua parte – molti sforzi e disagi, e ci si abitui a resistere a ogni sorta di influssi avversi. Ma non appena si avvertono i sintomi di uno stato morboso, sia dell'intero organismo sia di una sua parte, si deve ricorrere al procedimento contrario: riguardarsi e curare in ogni modo il corpo e la parte malati: perché chi soffre ed è debole non può irrobustirsi.

Con l'uso intenso i muscoli si rafforzano, mentre i nervi si indeboliscono. Si esercitino quindi i propri muscoli con ogni sforzo adeguato, e si preservino da ogni sforzo i nervi: ad esempio si proteggano gli occhi da una luce troppo viva, soprattutto se è riflessa, si eviti di sottometterli a sforzi nella penombra, o di osservare a lungo oggetti troppo piccoli; agli orecchi dovranno essere risparmiati rumori troppo forti; ma specialmente si dovrà evitare di imporre al cervello sforzi troppo prolungati o in momenti inopportuni; quindi lo si lasci riposare durante la digestione, perché allora proprio quella medesima forza vitale che nel cervello forma i pensieri, è intensamente impegnata nello stomaco e negli intestini per preparare il chimo e il chilo; e così durante o anche dopo notevoli sforzi muscolari, è consigliabile lasciare il cervello in riposo. Ciò che vale per i nervi sensori vale anche per i nervi motori, e come il dolore che sentiamo nelle membra ferite ha la sua vera sede nel cervello, così non sono in realtà le gambe e le braccia che camminano e lavorano bensì il cervello, precisamente quella parte di esso che mediante il suo prolungamento e il midollo spinale eccita i nervi di quelle membra e le mette in movimento. Così anche la stanchezza che avvertiamo nelle gambe e nelle braccia ha la sua vera sede nel cervello; perciò si stancano soltanto quei muscoli il cui moto è volontario, ossia parte dal cervello, e non quelli che lavorano senza il nostro volere, come il cuore. È evidente dunque che il cervello si danneggia se viene costretto a una forte attività muscolare e a una tensione intellettuale simultaneamente, o a breve distanza. Questo non contrasta col fatto che all'inizio di una passeggiata, e in generale durante brevi camminate si avverta una potenziata attività intellettuale: infatti non è ancora subentrata alcuna stanchezza nelle suddette parti del cervello, e d'altro canto quella leggera attività muscolare e l'intensificata respirazione che ne deriva, favoriscono l'afflusso di sangue arterioso, ora meglio ossigenato, nel cervello. Ma soprattutto si deve concedere al cervello la quantità di sonno necessaria per ritemprarsi; il sonno è per l'intero organismo dell'uomo quello che è la carica per l'orologio (cfr. *Il mondo come volontà e rappresentazione* II, 217; 3ª ed., II, 240). La quantità sarà tanto maggiore quanto più il cervello è sviluppato e attivo, oltrepassarla però sarebbe del tutto inutile, perché allora il sonno perderebbe in intensità quanto guadagna in durata* (cfr. *Il mon-*

* Il sonno è una quota anticipata di *morte* che prendiamo a prestito e con cui conserviamo e rinnoviamo la vita esaurita dall'attività della giornata. *Le sommeil est un emprunt fait à la mort*. Il sonno prende in prestito dalla morte il necessario per ricostituire la vita. In altri termini: è il *temporaneo interesse* della morte, che è a sua volta il rimborso del capitale. Questo è richiesto tanto più tardi quanto più ricchi sono stati gli interessi, e quanto più regolarmente corrisposti. [*N.d.A.*]

do come volontà e rappresentazione, II, 247, 3ª ed., II, 275). Comunque occorre rendersi conto che il nostro pensiero non è altro che la funzione organica del cervello, e che si comporta in modo analogo a ogni altra attività organica per quanto attiene alla fatica e al riposo. Come uno sforzo eccessivo rovina gli occhi, così rovina il cervello. A ragione è stato detto: "il cervello pensa come lo stomaco digerisce". L'illusione di un'anima immateriale, semplice, essenzialmente e perennemente pensante, e quindi instancabile, che nel cervello ha semplicemente la sua sede e non ha bisogno di nulla, ha certo indotto non pochi a un comportamento insensato, causando un ottundimento delle proprie forze intellettuali; ad esempio Federico il Grande una volta tentò di togliersi del tutto l'abitudine al sonno. I professori di filosofia farebbero bene a non favorire una simile illusione, rovinosa anche agli effetti pratici, con la loro filosofia da donnette, intenzionata ad andar d'accordo col catechismo.

Ci si deve abituare a considerare le proprie forze intellettuali come nient'altro che funzioni fisiologiche, e a trattarle come tali, risparmiandole, sollecitandole, tenendo presente che ogni dolore fisico, ogni inconveniente o disordine in una qualsiasi parte del corpo influenza lo spirito. Su questo ci ammaestra nel modo migliore Cabanis nel suo *Des rapports du physique et du moral de l'homme*.

Proprio per non aver seguito consigli come questi, non pochi grandi spiriti e scienziati di valore, in vecchiaia sono diventati deficienti, rimbambiti, e persino pazzi. Che ad esempio celebri scrittori inglesi di questo secolo come Walter Scott, Wordsworth, Southey e altri, in vecchiaia, anzi già nella sessantina, siano diven.ati intellettualmente ottusi e impotenti, addirittura siano finiti nell'imbecillità, indubbiamente si spiega col fatto che tutti, attirati dai cospicui guadagni, avevano praticato la letteratura come un mestiere, quindi avevano scritto per ragioni di lucro. Questo induce a sforzi contro natura, e chi pone il suo Pegaso al giogo e incita la sua Musa con la frusta, lo sconterà con la medesima pena di chi si sia prestato ai lavori forzati per Venere. Io sospetto che anche Kant, nei suoi tardi anni, dopo aver finalmente conquistato la fama, abbia lavorato troppo, provocando così il rimbambimento dei suoi ultimi quattro anni.

Ogni mese dell'anno esercita un influsso peculiare e diretto, indipendentemente dalle condizioni meteorologiche, sulla nostra salute, sulle nostre condizioni fisiche in generale, e persino su quelle intellettuali.

c. *Del nostro comportamento verso gli altri*

Per condurre una vita accettabile è opportuno farsi una buona scorta di previdenza e di indulgenza: la prima ci preserva da danni e perdite, la seconda da polemiche e liti.

Chi deve vivere in mezzo agli uomini non può rifiutare incondizionatamente nessuna individualità, disposta e assegnata così dalla natura, fosse pure la più abbietta, la più miseranda, la più ridicola. Deve piuttosto accettarla come qualcosa di immodificabile, che dev'essere così in virtù di un principio eterno, metafisico, e nei casi più gravi deve pensare: "anche questi tipi ci vogliono". Se si comporta diversamente, commette un torto e sfida l'altro a una lotta all'ultimo sangue. Infatti nessuno può cambiare la sua individualità, ossia il suo carattere morale, le sue facoltà intellettuali, il suo temperamento e la sua fisionomia, ecc. Se condanniamo senz'altro il suo essere, a quello non resta che combattere in noi un suo mortale nemico: perché noi gli concediamo il diritto di esistere solo a condizione che egli diventi un altro, mentre gli è impossibile cambiare. Quindi, per poter vivere tra gli uomini, noi dobbiamo accettare ognuno coi caratteri individuali che ha ricevuto, quali che siano, preoccupandoci solo di trarne il meglio per noi, sempre secondo il modo e le qualità tipiche di quell'individuo; ma senza sperare di cambiarlo, né limitandoci a condannarlo per quello che è.* Questo è il vero senso della massima "vivi e lascia vivere". Ma per quanto giusto, il compito non è facile, e può ritenersi fortunato colui che riesce sempre a evitare certi tipi umani. Intanto, per imparare a sopportare gli uomini, si eserciti la propria pazienza su oggetti inanimati, che per una necessità meccanica o comunque fisica si oppongono ostinatamente al nostro agire: si ha occasione di incontrarne ogni giorno. Si impara poi a trasferire la pazienza così acquisita sugli uomini, perché ci si abitua a pensare che se essi continuano a esserci d'ostacolo, ciò dev'essere a causa di una necessità derivata dalla loro natura, non meno inflessibile di quella con cui agiscono le cose inanimate; per conseguenza è altrettanto insensato indignarsi per le loro azioni quanto lo è per un sasso che ci rotoli tra i piedi.

22. È stupefacente constatare con quale facilità e rapidità, nella conversazione, si rivelino l'omogeneità e l'eterogeneità dell'intelligenza e del carattere: ciò si avverte in ogni inezia. Anche se la conversazione riguarda le cose più impersonali e indifferenti, tra individui essenzialmente eterogenei pressoché ogni frase dell'uno spiacerà più o meno all'altro, qualcuna anzi lo irriterà. Invece gli individui omogenei sentono subito e in tutto una certa sintonia che nel caso di una superiore omogeneità ben presto confluisce in una perfetta armonia, arrivando addirittura all'unisono. Con ciò si spiega, in primo luogo, perché la gente del tutto ordinaria sia tanto socievole e trovi dovunque così facilmente un'ottima compagnia: gente brava, buona, intelligente. Con le persone fuori dell'ordinario accade l'inverso, e tanto più quanto più è spiccata la loro distinzione; sicché nel loro isolamento a volte essi possono davvero essere contenti di scoprire in un altro una fibra a

* In molti casi la cosa più saggia è pensare: "Non posso cambiarlo, dunque voglio utilizzarlo". [*N.d.A.*]

loro omogenea, per quanto piccola sia! Ognuno infatti può essere per l'altro solo tanto quanto l'altro è per lui. Gli spiriti veramente grandi, come le aquile, hanno i nidi solo nelle vette deserte.

In secondo luogo, da ciò risulta comprensibile come gli uomini spiritualmente affini si trovino così rapidamente come se fossero attratti tra loro da un magnete: le anime simili si riconoscono da lontano. Certo si avrà occasione di osservare questo assai più spesso tra gente che ha in comune la meschinità, o che è scarsamente dotata; ma solo perché di gente simile ce n'è a legioni, mentre le nature superiori, eccellenti, sono per definizione gente rara. Quindi in una grande associazione costituita per fini pratici, due furfanti matricolati si riconoscono così prontamente come se inalberassero un'insegna, e quanto prima faranno lega per progettare frodi e tradimenti. Analogamente, se immaginiamo per assurdo una grande comunità di persone tutte molto sagge e intelligenti, con l'eccezione di due imbecilli, presenti nel gruppo, questi si sentiranno simpateticamente attratti l'un l'altro, e ben presto ciascuno dei due si rallegrerà dentro di sé di aver incontrato almeno una persona ragionevole. È davvero sorprendente constatare come due individui, in specie quando si tratta di gente moralmente e intellettualmente arretrata, si riconoscano a prima vista, cerchino in tutti i modi di fare conoscenza, e tutti giulivi si salutino amichevolmente come fossero vecchi conoscenti; tutto questo è così stupefacente che si è tentati di credere, secondo la dottrina buddista della metempsicosi, che quei due siano stati amici in una vita precedente.

Ciò che tuttavia, pur nella salda concordanza di vedute, divide gli uomini, generando tra loro anche una temporanea disarmonia, è la diversità degli stati d'animo contingenti, che quasi sempre si differenziano per ognuno a seconda della situazione del momento, dell'attività svolta, dell'ambiente, delle condizioni fisiche, del corso di pensieri ecc. Pertanto, anche tra le persone più in armonia tra loro insorgono dissonanze. Sarebbe un'impresa di alto valore culturale procedere sempre alla necessaria correzione per eliminare questo inconveniente, introducendo nei rapporti umani quello che in musica è il sistema equotemperato. Quanto giovi ai rapporti sociali l'accordo degli stati d'animo si può giudicare dal fatto che persino una comunità numerosa è sollecitata a un vivace scambio di informazioni e a una sincera partecipazione, con gradimento generale, non appena qualcosa di oggettivo – si tratti di un pericolo, di un'aspettativa, di una notizia, oppure di un fenomeno curioso, di uno spettacolo, una musica o qualcosa del genere – fa impressione su tutti simultaneamente e allo stesso modo: perché allora questo, prevalendo su ogni interesse privato, genera uno stato d'animo concorde. In mancanza di un simile condizionamento oggettivo, di regola si ricorre a uno soggettivo, e le bottiglie sono il mezzo consueto per creare in un gruppo uno stato d'animo partecipe. Persino il tè e il caffè servono a questo intento.

Proprio quella disarmonia, così facilmente provocata in una collettività dalla differenza degli stati psicologici contingenti, spiega in parte perché nel ricordo – indenne da questi influssi perturbatori, anche se momentanei – ognuno appaia idealizzato, a volte quasi trasfigurato. Il ricordo agisce come la lente convergente nella camera oscura: concentra tutto, e produce così un'immagine assai più bella dell'originale. Abbiamo il vantaggio di essere visti così, in certa misura, già ogni volta che ci assentiamo. Infatti benché la memoria idealizzante abbia bisogno di parecchio tempo per compiere la sua opera, il suo inizio può cominciare subito. Per conseguenza è saggio mostrarsi ai conoscenti e agli amici intimi solo dopo intervalli di tempo considerevoli; allora, al momento di rivedersi, si constaterà che la memoria ha già cominciato a operare.

23. Nessuno può vedere qualcosa oltre se stesso. Con ciò intendo dire che ognuno vede nell'altro solo quel tanto che egli stesso è, perché può percepirlo e comprenderlo

solo nella misura corrispondente alla propria intelligenza. Se questa è di infima qualità, tutte le qualità spirituali dell'altro, anche le più eccelse, non faranno effetto su di lui, ed egli, in chi le possiede, non percepirà altro che gli aspetti più meschini della propria personalità, dunque solo tutte le sue debolezze, tutti i suoi difetti temperamentali e caratteriali. Per lui saranno questi gli elementi costitutivi della personalità dell'altro. Le più alte qualità spirituali di quella personalità per lui esisteranno tanto poco quanto i colori per un cieco. Infatti ogni spirito resta invisibile a chi non ne possiede, e ogni stima è il prodotto del valore dello stimato per la sfera conoscitiva dell'estimatore. Ne consegue che ci si pone al livello di ognuno con cui si parla, perché tutto ciò che si può avere più di lui scompare, e persino il fatto che ci siamo sminuiti resta completamente ignorato. Se ora si considera quanto sia basso l'animo e mediocre l'intelligenza della maggior parte degli uomini, quanto dunque essi siano insanabilmente *volgari*, apparirà evidente che non è possibile parlare con loro senza divenire immediatamente (in analogia con la trasmissione dell'elettricità) anche noi *volgari*; e allora si comprenderà a fondo il significato e la pertinenza dell'espressione "abbassarsi", ma si eviterà anche volentieri ogni compagnia con cui si può comunicare solo mediante la *partie honteuse* della propria natura. Sarà anche evidente che con gli sciocchi e gli svitati c'è solo un mezzo per mostrare la propria intelligenza, ed è di non parlare con loro. Ma certo allora parecchi, in società, si sentiranno come un ballerino che è andato a un ballo dove trova solo gente zoppa: con chi ballerà?

24. Dichiaro tutta la mia stima a colui (uno su cento) il quale, se aspetta qualcosa e quindi se ne sta lì senza far niente, non comincia subito a battere ritmicamente o a tamburellare con qualsiasi oggetto gli capiti sottomano – col suo bastone, col coltello, con la forchetta, o con qualcosa d'altro. Probabilmente quell'uomo eccezionale pen-

sa a qualcosa. Invece a tanti si legge in faccia che la vista ha preso completamente il posto del pensiero: costoro cercano, col tamburellare, di divenire coscienti della propria esistenza – a meno che non abbiano a portata di mano un sigaro, che serve appunto allo stesso scopo. Per la medesima ragione essi sono sempre tutt'occhi e tutt'orecchi per tutto ciò che avviene attorno a loro.

25. La Rochefoucauld ha giustamente osservato che è difficile stimare molto qualcuno e insieme amarlo molto. Perciò noi dovremmo scegliere se aspirare all'amore degli uomini oppure alla stima. Il loro amore è sempre interessato, anche se in modi assai diversi. Inoltre i mezzi usati per conquistarlo non sono sempre tali da rendercene orgogliosi. In primo luogo uno viene amato nella misura in cui riduce le proprie pretese in merito all'intelligenza e al cuore degli altri, e questo sul serio, non per finzione o per effetto di quella indulgenza che ha origine dal disprezzo. Da queste premesse si potrà trarre la conclusione se si ripensa alla verità dell'osservazione di Helvétius: *Le degré d'esprit nécessaire pour nous plaire est une mesure assez exacte du degré d'esprit que nous avons*. Il contrario accade invece con la stima. Questa viene estorta agli uomini loro malgrado, e appunto per questo è per lo più dissimulata. Perciò ci procura nell'intimo una soddisfazione assai maggiore, in quanto è connessa al nostro valore, mentre non è necessariamente la stessa cosa con l'amore: questo è di natura soggettiva, la stima invece di natura oggettiva. L'amore, certo, ci è più utile.

26. La maggior parte della gente è così soggettiva che in fondo non prova interesse per altro che per se stessa. Ne consegue che gli uomini, in tutto quello che viene detto, pensano subito a se stessi, e ogni casuale riferimento anche lontanamente attinente a qualcosa di personale attira e occupa tutta la loro attenzione, sicché essi non sono minimamente in grado di afferrare il contenuto

oggettivo del discorso; ne deriva anche che per loro nessun argomento conta quando gli si contrappongono il loro interesse o la loro vanità. Perciò si distraggono tanto facilmente, ed è così facile ferirli, offenderli, mortificarli che quando si parla con loro, anche nel modo più obiettivo, di qualunque cosa, non si sta mai abbastanza in guardia per evitare possibili riferimenti che potrebbero risultare urtanti per il loro prezioso e delicato "io": perché questo solo importa a loro, e nient'altro; e mentre essi non comprendono e non gustano nel discorso altrui quanto c'è di vero, di giusto, di bello, di raffinato, di spiritoso hanno la più delicata sensibilità per tutto ciò che anche alla lontana e indirettamente potrebbe ferire la loro meschina vanità, o che potrebbe riflettersi in qualche modo negativamente sulla loro preziosissima persona; nella loro suscettibilità essi somigliano a quei cuccioli a cui è così facile montare inavvertitamente sulle zampe, sicché poi siamo costretti ad ascoltarne i guaiti; oppure anche a un infermo pieno di piaghe e di bubboni, col quale si deve prendere ogni precauzione per evitare ogni possibile contatto. In qualche caso si arriva al punto che costoro considerino un'offesa il fatto che durante una conversazione con loro si mostri, o non si nasconda abbastanza, spirito e intelligenza, anche se al momento riescono a dissimularlo; ma poi quell'interlocutore ignaro si lambiccherà invano il cervello sul perché si sia attirato il loro rancore e il loro odio. Persone simili però è altrettanto facile lusingarle e conquistarle. Pertanto il loro giudizio è per lo più opportunistico, ed equivale a una dichiarazione in favore del loro partito o della loro classe, non a un'affermazione obiettiva e giusta. La ragione di tutto questo è che in essi la volontà prevale di gran lunga sulla conoscenza, e il loro mediocre intelletto è completamente al servizio della stessa volontà, di cui non riesce a liberarsi neppure per un attimo.

Una prova grandiosa della miserevole soggettività degli uomini, per cui essi riferiscono ogni cosa a se stessi, e da ogni pensiero riconvergono per via diretta sul proprio io, è data dall'*astrologia*, che collega il corso dei grandi astri all'insignificante individuo, e mette in relazione le comete celesti con le faccende e le miserie terrene. Del resto questo è avvenuto in ogni epoca, fin dai tempi più antichi (cfr. ad esempio Stobeo, *Eclog.* I, cap. 22, par. 478).

27. Per ogni assurdità, detta in pubblico o in privato, o comparsa in un'opera letteraria e accolta con consenso, o quanto meno non confutata, non si deve disperare e ritenere che ormai non ci sia più niente da fare; ma si deve essere consapevoli e confidare che col passar del tempo la cosa sarà rimuginata, chiarita, meditata, considerata, discussa, e nella maggior parte dei casi infine rettamente giudicata; sicché dopo un intervallo di tempo proporzionato alla sua difficoltà, alla fine pressoché tutti comprenderanno quello che la mente illuminata aveva visto subito. Nel frattempo, naturalmente, bisogna pazientare. Infatti chi ha giuste intuizioni in mezzo a cervelli confusi si trova come uno che abbia un orologio che funziona in una città dove tutti i campanili hanno orologi che vanno male. Lui solo conosce l'ora esatta, ma a che gli giova? Tutti si regolano secondo gli orologi della città che indicano l'ora sbagliata, persino chi è al corrente che solo il suo orologio segna l'ora giusta.

28. Gli uomini somigliano ai bambini, che diventano screanzati quando vengono viziati; quindi non si deve essere troppo indulgenti e amorevoli con nessuno. Come di norma non si perde un amico se gli si nega un prestito, mentre è assai facile che ciò avvenga se uno glielo concede, allo stesso modo non si perderà l'amico se si tiene un contegno altero e indifferente, mentre spesso ciò potrà accadere a causa di troppa gentilezza e di eccessive premure che rischiano di renderlo arrogante e insopportabile, per cui subentra la rottura. In specie il pensiero che si abbia bisogno di loro è semplicemente insopportabile agli uomi-

ni. Le inevitabili conseguenze sono l'arroganza e la presunzione. Con alcuni queste già sorgono, in certa misura, per il fatto che ci si occupa di loro, e che, per esempio, si parla con loro spesso e in maniera confidenziale; subito quelli pensano che ci si debba rassegnare a qualche loro sgarbo, e tentano di varcare i confini della cortesia. Per questo sono tanto pochi quelli in grado di instaurare rapporti in qualche modo confidenziali, e bisogna stare attenti a non mescolarsi soprattutto con gente di animo meschino. Perché se a uno di costoro viene in mente di essere più necessario a me di quanto io lo sia a lui, subito per lui è come se io lo avessi defraudato di qualcosa: egli cercherà di vendicarsi e di riprenderselo. La superiorità nei rapporti tra gli uomini nasce solo dal fatto che uno in nessun modo abbia bisogno dell'altro, e lo renda evidente. Perciò è consigliabile far sentire di tanto in tanto a chiunque – uomo o donna che sia – che si può fare benissimo a meno di lui: questo consolida l'amicizia; anzi con la maggior parte degli esseri umani non può esserci di danno se, di tanto in tanto, aggiungiamo un pizzico di disprezzo nei loro confronti: "chi non stima vien stimato" dice acutamente un proverbio italiano. Ma se qualcuno per noi è davvero molto importante dobbiamo dissimularlo ai suoi occhi come se fosse un reato. Tutto ciò non è piacevole, ma è la verità. Neppure i cani sopportano troppa confidenza, figuriamoci gli uomini.

29. Il fatto che persone di animo nobile e di qualità superiori rivelino così spesso, almeno in gioventù, una stupefacente mancanza di senso pratico e di conoscenza degli uomini – per cui vengono facilmente ingannati o comunque tratti in errore – mentre le nature più ordinarie sanno muoversi molto meglio e assai più speditamente nel mondo, si deve a questo: che in mancanza di esperienza uno deve giudicare *a priori*, e che nessun *a priori* è in grado di sostituire l'esperienza. Questo *a priori* infatti darà il senso immediato del proprio io agli individui co-

muni, ma non alle nature nobili ed eccellenti che appunto in quanto tali sono assai diverse dalle altre. Quando quelle persone superiori valutano i pensieri e le azioni degli altri alla stregua dei propri i conti non tornano. Quando poi una di quelle persone finalmente ha imparato *a posteriori*, ossia grazie all'ammaestramento altrui s'è fatta un'esperienza propria su quello che ci si può aspettare dagli uomini in generale, e che cioè cinque sesti di loro, dal punto di vista intellettuale e morale, sono tali che chi non è costretto dalle circostanze a entrare in rapporto con loro farà bene a evitarli fin da principio, e per quanto è possibile a restar fuori da ogni contatto con loro – tuttavia non si sarà fatta ancora un'idea *esauriente* della loro grettezza e della loro meschinità, ma sempre, per tutta la vita, dovrà estenderla e completarla, spesso commettendo anche errori a proprio danno. Quindi, dopo aver assimilato appieno l'ammaestramento ricevuto, gli capiterà a volte, in una cerchia di persone sconosciute, di doversi sorprendere per come tutti costoro, nei discorsi e negli atteggiamenti, si mostrino del tutto ragionevoli, onesti, schietti, dignitosi, virtuosi, nonché intelligenti e pieni di spirito. Questo tuttavia non dovrà trarlo in inganno, perché dipende dal fatto che la natura non si comporta come i cattivi poeti i quali, quando rappresentano dei furfanti o dei buffoni lo fanno in modo così grossolanamente programmatico che, per così dire, dietro ogni personaggio si intravede il poeta stesso il quale sconfessa di continuo le loro opinioni e i loro discorsi esclamando con voce ammonitrice: "questo è un furfante, questo è un buffone; non date peso a quello che dice". Al contrario la natura fa come Shakespeare e come Goethe, nelle cui opere ogni personaggio, fosse anche il diavolo, finché è presente e parla, ha ragione; perché è rappresentato così oggettivamente che siamo attirati nella sua sfera di interessi e costretti a parteciparvi; questi personaggi, proprio come le creazioni della natura, si sono sviluppati da un principio interno, grazie al quale le loro parole e le loro azioni appaiono naturali e quindi necessarie. Dunque chi si aspetta che a questo mondo i diavoli vadano in giro con le corna, e i buffoni col berretto a sonagli, sarà sempre loro preda o loro zimbello. Si aggiunga poi che nei loro rapporti gli uomini fanno come la luna e i gobbi, ossia si mostrano sempre da un solo lato, e che inoltre ognuno ha un talento innato per atteggiare con la mimica la propria fisionomia in una maschera che rappresenta esattamente quello che egli *dovrebbe* essere, e che essendo calcolata esclusivamente per la propria personalità, gli si adatta con tanta perfezione che l'inganno riesce al cento per cento. Egli si pone questa maschera ogni volta che deve ingraziarsi qualcuno. Bisogna quindi darle il valore di una maschera di cera, memori dell'indovinato proverbio italiano: "Non è sì tristo cane che non meni la coda". In ogni caso bisogna guardarsi attentamente dal farsi un'opinione molto favorevole di una persona appena conosciuta; altrimenti, nella maggioranza dei casi, si subirà una delusione, restando umiliati o magari danneggiati. A tale proposito vale la pena di osservare anche questo: proprio nelle piccole cose, nelle quali l'uomo agisce senza controllarsi, egli mostra il proprio carattere; spesso da azioni insignificanti, da semplici convenevoli, si ha opportunità di notare un egoismo sconfinato che non conosce il minimo riguardo per gli altri, e che non sarà smentito nelle occasioni più importanti, benché allora venga dissimulato. Non si perda quell'opportunità. Se una persona nei piccoli fatti quotidiani e nelle comuni circostanze del vivere, nelle cose in cui vale il *de minimis lex non curat* si comporta in modo irriguardoso, cercando semplicemente il proprio comodo e il proprio tornaconto, a scapito degli altri; se si appropria di quello che è di tutti ecc., ci si deve convincere che in lei non alberga alcuna rettitudine, ma anche nelle occasioni importanti questa si comporterebbe da manigolda, se appena la legge o la forza non le legassero le mani; e quindi non le si dovrà concedere troppa fiducia. Chi trasgredisce senza ritegno le norme del proprio club, trasgredirà anche quelle dello Stato, se potrà farlo impunemente.*

Se poi qualcuno a cui siamo legati, o che frequentiamo, ci fa qualcosa di spiacevole o di increscioso, noi non dobbiamo fare altro che chiederci se teniamo tanto a lui da sopportare che una cosa simile, anche più grave, si ripeta di frequente – oppure no. (Perdonare e dimenticare significa gettare dalla finestra le preziose esperienze fatte.) In caso affermativo non ci sarà molto da dire, perché le parole servono a poco: dobbiamo quindi lasciar passare la cosa, con o senza recriminazioni, sapendo comunque che quando si ripeterà ce la saremo voluta. In caso negativo, invece, dobbiamo rompere subito e per sempre con quel caro amico, oppure, se è un domestico, licenziarlo. Infatti inevitabilmente egli, alla prima occasione, farà lo stesso o qualcosa di perfettamente analogo, anche se ora, con vibranti e sincere parole, ci assicura del contrario. Tutto, tutto si può dimenticare tranne se stessi, la propria natura. Il carattere infatti è semplicemente incorreggibile perché tutte le azioni dell'uomo provengono da un principio interno per cui, in circostanze simili, egli deve comportarsi sempre allo stesso modo, e non può fare altro. Si legga il mio scritto sulla cosiddetta libertà del volere, e ci si affranchi da quell'illusione. Perciò anche riconciliarsi con un amico con cui si erano troncati i rapporti è una debolezza che si sconta allorché quello, alla prima occasione, rifà esattamente quello che aveva provocato la rottura, anzi con maggiore sfacciataggine, nella segreta consapevolezza di essere indispensabile. Lo stesso vale per i domestici licenziati e poi riassunti. Altrettanto poco, e per lo stesso motivo, dobbiamo aspettarci che uno, se le circo-

* Se negli uomini, in generale, il buono prevalesse sul cattivo, sarebbe più consigliabile affidarsi alla loro rettitudine, al loro senso di giustizia e di gratitudine, alla loro lealtà, al loro amore, alla loro compassione, anziché alla loro paura: ma poiché le cose con loro stanno al contrario, così è più consigliabile comportarsi all'opposto. [*N.d.A.*]

stanze sono mutate, si comporti allo stesso modo di prima. Invece gli uomini cambiano opinione e comportamento con la rapidità con cui mutano i loro interessi: anzi, le loro intenzioni sono cambiali emesse a scadenza così breve, che bisognerebbe avere una vista ancora più corta per non mandarle in protesto.

Posto quindi che volessimo sapere come si comporterà qualcuno in una data situazione in cui pensiamo di porlo, sarebbe prudente non fare assegnamento sulle sue promesse e sulle sue assicurazioni. Perché, ammesso pure che parli con sincerità, lui parla di una cosa che non conosce. Noi dunque dobbiamo calcolare il suo comportamento solo in base alla valutazione delle circostanze in cui verrà a trovarsi, e delle possibili interferenze tra queste e il suo carattere.

Per arrivare a una comprensione chiara e fondata quanto necessaria della vera, miseranda natura degli uomini, almeno della maggioranza, è straordinariamente istruttivo considerare come commento al loro agire e al loro comportamento nella vita pratica, il loro agire e il loro comportamento nelle opere letterarie, e viceversa. Questo è assai utile per non incorrere in errore, né su di noi né su di loro. Ma nessun tratto di particolare *bassezza* o *stupidità* sperimentato nella vita o nella letteratura deve provocare in noi disgusto o sdegno, bensì rappresentare solo un elemento di conoscenza: in esso noi dovremo vedere un nuovo apporto alla caratterizzazione del genere umano di cui prendiamo nota. E in seguito lo considereremo pressappoco come il mineralogista considera un esemplare assai caratteristico di minerale capitatogli sotto gli occhi. Ci sono, è vero, delle eccezioni incredibilmente rilevanti, e le differenze tra le individualità sono enormi: ma nel complesso, come è stato detto da lungo tempo, il mondo è un brutto affare: i selvaggi si divorano tra di loro, e i popoli civilizzati si imbrogliano a vicenda: e questo si chiama l'andamento del mondo. E che cosa sono poi gli Stati, con tutto il loro artificioso macchinario puntato verso l'esterno e l'interno, e coi loro mezzi di coercizione, se non apparati di prevenzione per arginare la sconfinata iniquità degli uomini? Non vediamo come nel corso dell'intera storia ogni sovrano, non appena si senta sicuro del potere e il suo Paese goda di prosperità, si serva di questo per piombare col suo esercito sugli altri Stati, come una banda di briganti? In fondo quasi tutte le guerre non sono spedizioni di briganti? Nell'antichità, e talvolta nel Medioevo, i vinti diventavano schiavi dei vincitori, ossia in sostanza dovevano lavorare per loro: ma devono fare altrettanto quelli che hanno da pagare riparazioni di guerra: essi cedono il reddito del lavoro precedente. *Dans toutes les guerres il ne s'agit que de voler* dice Voltaire, e i tedeschi se lo tengano per detto.

30. Nessun carattere è tale da potersi abbandonare a se stesso e lasciarsi andare, ma ognuno ha bisogno di essere orientato con princìpi e massime. Se però si vuole procedere in questo senso a formare un carattere non derivato dalla nostra natura congenita bensì ottenuto artificialmente dalla sola riflessione razionale, si troverà ben presto confermata la massima oraziana:

*Naturam expelles furca, tamen usque recurret**

Infatti si può riconoscere benissimo la validità di una norma che regola il nostro comportamento verso gli altri, la si può addirittura escogitare e formulare in modo efficace, e subito dopo, nella pratica, trasgredirla. Tuttavia non dobbiamo lasciarci scoraggiare da questo e credere che a questo mondo sia impossibile orientare il proprio comportamento secondo regole astratte e massime, e che quindi sia meglio lasciarsi andare. Avviene qui come con tutte le prescrizioni teoriche da tradurre nella pratica: per

* Puoi cacciare via la natura col forcone, quella continuerà a ripresentarsi (*Epist.* I, 10, 24).

prima cosa si deve comprendere la regola, e quindi imparare ad applicarla. La regola si acquisisce immediatamente con la ragione, l'applicazione a poco a poco con l'esercizio. Se si indica all'allievo la diteggiatura sullo strumento, oppure i colpi e le parate col fioretto, quello subito, pur con tutta la buona volontà, sbaglia, e pensa che sia assolutamente impossibile osservare quelle regole nella rapida lettura delle note e nel fervore della competizione. Tuttavia a poco a poco, con l'esercizio, incespicando, cadendo e rialzandosi, impara. Accade lo stesso con le regole della grammatica per chi voglia imparare a scrivere e a parlare in latino. E così vediamo l'uomo goffo e impacciato diventare un disinvolto cortigiano, il facinoroso che si trasforma in compito gentiluomo, la persona estroversa che diventa riservata, il passionale e generoso che acquista il distacco dell'ironia. Nondimeno una simile autoeducazione, ottenuta con una lunga consuetudine, opererà sempre come una costrizione esterna alla quale la natura non cesserà mai del tutto di opporsi, arrivando talvolta inaspettatamente a infrangerla. Perché l'agire secondo massime astratte sta all'agire per inclinazione spontanea e innata come un'opera fabbricata dall'uomo – ad esempio un orologio, dove forma e movimento sono impressi a una materia a essi estranea – sta all'organismo vivente, nel quale forma e materia sono reciprocamente compenetrate, formando una cosa sola. Da tale rapporto tra l'acquisito e l'innato trova conferma una massima dell'imperatore Napoleone: *Tout ce qui n'est pas naturel est imparfait*, una regola, questa, valida per ogni fatto, sia fisico sia morale, e rispetto alla quale mi viene in mente un'unica eccezione: l'avventurina naturale, una varietà di quarzo nota ai mineralogisti, che non può competere con quella artificiale.

A questo proposito ci si deve guardare da ogni forma di *affettazione*, che suscita sempre disprezzo: in primo luogo perché è un inganno, e in quanto tale è vile perché è basato sulla paura; e poi perché rappresenta un verdetto di condanna pronunciato contro se stessi, in quanto si vuole apparire quello che non si è e che si considera migliore. L'affettazione di talune qualità, il gloriarsene, equivale a confessare a se stessi che non si possiedono. Si tratti di coraggio o di cultura, di intelligenza o di arguzia, di fortuna con le donne, di ricchezza, di posizione sociale o di qualunque altra prerogativa: sicché si può concludere che a quel tale difettano proprio le qualità che simula: perché a chi possiede appieno una qualità, non viene in mente di tirarla fuori ed esibirla, ma se ne sta perfettamente tranquillo a tal riguardo. Questo è il significato del proverbio spagnolo: *Herradura que chacolotea clavo le falta* ("Al ferro di cavallo che sbatte manca un chiodo"). Certo nessuno, come abbiamo detto all'inizio del paragrafo, può lasciarsi andare a briglie sciolte, mostrandosi in tutto e per tutto per quello che è: perché i lati deteriori, animaleschi della nostra natura, hanno bisogno di restare occultati: ma questo giustifica semplicemente l'aspetto negativo, la dissimulazione, non quello positivo, la simulazione. Si deve poi sapere che l'affettazione viene scoperta già prima di sapere che cosa si sta simulando. È un atteggiamento che a lungo andare non regge, e a un tratto la maschera cade. *Nemo potest personam diu ferre fictam. Ficta cito in naturam suam recidunt** (Seneca, *De clementia* I, cap. 1).

31. Come si porta il peso del proprio corpo senza avvertirlo, mentre si avverte il peso di ogni altro corpo che si voglia muovere, così non si notano i difetti e i vizi propri, ma solo quelli degli altri. In compenso ognuno ha nell'altro uno specchio nel quale può scorgere chiaramente i propri vizi e tutto quello che di grossolano e di antipatico c'è in se stesso. Senonché, il più delle volte, egli si comporta come il cane che di fronte allo specchio abbaia per-

* Nessuno può portare a lungo una maschera fingendosi un altro. Le cose finte riprendono subito la loro vera natura.

ché non sa che sta vedendo se stesso, e non un altro cane. Chi critica gli altri opera in favore del proprio miglioramento. Perciò quelli che sono inclini e abituati a sottoporre dentro di sé a una attenta e *severa critica* il comportamento esteriore, in sostanza l'agire altrui, lavorano con ciò al proprio miglioramento e perfezionamento: essi avranno infatti sufficiente rettitudine, e almeno orgoglio e vanità per evitare in proprio quello che biasimano con tanta severità negli altri. Per le persone tolleranti vale il contrario ossia, *Hanc veniam damus petimusque vicissim.** Il Vangelo dà una bella lezione morale a proposito di coloro che vedono la pagliuzza nell'occhio altrui, e non vedono la trave nel proprio: ma la natura dell'occhio comporta che si veda quello che sta fuori, e non se stessi; perciò per diventare consapevoli dei propri difetti, il notarli e biasimarli negli altri è un modo assai appropriato. Per migliorarci abbiamo bisogno di uno specchio.

Questa regola vale anche a proposito dello stile e della maniera di scrivere. Chi, anziché biasimarla, ammirerà qualche nuova espressione stravagante, la imiterà. Per questo in Germania le stravaganze si propagano così rapidamente. I tedeschi sono assai tolleranti, e si vede! Il loro motto è: *Hanc veniam damus petimusque vicissim.*

32. L'uomo di qualità superiore crede, in gioventù, che i rapporti essenziali e decisivi tra le persone, e i legami che ne nascono, siano quelli *ideali*, vale a dire quelli basati sull'affinità dei sentimenti, della mentalità, del gusto, del livello intellettuale, ecc.; ma più tardi prenderà atto che essenziali e decisivi sono invece i rapporti *reali,* ossia quelli che si basano su un qualche interesse materiale. E sono questi il fondamento di quasi tutti i legami, anzi la maggior parte degli uomini non concepisce un altro genere di rela-

* Concediamo e chiediamo indulgenza vicendevolmente (Orazio, *Ars poetica,* 11).

zioni. Pertanto ognuno viene considerato in base alla carica che ricopre, all'attività che svolge, alla nazionalità, alla famiglia, quindi in generale secondo la posizione e il ruolo che le convenzioni gli assegnano: e in base a tali convenzioni egli è classificato e trattato come merce di serie. Invece quello che egli è in sé e per sé, ossia come essere umano, in virtù delle sue qualità personali, viene preso in considerazione solo occasionalmente, quindi in casi eccezionali, e sarà da ognuno messo da parte e ignorato ogni volta che fa comodo, vale a dire quasi sempre. Quanto più dunque un uomo è ricco di qualità personali tanto meno si adatterà a un sistema del genere, e perciò cercherà di sottrarvisi. Tuttavia la forza di quel sistema consiste nel fatto che in questo mondo, dove imperano la miseria e il bisogno, i mezzi per ovviare a questi mali costituiscono dovunque l'essenziale, dunque hanno un'importanza predominante.

33. Come la carta moneta al posto dell'argento, così nel mondo, invece della vera stima e della vera amicizia, circolano gli attestati esterni e i gesti che mimano con la maggior naturalezza possibile quei sentimenti. Del resto ci si può anche chiedere se ci sia gente che meriti davvero amicizia e stima. Comunque per me vale di più lo scodinzolamento di un cane sincero che centinaia di attestati e gesti simili. La vera, autentica amicizia presuppone una partecipazione intensa, puramente obiettiva e del tutto disinteressata al bene e al male dell'altro, una partecipazione derivata da un vero e proprio atto di identificazione con l'amico. Questo è talmente in contrasto con l'egoismo della natura umana che la vera amicizia rientra nell'ordine di quelle cose che – come i colossali serpenti marini – non si sa se siano leggendarie o se esistano da qualche parte. Ci sono però tra gli uomini dei legami che pur basati essenzialmente su occulti motivi egoistici, di varia natura, possiedono un grano di quella vera e autentica amicizia, e ne vengono così nobilitati da acquisire il diritto, in questo mondo di cose imperfette, di fregiarsi del nome di amici-

zia. Sono legami che trascendono le relazioni ordinarie, le quali invece sono tali che noi non scambieremmo più una parola con la maggior parte dei nostri più apprezzati conoscenti se sentissimo come parlano di noi in nostra assenza.

L'occasione migliore per verificare l'autenticità di un amico si ha (oltre ai casi in cui si abbisogna di un consistente aiuto e di un grosso sacrificio) nel momento in cui gli si comunica che poco prima abbiamo subìto una disgrazia: allora o gli si dipinge sul volto un dispiacere vero, sentito, schietto, oppure i suoi lineamenti confermano, con la loro composta calma, o con un rapido guizzo involontario, la nota massima di La Rochefoucauld: *Dans l'adversité de nos meilleurs amis nous trouvons toujours quelque chose qui ne nous déplaît pas.* In simili casi i cosiddetti amici spesso non riescono a reprimere l'accenno a un lieve sorriso di compiacimento. Ci sono poche cose che infallibilmente mettono di buonumore la gente come il racconto di una grave disgrazia che ci ha appena colpiti, o la confessione di una qualche debolezza personale che chi ci ascolta ignorava. Ciò è davvero sintomatico!

La lontananza e l'assenza prolungata compromettono ogni amicizia, per quanto si sia riluttanti ad ammetterlo. Infatti le persone che non vediamo più, anche se si tratta dei nostri migliori amici, col passar del tempo si atrofizzano in concetti astratti, per cui il nostro attaccamento nei loro confronti diventa sempre più un fatto puramente mentale, di abitudine: mentre l'attaccamento vivo, profondamente sentito, resta riservato a chi abbiamo sotto gli occhi, si tratti anche degli animali che ci sono cari. Tanto dipendente dai sensi è la natura umana! Anche qui cade a proposito l'affermazione di Goethe:

La presenza è una dea possente

(*Tasso*, a. IV, sc. 4)

Gli *amici di casa* si chiamano così il più delle volte a ragione in quanto sono più amici della casa che del padrone, sono cioè più simili ai gatti che ai cani

Gli amici si proclamano sinceri; i nemici lo sono; si dovrebbe quindi far tesoro del loro biasimo, come di un'amara medicina, per conoscersi meglio. Dite che nel bisogno gli amici sono rari? Al contrario. Non appena si è fatta amicizia con qualcuno, quello si trova in difficoltà e chiede denaro in prestito.

34. Chi si illude che spirito e intelligenza siano un mezzo per rendersi bene accetti in società, dimostra di avere molta strada da percorrere... Quelle qualità al contrario suscitano nella stragrande maggioranza un astio e un risentimento tanto più aspri in quanto chi li prova non è tenuto a dichiararne i motivi, anzi li nasconde a se stesso. Le cose vanno precisamente così: se uno nota e sente una soverchiante superiorità intellettuale nella persona con cui parla, dentro di sé, senza esserne chiaramente conscio, conclude che l'interlocutore abbia notato e sentito in pari misura la propria inferiorità e limitatezza. Quella sensazione suscita in lui astio, risentimento e rabbia a un grado parossistico (cfr. ne *Il mondo come volontà e rappresentazione*, 3ª ed., vol. II, p. 256, le affermazioni citate dal dottor Johnson e quelle di Merck, l'amico di gioventù di Goethe). A ragione Gracián dice: *Para ser bien quisto, el unico medio vestirse la piel del mas simple de los brutos** (cfr. *Oráculo manual, y arte de prudencia*, 240). Infatti esibire spirito e intelligenza è solo un modo indiretto di rinfacciare a tutti gli altri la loro sprovvedutezza e ottusità. Inoltre la natura volgare si ribella quando si trova di fronte il suo contrario, e la segreta istigatrice alla ribellione è l'invidia. Come si può osservare quotidianamente, il piacere che la gente antepone a tutti gli altri è la soddisfazione della vanità, che tuttavia si ottiene solo dal confronto di se stessi con altri. Di nessun pregio l'uomo va tanto orgo-

* L'unico modo per essere benvoluti è rivestire la pelle dell'animale più ottuso.

glioso come di quelli intellettuali; solo su di loro infatti si basa la sua supremazia rispetto agli animali.* Quindi spiattellargli in faccia una decisa superiorità a questo riguardo, per di più davanti a testimoni, è un gesto oltremodo temerario. Egli si sente provocato alla vendetta, e nella maggioranza dei casi cercherà l'occasione di realizzarla mediante delle offese, passando così dall'ambito dell'intelligenza a quello della volontà nel quale – quanto a gerarchie di valore – tutti sono uguali. In conclusione, mentre in società ceto e censo possono sempre contare sul rispetto, i pregi intellettuali in nessun caso possono aspettarsi altrettanto: nel migliore dei casi sono ignorati, altrimenti vengono considerati una sorta di impertinenza, o come qualcosa di cui il detentore è venuto in possesso con mezzi illeciti, e di cui ora non ha ritegno a vantarsi; quindi ognuno in segreto si propone di fargli subire qualche umiliazione, aspettando solo l'occasione propizia. Saadi nel *Gulistan* dice (p. 146 della traduzione di Graf): "Si deve sapere che nell'individuo non intelligente si trova un'avversione per quello intelligente cento volte maggiore dell'antipatia dell'intelligente per il non intelligente".

Per contro l'*inferiorità* intellettuale equivale a una vera e propria raccomandazione. Infatti quello che è il calore per il corpo è per lo spirito il benefico senso di superiorità; perciò ognuno si avvicina istintivamente all'oggetto che glielo promette, come ci si accosta alla stufa o al calore del sole. Ora, sarà tale solo chi sta decisamente più in basso nella scala dei valori intellettuali se è un uomo, in quella della bellezza se è una donna. Certo, per dimostrare un'inferiorità non simulata rispetto a tanta gente, ce ne vuole... D'altra parte, si osservi con quale affabilità una

* Si può dire che l'uomo si sia dato da sé la *volontà*, in quanto la volontà è se stesso; mentre l'*intelletto* è una dote che egli ha ricevuto dal Cielo, – vale a dire dall'eterno, imperscrutabile fato e dalla sua necessità, di cui sua madre è stata un semplice strumento. [*N. d. A.*]

ragazza appena piacente accoglie un'altra decisamente brutta. I pregi fisici non vengono tenuti in grande considerazione negli uomini, per quanto uno si senta più a suo agio se sta accanto a uno più basso che non a uno più alto. Quindi, in generale, tra gli uomini i più ricercati e bene accetti sono gli stupidi e gli ignoranti, tra le donne quelle brutte: è gente che facilmente sarà accreditata di un gran cuore, perché ognuno, per giustificare ai propri occhi e a quelli altrui la sua propensione, ha bisogno di un pretesto. Proprio per questa ragione la superiorità intellettuale, in qualsiasi forma, è una qualità che porta al totale isolamento: una qualità che si odia, e da cui si rifugge, imputando come pretesto a chi la possiede ogni sorta di vizi.* Altrettanto accade con la bellezza per le donne: le ragazze molto belle non solo non trovano amiche, ma neppure la compagnia di altre. Ed è meglio che non tentino neppure di presentarsi per un posto di dama di compagnia; perché già al loro primo apparire, la faccia della nuova sperata padrona si oscura, dando a vedere di non aver alcun bisogno, per sé o per la propria figlia, di un simile termine di paragone. Ci si comporta invece in modo opposto con i privilegi del rango, perché questi non emergono – come avviene per i pregi personali – per effetto di contrasto e di distanza, bensì per riflesso, come i colori dell'ambiente si riverberano su un volto.

* Il mezzo di gran lunga più efficace per *farsi strada nel mondo* sono le amicizie e le consorterie. Peraltro le *grandi capacità* rendono *orgogliosi* e quindi poco adatti ad adulare chi ha capacità mediocri, nei confronti dei quali perciò quelle grandi capacità si dovrebbero dissimulare o rinnegare. Effetto contrario esercita la consapevolezza di qualità mediocri: essa si accorda perfettamente con l'umiltà, la socievolezza, la compiacenza e il rispetto per ciò che è scadente, e quindi si crea amici e protettori. Quanto detto vale non solo per le carriere nello Stato, ma anche per le posizioni di prestigio, per le alte cariche, e anche per la reputazione nel mondo della cultura; sicché ad esempio nelle accademie la mediocrità è sempre ai primi posti, mentre la gente di merito vi arriva tardi o non vi arriva affatto, e così è per tutte le cose. [*N. d. A.*]

35. A determinare la nostra fiducia negli altri contribuiscono assai spesso, in misura preponderante, la pigrizia, l'egoismo e la vanità: la pigrizia quando, per non impegnarci personalmente a esaminare, a vigilare, ad agire, preferiamo fidarci di qualcun altro; l'egoismo quando il bisogno di parlare dei fatti nostri ci induce a confidare qualche cosa a un altro; e la vanità quando argomento delle confidenze è qualcosa che ci pone in buona luce. Ciononostante ci aspettiamo che la nostra fiducia non venga tradita.

Per contro, non dovremmo prendercela a male per l'altrui diffidenza: questa infatti contiene un complimento per la lealtà, ossia il sincero attestato della sua estrema rarità, ragion per cui rientra nel novero delle cose della cui esistenza si dubita.

36. Nella mia *Etica* (p. 201; 2ª ed., p. 198) ho parlato di una delle ragioni della *cortesia*, questa virtù cardinale dei cinesi; una seconda ragione sta in quanto segue. La cortesia è un tacito accordo di ignorare reciprocamente, l'uno nell'altro, la miserabile qualità morale e intellettuale, e di non rinfacciarsela a vicenda; col risultato di metterla un po' meno facilmente in evidenza, con reciproco vantaggio.

Se cortesia è saggezza, scortesia è quindi stupidità: fare un gesto scortese creandosi senza necessità, per capriccio, dei nemici, è una stoltezza, come appiccare il fuoco alla propria casa. Poiché la cortesia è, come i gettoni, una moneta convenzionalmente falsa farne economia è una prova di scarsa intelligenza; invece spenderla con generosità è da persone assennate. In tutte le lingue nazionali si scrive, al termine di una lettera, *votre très humble serviteur; your most obedient servant; suo devotissimo servo*; solo i tedeschi fanno a meno del "servo", perché non sarebbe vero! Chi invece spingesse la cortesia fino al sacrificio di interessi reali, somiglierebbe a colui che dà autentiche monete d'oro al posto dei gettoni. Come la cera, dura e rigida per natura, con un po' di calore diventa così malleabile che può assumere qualsiasi forma, così anche gli uomini più scontrosi e ostili, con un po' di cortesia e di affabilità, possono diventare arrendevoli e compiacenti. La cortesia è per l'uomo quello che è il calore per la cera. Certo essere cortesi è un compito difficile, in quanto esige che noi testimoniamo a tutti la più grande considerazione, mentre la maggior parte degli esseri umani non ne merita affatto; e che inoltre simuliamo il più vivo interesse nei loro confronti, mentre dobbiamo essere contenti di non averne alcuno. Combinare cortesia e orgoglio è davvero una rara impresa.

Nelle offese, che consistono sempre, sostanzialmente, in manifestazioni di disistima, noi usciremmo fuori dei gangheri assai più raramente se da un lato non avessimo un'esagerata opinione del nostro valore e della nostra dignità, e dall'altro se avessimo idee chiare su quello che, di regola, ognuno dentro di sé pensa dell'altro, e su come lo valuta. Che stridente contrasto fra la suscettibilità della maggior parte della gente al più lieve accenno di biasimo sul proprio conto, e quello che potrebbe udire se di nascosto ascoltasse ciò che dicono di lui i suoi conoscenti! Dovremmo piuttosto tener presente che la comune cortesia è solo una maschera sogghignante: allora non strilleremmo tanto quando talvolta essa si sposta un poco, o per qualche attimo viene tolta. Se però uno arriva a diventare villano, è come se si fosse tolto gli abiti e si esibisse *in puris naturalibus*; allora, come la maggior parte degli uomini in tale situazione, non sarà un bello spettacolo.

37. Non si deve mai prendere un altro come modello per il proprio agire, perché la situazione, le circostanze, i rapporti non sono mai i medesimi, e perché la diversità dei caratteri dà una differente impronta anche all'azione, per cui *duo cum faciunt idem non est idem.** Ma dopo matura riflessione e scrupolosa ponderazione, si deve agire

* Se due persone fanno la stessa cosa, non sarà una cosa identica.

conformemente al proprio carattere. Anche nelle cose pratiche l'originalità è indispensabile, altrimenti quello che si fa non è in armonia con quello che si è.

38. Non si contesti l'opinione di nessuno, ma si rifletta che, se si volesse dissuaderlo da tutte le assurdità in cui crede, si potrebbe raggiungere l'età di Matusalemme senza aver concluso l'impresa. Inoltre ci si deve astenere, nella conversazione, da ogni rilievo che, sia pure con le migliori intenzioni, si proponga di correggere l'altro: offendere la gente è facile, migliorarla è difficile, se non impossibile.

Quando le assurdità di una conversazione a cui prendiamo parte cominciano a irritarci, dobbiamo pensare che sia una scena di commedia tra due pazzi. *Probatum est*. Chi è venuto al mondo per dare un serio insegnamento nelle questioni più importanti, può dirsi fortunato se salva la pelle.

39. Chi vuole che si presti fede al suo giudizio, parli freddamente, senza passionalità. Ogni emotività infatti scaturisce dalla volontà: quindi è a quest'ultima che sarà attribuito il giudizio, e non alla conoscenza, che per sua natura è fredda. Dato che l'elemento essenziale dell'uomo è la volontà, mentre la conoscenza è solo una prerogativa secondaria e aggiunta, così si crederà che il giudizio sia scaturito dalla volontà eccitata, anziché l'eccitazione della volontà dal giudizio.

40. Anche quando se ne abbiano sacrosanti diritti non ci si lasci indurre a lodare se stessi. Perché la vanità è un modo di essere così comune, il merito invece un'eventualità così rara che se noi, anche indirettamente, diamo l'impressione di lodarci, ognuno scommetterà cento contro uno che quello che parla in noi è una vanità priva della necessaria intelligenza per scorgere il ridicolo della cosa.

41. Quando si ha il sospetto che uno menta, si faccia finta di credergli: allora quello diverrà sfacciato, mentirà con più sfrontatezza, e verrà scoperto. Se invece si nota che uno sta per lasciarsi sfuggire, in parte, una verità che vorrebbe tenere nascosta, si simuli incredulità, di modo che quello, provocato dalla contraddizione, faccia avanzare la retroguardia della verità intera.

42. Dobbiamo considerare tutte le nostre faccende personali come dei segreti, e restare dei perfetti estranei per i nostri conoscenti, al di là di quello che costoro possono vedere coi propri occhi. Perché quanto essi sanno sulle cose più innocue, a lungo andare e in date circostanze può esserci di danno. In generale è consigliabile palesare la propria intelligenza con quello che si tace, anziché con quello che si dice: nel primo caso saremo ispirati dalla saggezza, nel secondo dalla vanità. Si hanno frequenti occasioni per entrambe: ma noi spesso preferiamo l'effimera soddisfazione della vanità al beneficio durevole della saggezza. Bisognerebbe persino privarsi del sollievo di scambiare di tanto in tanto qualche parola con se stessi ad alta voce, come capita di frequente ai temperamenti vivaci, perché non si trasformi in abitudine: in tal modo infatti il pensiero diventa un amico fraterno delle parole, a tal segno che a poco a poco il parlare con gli altri diventa un pensare ad alta voce; mentre la saggezza impone che tra il nostro pensiero e il nostro discorso intercorra costantemente un ampio divario.

A volte noi pensiamo che altri non possano assolutamente credere a qualcosa che ci riguarda, mentre a quelli neppure passa per la mente di dubitarne; se però facciamo in modo che in loro insorga il dubbio, allora essi effettivamente smettono di credervi. Noi però ci tradiamo spesso semplicemente perché riteniamo impossibile che quella cosa non sia notata; così come possiamo gettarci giù da un'altura presi dalle vertigini, vale a dire al pensiero che sia impossibile reggersi lassù, e che il tormento di star lì fermi sia così grande che è meglio porvi termine: quell'illusione si chiama vertigine.

D'altra parte si deve sapere che gli esseri umani, anche quelli che non rivelano particolare acume, sono bravissimi nel calcolo algebrico quando si tratta delle faccende altrui: questo è un campo in cui, da un'unica grandezza data, essi risolvono le questioni più intricate. Se, ad esempio, si racconta loro un fatto avvenuto omettendo tutti i nomi e ogni altra indicazione delle persone, bisognerà guardarsi anche dall'introdurre una qualche circostanza concreta e ben definita, sia pure di scarso peso, come ad esempio una località, un riferimento all'ora o il nome di una persona di contorno, oppure qualcosa connesso anche indirettamente con l'avvenimento: perché allora essi hanno subito una grandezza data dalla quale il loro acume algebrico dedurrà tutte le altre. L'entusiasmo della curiosità in questo campo è infatti così forte che col suo aiuto la volontà riesce a spronare l'intelletto in modo da spingerlo a raggiungere le mete più lontane. Infatti la gente è tanto insensibile e indifferente alle verità *universali* quanto è smaniosa di quelle individuali.

In conformità a tutto ciò, la riservatezza è stata reiteratamente raccomandata da tutti i maestri di saggezza, e con una grande varietà di argomenti; può quindi bastare quanto ne ho detto. Voglio solo aggiungere un paio di massime arabe particolarmente incisive e poco note: "Quello che il tuo nemico non deve sapere, non dirlo al tuo amico"; "Se io taccio il mio segreto, esso è mio prigioniero; se me lo lascio sfuggire, io sono prigioniero suo"; "Dall'albero del silenzio pende il suo frutto, la pace".

43. Non c'è denaro impiegato più vantaggiosamente di quello che ci hanno tolto imbrogliandoci; perché in cambio abbiamo ricevuto una lezione privata di saggezza.

44. Nei limiti del possibile non si deve covare rancore contro nessuno, tuttavia i *procédés* di ognuno vanno ben re-

gistrati e conservati nella memoria per accertare quanto quella persona valga, almeno nei nostri confronti, e in base a ciò regolare il nostro comportamento verso di lei – sempre convinti che il carattere di un uomo è immutabile: dimenticare un aspetto negativo dell'indole di una persona è come buttare via del denaro guadagnato con fatica. Così ci si può guardare da un'intimità imprudente, e da un'imprudente amicizia. "Non amare e non odiare" è una massima che contiene la metà di tutta la saggezza pratica; "Non dire nulla e non credere nulla" contiene l'altra metà. Ma certo a un mondo che rende necessarie norme come queste, o come quelle che seguiranno, si voltano volentieri le spalle.

45. Lasciar trapelare collera oppure odio da parole o da espressioni del viso è inutile, è pericoloso, è sciocco, ridicolo e volgare. Quindi non si deve mai manifestare collera né odio altrimenti che con i fatti. Questa seconda cosa riuscirà tanto meglio quanto più accuratamente si sarà evitata la prima. Solo gli animali a sangue freddo sono velenosi.

46. *Parler sans accent*. Questa antica regola degli uomini di mondo si propone di lasciare all'intelligenza degli altri la scoperta di ciò che si è detto: ma è un'intelligenza lenta, e prima che abbia concluso l'indagine l'interlocutore è lontano. *Parler avec accent* invece significa parlare alla sensibilità, e allora avviene tutto il contrario. A parecchia gente, con gesti cortesi e con tono affabile si possono dire vere e proprie ingiurie senza correre alcun pericolo immediato.

d. *Del nostro contegno nei confronti del corso del mondo e del destino*

47. Qualsiasi forma la vita umana assuma, gli elementi costitutivi sono sempre i medesimi, quindi essa è sostanzialmente la stessa dovunque, in una capanna o in una

corte, in un convento o in un esercito. Per quanto possano variare le sue vicende, le sue avventure, i suoi casi fortunati e sfortunati, sarà sempre, con la vita, come con i dolci della pasticceria: le forme sono molte e svariate, per i più originali stampi e colori, ma tutti sono fatti con un'unica pasta; e quello che tocca all'uno somiglia a quello che capita all'altro assai più di quanto quest'ultimo pensi nell'udirne il racconto. Gli accadimenti della nostra vita si possono paragonare anche alle immagini di un caleidoscopio nel quale, ogni volta che lo facciamo ruotare, vediamo sempre qualcosa di diverso, anche se in realtà abbiamo davanti agli occhi sempre lo stesso oggetto.

48. Un antico saggio dice, assai giustamente, che al mondo dominano tre poteri: σύνεσις, κράτος καὶ τύχη saggezza, forza e fortuna. Credo che quest'ultima sia la più potente. Infatti il corso della nostra vita è paragonabile alla rotta di una nave. Il destino, la τύχη, la *secunda aut adversa fortuna* fa la parte del vento, spingendoci rapidamente in avanti oppure respingendoci all'indietro; e contro questo possono ben poco i nostri sforzi, che rappresentano i remi: quando questi, con molte ore di fatica, ci hanno portato avanti un tratto, un improvviso colpo di vento ci riporta indietro di altrettanto. Se invece il vento è favorevole, ci aiuta a un punto tale che non abbiamo bisogno dei remi. Questo potere della fortuna è espresso in modo incomparabile da un proverbio spagnolo: *Da ventura a tu hijo, y echa lo en el mar* ("Procura fortuna a tuo figlio e buttalo in mare").

Certo, il caso è una potenza malvagia, alla quale bisogna affidarsi il meno possibile. Eppure chi è fra tutti i donatori l'unico che, mentre dà, ci dimostra anche chiaramente che noi non abbiamo alcun diritto ai suoi doni, e che per essi dobbiamo ringraziare non i nostri meriti, ma unicamente la sua bontà e la sua grazia, e che proprio da queste noi possiamo attingere la lieta speranza di poter ricevere anche in futuro, con umiltà, qualche altro immeritato dono? È il caso. Esso conosce l'arte regale di far comprendere come, di fronte al suo favore e alla sua grazia, ogni merito sia impotente e non valga nulla.

Quando l'uomo guarda indietro al percorso della propria vita ne contempla tutto "il cammino labirintico e tortuoso", e deve constatare quante gioie mancate, quante disgrazie s'è tirato addosso, è facile che rimproveri se stesso in misura eccessiva. Perché il corso della nostra vita non è affatto esclusiva opera nostra, bensì il prodotto di due fattori: che sono la serie degli avvenimenti e la serie delle nostre decisioni, che sempre interferiscono e si modificano a vicenda. Si aggiunga che in entrambi i casi il nostro orizzonte è sempre assai limitato, perché non possiamo pronosticare con molto anticipo le nostre decisioni, e tanto meno prevedere gli avvenimenti, ma conosciamo veramente bene, delle une e degli altri, solo quelli attuali. Quindi, finché la nostra meta è lontana, non possiamo neppure dirigerci verso di essa in linea retta, ma dobbiamo tenere una direzione approssimativa e ipotetica; quindi dobbiamo spesso bordeggiare. Infatti tutto quello che possiamo fare è prendere sempre le nostre decisioni sulla base delle circostanze presenti, nella speranza che la scelta giusta ci porti più vicini alla meta finale. Così gli avvenimenti e le nostre principali intenzioni sono per lo più paragonabili a due forze che procedono in due direzioni diverse, e la loro risultante è il corso della nostra vita. Quando Terenzio ha detto *In vita est hominum quasi cum ludas tesseris: si illud quod maxime opus est jactu non cadit, illud quod cecidit forte, id arte ut corrigas** deve aver avuto presente una sorta di tric-trac. Possiamo dire, più sinteticamente: il destino mischia le carte e noi giochiamo. La forma più appropriata per esprimere quanto vado considerando potrebbe essere questa similitudine: nella vita è come nel gioco degli scacchi: noi ci tracciamo un pia-

* Nella vita degli uomini è come nel gioco dei dadi: una volta gettati, se non viene quello che dovrebbe, si corregge con l'artificio il risultato del caso (*Adelphoe*, IV, 7, 739-40).

no d'azione, questo è però condizionato da ciò che durante la partita avrà voglia di fare l'avversario, nella vita il destino. Le modifiche che quindi il nostro piano deve subire sono per lo più di tale entità che nell'attuazione si possono riconoscere appena alcuni tratti essenziali di ciò che esso era in origine.

Del resto nel corso della nostra vita c'è qualcos'altro, che va al di là di quanto si è detto. È una verità banale, e fin troppo spesso riconfermata: ossia che noi spesso siamo più stolti di quanto pensiamo; per contro, che siamo più saggi di quanto noi stessi riteniamo è una scoperta che fanno soltanto coloro che personalmente hanno avuto modo di farla: e anche costoro la fanno in un secondo tempo. C'è in noi qualcosa di più savio della mente. Infatti nelle occasioni importanti, nei passi decisivi della nostra esistenza, noi non agiamo tanto per una chiara nozione di ciò che è giusto, quanto piuttosto per un impulso interiore, si potrebbe dire un istinto che scaturisce dalle profondità più recondite del nostro essere – per poi criticare le nostre azioni secondo concetti chiari, ma anche limitati, ricevuti, anzi presi in prestito da altri; secondo regole generali, esempi estranei e via dicendo, senza considerare abbastanza che "la stessa cosa non vale per tutti"; allora è facile che diventiamo ingiusti verso noi stessi. Ma alla fine si vede chi aveva ragione; e solo una vecchiaia felicemente raggiunta è in grado di dare in merito un giudizio al tempo stesso soggettivo e oggettivo.

Forse quell'impulso interiore è guidato, senza che ne siamo consapevoli, da sogni profetici dimenticati al momento del risveglio, che danno alla nostra vita l'uniformità di tono e l'unità drammatica che la coscienza cerebrale, così spesso oscillante e aleatoria, così facilmente stonata, non sarebbe in grado di darle; in virtù di tale uniformità e unità colui che è chiamato a qualche grande realizzazione in un determinato genere, lo avvertirà nelle segrete profondità del suo essere fin da giovane, e a tal fine lavorerà come le api alla costruzione del loro alveare.

Per ognuno si dà quello che Baltasar Gracián chiama *la gran sindéresis*: l'istintiva, strenua tutela di se stessi, senza la quale si va in rovina. Agire secondo princìpi astratti è difficile, riesce solo dopo assiduo esercizio e anche allora non sempre: i princìpi spesso non bastano. Per contro, ciascuno ha, innati, alcuni *princìpi concreti* che stanno nel sangue e nella linfa, e che sono la risultante di tutto il suo pensare, sentire e volere. L'uomo per lo più non li conosce *in abstracto*, ma se guarda indietro alla sua vita si accorge di averli sempre seguiti e di essere stato guidato da loro come da un filo invisibile. A seconda della loro natura essi lo condurranno alla felicità o all'infelicità.

49. Si dovrebbe avere sempre presente l'azione del tempo e la mutevolezza delle cose; quindi di fronte a tutto ciò che si sperimenta nel presente, evocare subito vivide immagini del contrario: dunque nella felicità l'infelicità, nell'amicizia l'inimicizia, nel bel tempo il tempo brutto, nell'amore l'odio, nella fiducia e nella sincerità il tradimento e il rimorso, e viceversa. Questo fornirebbe una fonte perenne di vera saggezza pratica in quanto noi, costantemente avvertiti, non avremmo fatto per lo più che anticipare l'azione del tempo.

Forse però a nessun campo cognitivo l'esperienza è così indispensabile come alla corretta valutazione della precarietà e della mutevolezza delle cose. Proprio perché ogni stato, per il tempo della sua durata, è necessario, e quindi ha pieno diritto di esistere, ogni anno, ogni mese, ogni giorno sembra essere quello definitivo, che dura per l'eternità. Ma niente dura, e solo il mutamento è la legge costante. Saggio è colui che non si lascia ingannare dalla stabilità apparente, e che inoltre prevede in quale direzione andrà il prossimo mutamento.* Che gli uomini invece ritengano durevole la

* In tutte le cose umane il *caso* ha un campo d'azione così vasto che se noi cerchiamo di prevenire con dei sacrifici un pericolo che ci minaccia di lontano, spesso quel pericolo scompare per un imprevedibile riassetto della si-

condizione provvisoria delle cose, o la direzione del loro corso, deriva dal fatto che essi hanno dinanzi agli occhi gli effetti, ma non ne comprendono le cause, mentre sono queste che portano in sé il germe dei futuri cambiamenti; al contrario gli effetti – che è l'unica cosa considerata dagli uomini – non contengono nulla del genere. Attenendosi agli effetti, gli uomini presuppongono che quelle cause a loro ignote che sono riuscite a provocarli, siano anche in grado di mantenerli. In questo hanno il vantaggio che, se sbagliano, l'errore è sempre comune a tutti per cui la calamità che ne consegue è sempre generale, mentre l'uomo assennato, quando ha sbagliato, resta per di più solo. Tra parentesi, abbiamo in ciò una conferma del mio assunto secondo cui l'errore nasce sempre dal dedurre la causa dalla conseguenza (cfr. *Il mondo come volontà e rappresentazione*, vol. I, p. 90; 3ª ed., p. 94).

Tuttavia si deve *anticipare il tempo* solo teoricamente, con la previsione del suo effetto, e non praticamente, ossia non prevenendolo col pretendere *prima* del tempo quello che soltanto il tempo può recare. Perché chi si comporta così imparerà che non c'è usuraio peggiore e più esoso del tempo il quale, quando è costretto a concedere prestiti, pretende interessi più gravosi di qualsiasi ebreo. Per esempio, con la calce viva e il calore si può stimolare un albero alla crescita a tal punto che in pochi giorni mette foglie, fiori e frutti; ma subito dopo l'albero muore. Se un giovane vuole condurre, anche per poche settimane, la vita sessuale di un uomo maturo, e a diciannove anni sobbarcarsi quello che potrebbe fare benissimo a trenta, il tempo gli concederà comunque l'anticipo, ma gli costerà

tuazione, e allora non solo i sacrifici sostenuti vanno perduti, ma anche il cambiamento da loro introdotto, cambiata la configurazione delle cose, è ormai addirittura uno svantaggio. Perciò noi, nel prendere le nostre precauzioni, non dobbiamo guardare troppo lontano nel futuro ma contare anche sul caso, e a volte affrontare impavidamente dei pericoli sperando che essi, come tante volte le nuvole tempestose, passino oltre. [*N.d.A.*]

come interesse una parte del vigore sessuale dei suoi anni futuri, anzi una parte della sua vita. Ci sono malattie da cui si guarisce veramente e definitivamente soltanto lasciando che compiano il loro decorso naturale, dopo di che scompaiono spontaneamente, senza lasciare traccia. Ma se si pretende di guarire subito, proprio adesso, il tempo anche in questo caso dovrà anticipare un prestito: la malattia è debellata, ma l'interesse sarà rappresentato da debolezza e da mali cronici che dureranno tutta la vita. Se in tempo di guerra o di disordini si ha un bisogno urgente, immediato, di denaro, si è costretti a vendere fondi e titoli di Stato a un terzo del loro valore e anche a meno, mentre se si lasciasse tempo al tempo, cioè se si aspettasse qualche anno, si realizzerebbe il loro intero valore; invece si costringe il tempo a versare l'anticipo. Oppure si ha bisogno di una somma per un lungo viaggio: entro un anno o due si potrebbe metterla da parte. Ma non si vuole aspettare: viene quindi presa a prestito, o prelevata, provvisoriamente, dal capitale: ossia il tempo deve anticiparla, e l'interesse è costituito dal disordine che subentra nella cassa, sotto forma di un deficit che continua a crescere e di cui non ci si libererà più. Tale è dunque l'usura del tempo: diventano sue vittime tutti coloro che non riescono ad aspettare. Voler affrettare il normale corso del tempo è l'impresa più costosa. Ci si guardi dunque dal dover versare al tempo degli interessi.

50. Una tipica differenza che assai spesso emerge nella vita quotidiana tra persone comuni e persone intelligenti è che le prime, nel riflettere e calcolare possibili pericoli, si limitano a informarsi e a considerare i casi del genere che già *sono accaduti*; le seconde invece ponderano ciò che eventualmente *potrebbe accadere*; per cui pensano che, come dice un proverbio spagnolo, *Lo que no acaece en un año acaece en un rato* ("Quello che non accade in un anno, accade in un baleno"). È una differenza che dipende, ovviamente, dalle rispettive doti naturali: infatti prospet-

tarsi quello che può accadere richiede intelligenza e senno, invece per considerare quello che è accaduto bastano i sensi.

La nostra massima sia dunque: "offri sacrifici ai dèmoni maligni!". In altri termini, non si rifugga da un certo dispendio di fatica, di tempo, di incomodi, di indugi, di denaro e di privazioni, pur di chiudere la porta alla possibilità di una disgrazia: quanto più grande si prospetta questa, tanto più piccola, remota e improbabile può divenirne la possibilità. L'esemplificazione più chiara di questa regola è il premio di assicurazione: un sacrificio pubblico è offerto da tutti sull'altare dei dèmoni maligni.

51. Nessun avvenimento dovrebbe indurci a manifestare grande esultanza o grande dolore, sia per la mutevolezza di tutte le cose che potrebbero da un momento all'altro modificarlo, sia per la fallacia del nostro giudizio riguardo a quanto può esserci di vantaggio o di danno: pressoché a ognuno è capitato di lamentarsi per qualcosa che in seguito si è rivelato quanto di meglio era possibile per lui, e di aver esultato per una cosa che poi è divenuta per lui fonte di gravissime sofferenze. Qui si consiglia invece l'atteggiamento così bene descritto da Shakespeare:

I have felt so many quirks of joy and grief
that the first face of neither, on the start,
*can woman me unto it.**

(*All's well* a. III, sc. 2)

In generale chi conserva la calma di fronte a ogni possibile disgrazia mostra di conoscere quanto enormi e innumerevoli siano i mali che minacciano l'esistenza: per cui egli considera quello subìto una piccolissima parte di quanto potrebbe accadere: è l'atteggiamento degli stoici,

* Ho già provato tanti assalti di gioia e di dolore che al loro primo manifestarsi non mi abbandonerò subito, come una donnetta, a nessuno dei due.

secondo cui non si deve mai essere *conditionis humanae oblitus*,* ma occorre essere sempre memore che l'esistenza umana, in linea di massima, è una ben triste e miseranda sorte, e che i mali a cui è esposta sono infiniti. Per confermare questa convinzione basta guardarsi un po' intorno: dovunque ci si trovi, si avrà subito davanti agli occhi questa lotta, questo affannarsi e tormentarsi per una vita misera, desolata, sterile. Allora si limiteranno le pretese, si imparerà ad adattarsi all'imperfezione di tutte le cose e di tutte le condizioni, e ad affrontare le avversità, per evitarle o per sopportarle. Perché le avversità, grandi o piccole che siano, rappresentano l'elemento essenziale della nostra vita: bisogna tener sempre presente questo; ma non, imitando Beresdorf, per lamentarsi o fare smorfie, come un δύσκολος, di fronte alle sempiterne *miseries of human life*, né tanto meno *in pulicis morsu Deum invocare*;** bensì, come un εὐλαβής[37] per spingere e perfezionare a tal segno la cautela nel prevedere e nel prevenire le avversità – provengano queste dagli uomini o dalle cose – da evitare, con la destrezza di una volpe astuta, ogni disgrazia grande o piccola (che per lo più è incapacità mascherata).

Che una disgrazia ci sembri meno gravosa da sopportare quando l'abbiamo considerata possibile e, come si suol dire, ci eravamo preparati, può dipendere soprattutto dal fatto che se noi riflettiamo con calma a quel caso prima che si verifichi, come una semplice possibilità, cogliamo chiaramente e da ogni lato tutta l'estensione dell'evento sfortunato e così almeno lo identifichiamo come qualcosa di finito e delimitato; per conseguenza, quando la disgrazia ci colpisce veramente, non potrà farlo con un peso maggiore di quello che in realtà possiede. Se invece non ci saremo comportati così, ma subiremo il colpo impreparati, la nostra co-

* Dimentico della condizione umana.
** Invocare Dio per il morso di una pulce.

scienza atterrita non potrà valutare immediatamente l'esatta entità della disgrazia: essa è ormai incommensurabile, è facile che appaia sconfinata, o almeno più grande di quanto non sia in realtà. Allo stesso modo il buio e l'incertezza fanno apparire più grandi i pericoli. Si aggiunga inoltre che per una disgrazia considerata in anticipo, noi abbiamo pensato anche agli eventuali motivi di consolazione e ai possibili rimedi, o almeno ci siamo abituati all'idea.

Tuttavia nulla ci addestrerà meglio a sopportare con tranquillità le disgrazie che ci colpiscono quanto il convincersi di una verità che nel mio scritto sulla *Libertà del volere* è stata dedotta dai princìpi fondamentali e assodata. Alla pagina 62 (2a ed., p. 60) essa suona: "Tutto ciò che accade, dalla cosa più grande alla più piccola, accade necessariamente". Infatti alla necessità inevitabile l'uomo sa subito trovare il modo di adattarsi, e quell'esperienza gli fa apparire ogni conseguenza, persino quella provocata dai casi più imprevedibili, necessaria non meno di ciò che accade secondo le regole più sperimentate e che è stato ampiamente previsto. Rinvio qui il lettore a quanto ho detto (*Il mondo come volontà e rappresentazione*, vol. I, pp.345-6; 3a ed., p. 361) sull'effetto calmante provocato dal sapere che una cosa è inevitabile e necessaria. Chi è intimamente persuaso di questa verità, dapprima farà quello che può, ma in seguito sopporterà di buon grado quello che deve. Le piccole contrarietà che ci tormentano a ogni ora si possono considerare destinate a tenerci in esercizio perché, nella condizione felice, non si affievolisca del tutto la forza per sopportare le contrarietà maggiori. Di fronte alle molestie quotidiane, alle meschine frizioni nei rapporti umani, agli urti insignificanti, alle sconvenienze altrui, alla maldicenza, e via dicendo, bisogna essere una sorta di Sigfrido dalla pelle cornea vale a dire neppure accorgersene, tanto meno farne un oggetto di accorate rimuginazioni; ma occorre fare in modo che nessuna di queste cose ci tocchi, respingerle lontano come piccoli sassi incontrati nel nostro cammino; comunque non tenersele dentro per meditarci sopra.

52. Quello che gli uomini chiamano comunemente destino è costituito per lo più dalle loro stupide alzate d'ingegno. Non si potrà quindi mai tener conto abbastanza del bel passo di Omero (*Iliade* XXIII, v. 313 sgg.) dove il poeta raccomanda la μῆτις, la saggia riflessione. Perché anche se i tiri maligni si pagano nell'aldilà, le stupidaggini si scontano su questa terra, pure se, di tanto in tanto, anziché castigati si è graziati.

Non chi ha l'aspetto furibondo, ma chi ha l'aria intelligente appare temibile e pericoloso; così è sicuro che il cervello è un'arma assai più temibile che gli artigli del leone. Il perfetto uomo di mondo è colui che non si blocca mai nell'indecisione, e non è mai precipitoso nel prendere una decisione.

53. Accanto alla prudenza però, una qualità indispensabile per la nostra felicità è il coraggio. Certo né l'una né l'altro uno può darseli, ma eredita la prima dalla madre, il secondo dal padre; tuttavia il proposito di migliorare e l'esercizio possono incrementare l'effettiva dotazione. In questo mondo dove "i dadi cadono con ferrea inesorabilità" (Schiller, *Die Schlacht*) bisogna avere un animo ferreo, corazzato contro il destino, e armato contro gli uomini. Perché l'intera vita è una battaglia, ogni passo ci viene contrastato, e Voltaire ha ragione quando dice: *On ne réussit dans ce monde qu'à la pointe de l'épée, et on meurt les armes à la main*. È quindi un'anima vile quella che non appena le nuvole s'addensano o magari solo si profilano all'orizzonte, si rannicchia, si dispera e si lamenta. Il nostro motto dev'essere invece:

*Tu ne cede malis, sed contra audentior ito.**

Fin tanto che l'esito di una faccenda pericolosa è anche solo incerto, finché esiste anche solo la possibilità che si

* Non cedere ai mali, ma affrontali con audacia (Virgilio, *Eneide*, VI, 95).

risolva in esito favorevole, non bisogna scoraggiarsi ma pensare solo a resistere; così come non si deve disperare del tempo se in cielo si vede anche solo uno squarcio d'azzurro. Anzi si deve poter arrivare a dire:

Si fractus illabatur orbis,
*impavidum ferient ruinae.**

La stessa vita, per non dire dei suoi beni, non vale un simile tremito codardo, e quelle strette al cuore:

Quocirca vivite fortes,
*fortiaque adversis opponite pectora rebus.***

E tuttavia anche qui è possibile l'eccesso, perché il coraggio può degenerare in temerarietà. Per non soccombere in questo mondo anzi un certo grado di timore è necessario; la viltà sta nell'oltrepassare quel grado. Questo è stato espresso assai bene da Bacone di Verulamio nella sua spiegazione etimologica della locuzione *timor panicus*, che rappresenta un grande passo avanti rispetto all'interpretazione più antica conservataci da Plutarco (*De Iside et Osiride*, cap. 14). Egli deduce il termine *panicus* da Pan, una personificazione della natura, e dice: *Natura enim rerum omnibus viventibus indidit metum ac formidinem, vitae atque essentiae suae conservatricem, ac mala ingruentia vitantem et depellentem. Verumtamen eadem natura modum tenere nescia est: sed timoribus salutaribus semper vanos et inanes admiscet; adeo ut omnia (si intus conspici darentur) Panicis terroribus plenissima sint, praesertim humana**** (*De sapientia veterum*, VI).

* Se il mondo crollasse su di lui, le macerie travolgerebbero un impavido (Orazio, *Odi*, III, 3, 7-8).

** Perciò vivete da forti, e opponete alle avversità i vostri forti petti (Orazio, *Satire*, II, 2, 135-136).

*** Infatti la natura ha inculcato in tutti gli esseri viventi timore e paura, allo scopo di conservare la loro essenza vitale, e per evitare e respingere i mali a essa inerenti. Tuttavia la stessa natura non sa tenere la giusta misura,

Del resto il tratto caratteristico del timor panico è che esso non è chiaramente cosciente delle cause che lo originano, ma tali cause sono più presupposte che conosciute; anzi, in mancanza di meglio, fa della paura stessa la causa della paura.

e mescola sempre timori salutari ad altri vani e infruttuosi; per cui tutte le cose, specialmente le cose umane (se fosse possibile guardarle dentro) si rivelerebbero traboccanti di timori panici.

VI

Della differenza tra le età della vita

Voltaire coglie splendidamente nel segno quando dice:

Qui n'a pas l'esprit de son âge
de son âge a tout le malheur.

Sarà quindi opportuno, al termine di queste considerazioni eudemonologiche, gettare uno sguardo alle modificazioni operate in noi dall'età.

Per l'intera nostra vita noi possediamo sempre solo il *presente* e nient'altro. Ciò che differenzia un presente dall'altro è solo il fatto che noi all'inizio ci vediamo davanti un lungo avvenire, e verso la fine ci vediamo dietro un lungo passato; e che inoltre il nostro temperamento – anche se non il nostro carattere – subisce alcuni ben noti mutamenti che di volta in volta proiettano sul presente una diversa colorazione.

Nella mia opera principale (vol. II, cap. 31, p. 394 sgg.; 3ª ed., p. 449 sgg.) ho spiegato il come e il perché nell'infanzia in noi prevalga l'attività *conoscitiva* anziché quella *volitiva*. Proprio su questo si basa quella felicità del primo quarto della nostra vita che ne farà in seguito, nella nostra memoria, un paradiso perduto. Nella fanciullezza noi abbiamo pochi rapporti e bisogni limitati, dunque la volontà ha pochi stimoli; la parte preponderante del nostro essere si esprime nella conoscenza. Insieme col cervello, che già nel settimo anno di vita raggiunge le sue dimensioni definitive, si è sviluppato l'intelletto, che non è ancora maturo, e cerca incessantemente alimento nell'universo di una realtà ancora nuova dove tutto, tutto è verniciato con l'attrattiva della novità. È per questo che gli anni della nostra fanciullezza sono una ininterrotta poesia. L'essenza della poesia infatti, come di ogni arte, sta nel cogliere in ogni singolo fenomeno l'idea platonica, vale a dire ciò che è essenziale, e quindi comune all'intera specie, per cui ogni cosa figura come rappresentante del suo genere, e un solo caso vale per mille. Benché sembri che nelle scene della nostra fanciullezza noi, di volta in volta, siamo impegnati sempre e solo con l'oggetto o l'avvenimento individuali, nella misura in cui esso costituisce un interesse momentaneo del nostro volere, le cose, in fondo, stanno diversamente. Infatti la vita, nella pienezza dei suoi significati, ci sta di fronte nuova, fresca, e le impressioni che ne abbiamo sono così indenni dall'ottundimento provocato dalla ripetitività che noi – presi nelle nostre fanciullesche occupazioni – in segreto e senza una chiara intenzione, siamo continuamente tesi a cogliere nelle singole scene e nei singoli avvenimenti l'essenza della stessa vita, gli archetipi delle sue forme e delle sue rappresentazioni: vediamo, come dice Spinoza, cose e persone *sub specie aeternitatis*. Quanto più siamo giovani, tanto più ogni individuo rappresenta l'intera sua specie. Tale prospettiva s'indebolisce di anno in anno, e da ciò dipende la differenza dell'impressione che le cose esercitano su di noi rispettivamente nella giovinezza e nella vecchiaia. Per questo le esperienze e le conoscenze della fanciullezza e della prima giovinezza diventano poi i tipi e gli schemi stabili di ogni conoscenza ed esperienza posteriore, le loro categorie per così dire, nelle quali inquadriamo – anche se non sempre consapevolmente – tutto quello che si presenta in seguito. Così già negli anni infantili si formano le salde fondamenta della nostra visione del mondo, e con ciò anche la sua superficialità o la sua profondità; in seguito essa sarà sviluppata e perfezionata, ma non sostanzialmente mutata.

È quindi in virtù di tale visione puramente obiettiva e perciò poetica tipica dell'età infantile, dovuta al fatto che la volontà non è ancora attiva con tutto il suo potenziale energetico, che il nostro atteggiamento nella fanciullezza è di carattere più conoscitivo che volitivo. Di qui il profondo, assorto sguardo di tanti bambini, così felicemente riprodotto da Raffaello nei suoi angeli, specialmente in quelli della Madonna Sistina. Proprio per questa ragione gli anni della fanciullezza sono così beati che il loro ricordo è sempre accompagnato dalla nostalgia.

Ora, mentre noi ci dedichiamo, con tanta serietà, alla prima comprensione *intuitiva* delle cose, l'educazione d'altro canto si sforza di fornirci dei *concetti*. Senonché i concetti non ci danno ciò che è veramente essenziale; questo, ossia il capitale, la sostanza vera di tutte le nostre conoscenze, è rappresentato invece dalla comprensione intuitiva della realtà. Questa peraltro può essere acquisita solo da noi stessi, in nessun caso può esserci *procurata*. Ne consegue che il nostro valore, morale come intellettuale, non ci perviene dall'esterno, ma scaturisce dal profondo del nostro essere, e nessun'arte pedagogica pestalozziana riuscirà a fare di uno nato zuccone un uomo intelligente: macché! Zuccone è nato e zuccone morrà.

Con quella conoscenza intuitiva del mondo esterno che viene accolta nel profondo del nostro essere nei primi anni di vita si spiega inoltre perché gli ambienti e le esperienze della nostra fanciullezza si imprimono così fortemente nella memoria. Noi ci siamo abbandonati a essi interamente, niente ci ha distratti da loro, e noi abbiamo guardato le cose che ci stavano di fronte come se fossero le uniche del loro genere, anzi le uniche esistenti. In seguito la grande quantità di conoscenze ci toglie iniziativa e pazienza.

Se ora ci si vorrà richiamare a quanto ho esposto alle pagine 372 sgg. (3ª ed., p. 423 sgg.) nel summenzionato volume della mia opera principale – vale a dire che l'esistenza *oggettiva* di tutte le cose, ossia il loro esistere come pura *rappresentazione* è qualcosa di estremamente allietante, mentre la loro esistenza *soggettiva*, consistente nella *volontà*, è pervasa di dolore e afflizione, si potrà ammettere, come sintetica riepilogazione della questione, la sentenza: tutte le cose sono stupende a *vedersi*, ma orribili a *esserle*. Come detto in precedenza, le cose, nella fanciullezza, ci si mostrano più dal lato del *vedere*, dunque della rappresentazione, dell'oggettività, anziché dal lato dell'*essere*, che è quello della volontà. Ora, poiché è il primo il lato allietante, e quello soggettivo e orribile ci rimane sconosciuto, il giovane intelletto prende tutte quelle figure che la realtà e l'arte gli presentano, per altrettanti esseri felici: esso pensa che se sono così belli da vedere, siano ancora più belli da *essere*. Il mondo quindi gli si presenta come un Eden: è l'Arcadia in cui ognuno di noi è nato. Dopo qualche tempo sorge la sete della vita reale, l'impulso ad agire e a soffrire che ci spinge nel tumulto del mondo. Qui allora impariamo a conoscere l'altro lato delle cose, quello dell'essere, ossia del volere, che a ogni passo incontra ostacoli. Allora a poco a poco subentra la grande delusione, al cui profilarsi si dice *L'âge des illusions est passé*: eppure la delusione continua a ingrandirsi, diventa sempre più totale. Pertanto si può dire che nella fanciullezza la vita ci si presenta come uno scenario teatrale visto da lontano; nella vecchiaia come il medesimo scenario visto da molto vicino.

Alla felicità della fanciullezza contribuisce infine anche questo: come all'inizio della primavera tutto il fogliame ha il medesimo colore e quasi la medesima forma, così anche noi, nella prima infanzia, siamo tutti simili l'uno all'altro, e perciò armonizziamo meravigliosamente. Ma con la pubertà comincia la divergenza, che diviene – come per i raggi di un cerchio – sempre maggiore. Ciò che porta turbamento nel prosieguo della prima metà della vita, che pur presenta tanti vantaggi rispetto alla seconda, ciò che anzi rende infelici, è l'andare a caccia della felicità, nel fermo presupposto che, nella vita, la si debba comunque raggiungere. Di qui nasce la delusione continua della speranza, e il nostro malcontento. Immagini illusorie di una vagheggiata, indistinta felicità si librano davanti a noi in forme capricciosamente arbitrarie, e invano noi ne cerchiamo il correlativo originario. Per questo nella nostra adolescenza noi siamo per lo più scontenti della nostra situazione e del nostro ambiente – quali che siano: a essi infatti noi attribuiamo quello che dipende in assoluto dal vuoto e dalla miseria della vita umana, con cui ora facciamo conoscenza per la prima volta, mentre ci saremmo aspettati cose ben diverse. Sarebbe un risultato importante se, con un tempestivo insegnamento, si potesse estirpare dagli adolescenti l'illusione che a questo mondo ci sia da prendere molto. Accade invece il contrario, perché per lo più la vita viene conosciuta prima attraverso la letteratura e poi attraverso la realtà. Nell'aurora della nostra giovinezza s'impongono a noi le scene evocate dalla poesia, e ci tormenta il desiderio di vederle realizzate – di afferrare l'arcobaleno. Il ragazzo si aspetta che la sua vita si sviluppi come un interessante romanzo. Così si origina l'illusione che ho già descritta alla pagina 374 (3ª ed., p. 428) del citato secondo volume. Perché ciò che conferisce attrattiva a quelle immagini poetiche è proprio il fatto che esse sono pure immagini e non cose reali, e che quindi noi, quando le contempliamo, ci troviamo nella condizione calma e appagata del puro conoscere. Vederle realizzate significa vederle riempite di volontà, e questa porta inevitabili sofferenze. Rimando ancora il lettore interessato al passo della pagina 427 (3ª ed., p. 488) del volume citato.

Se dunque il connotato distintivo della prima metà della vita è l'insoddisfatto anelito alla felicità, quello della seconda metà è la preoccupazione dell'infelicità. Perché con l'età è giunta – più o meno chiara – la consapevolezza che la felicità è una chimera, mentre il dolore è reale. Adesso quindi, almeno nei caratteri più ragionevoli, si aspira, più che al piacere, alla pura assenza di dolore e a uno stato privo di tensioni.* Da giovane, quando sentivo suonare alla porta, mi rallegravo perché pensavo: "arriva qualcosa!" Ma dopo molti anni la mia reazione, nella medesima circostanza, era piuttosto un assalto di timor panico; io pensavo: "ecco! ci siamo". Analogamente, gli uomini dotati di qualità eminenti i quali, proprio in quanto tali, non appartengono propriamente al mondo e quindi più o meno, a seconda del livello delle loro qualità, stanno soli, provano nei confronti del mondo degli uomini sensazioni opposte: nella giovinezza si ha spesso la sensazione di essere *abbandonati*, nell'età matura quella di essere *scampati*. La prima, che è spiacevole, dipende dal non aver fatto ancora conoscenza col mondo; la seconda, che è piacevole, dall'aver fatto quella conoscenza. Pertanto la seconda metà della vita, come la seconda parte di un periodo musicale, contiene meno tensione e più tranquillità della prima, e ciò è dovuto al fatto che nella giovinezza si pensa che al mondo ci sia da cogliere chissà quali gioie e godimenti, e che la difficoltà stia solo nel raggiungerli, mentre nell'età avanzata si sa che dal mondo non c'è da aspettarsi niente di buono e quindi, messo l'animo in pace, si gode un presente tollerabile, provando persino piacere in piccole cose.

Ciò che l'uomo maturo, con l'esperienza della sua vita, ha ottenuto e grazie al quale vede la realtà in modo diverso dal giovane e dal ragazzo, è in primo luogo la *lucidità*. Solo adesso egli vede le cose in modo assolutamente semplice, e le prende per quello che sono, mentre per il ragazzo e per il giovane la realtà vera era nascosta o deformata da un'immagine illusoria composta di stravaganze da lui stesso inventate, di pregiudizi ereditati e di bizzarre fantasticherie. Infatti l'operazione preliminare dell'esperienza è di liberarci dai miraggi o dai falsi concetti radicatisi in

* Nell'età matura si è più capaci di prevenire le disgrazie, nella giovinezza di sopportarle. [*N.d.A.*]

età giovanile. Preservare la gioventù da tutto ciò sarebbe in ogni caso la migliore forma di educazione, anche se negativa; ma è assai difficile. Bisognerebbe a tale scopo, fin dal principio, limitare il più possibile l'orizzonte del fanciullo, ma entro quei limiti fornirlo di concetti chiari e corretti, e solo dopo che egli li avesse bene appresi tutti allargare gradualmente l'orizzonte, avendo sempre cura che non rimanga niente di oscuro, niente di compreso solo a metà, o in maniera distorta. In seguito a ciò i suoi concetti sulle cose e sulle relazioni umane, per quanto ancora limitati e molto semplici, sarebbero chiari e giusti, in modo da aver bisogno solo di essere ampliati, non di essere corretti; si dovrebbe continuare così fino all'adolescenza. Un tale metodo richiede in particolare che al ragazzo non si permetta di leggere romanzi, ma che si sostituisca questo genere con appropriate biografie, ad esempio quella di Franklin, l'*Anton Reiser* di Moritz, e opere del genere.

Noi crediamo, da giovani, che le occasioni e le persone importanti e influenti per il prosieguo della nostra vita si presentino con squilli di tromba e rulli di timpani; nella vecchiaia tuttavia la considerazione retrospettiva mostra che esse si sono insinuate nella nostra vita in punta di piedi, passando dalla porta di servizio e pressoché inosservate.

A questo riguardo si potrebbe anche paragonare la vita a una stoffa ricamata di cui ognuno può vedere nella prima metà della sua vita il dritto, nella seconda il rovescio: il rovescio non è bello come il dritto, ma è più istruttivo, perché permette di riconoscere l'intreccio dei fili che costituiscono il tessuto.

La superiorità intellettuale, anche la più elevata, assumerà un peso decisivo nella conversazione solo dopo i quarant'anni. Essa può valere per molti versi più della maturità che è frutto degli anni e dell'esperienza, ma non può sostituirla; quella maturità infatti conferisce anche all'uomo comune un certo contrappeso nei confronti di chi è intellettualmente superdotato, finché costui è giovane. Mi riferisco qui solo al carattere della persona, non alle opere.

Ogni uomo superiore, chiunque non sia compreso in quei cinque sesti dell'umanità così miseramente dotati dalla natura, difficilmente dopo i quarant'anni resterà indenne da una certa vena di misantropia. Poiché egli, com'è naturale, aveva giudicato gli altri commisurandoli a se stesso, e ha subìto una graduale delusione, si è reso conto che tutti costoro, per cervello o per cuore – nella maggioranza dei casi per entrambi – gli restano dietro di un buon tratto, e non sono alla pari con lui; ragion per cui egli sarà incline a evitare d'aver rapporti con loro; come in genere ognuno, a seconda del proprio grado di valore, amerà oppure odierà la solitudine, vale a dire la compagnia di se stesso. Questo genere di misantropia è trattato anche da Kant nella *Critica del giudizio*, verso la fine dell'osservazione generale al paragrafo 29 della prima parte.

Da un punto di vista intellettuale, e anche morale, è un brutto segno in un giovane se si trova subito a proprio agio nel traffico delle relazioni umane, e se vi si sente a casa sua, come se avesse fatto un tirocinio preventivo: questo è sintomo di volgarità. Invece, in quest'ambito, un comportamento perplesso, interdetto, maldestro e bizzarro, è segno di indole nobile.

La serenità e la forza d'animo proprie della giovinezza dipendono in parte dal fatto che noi, procedendo in salita, non vediamo la morte, che sta ai piedi del versante opposto della montagna. Ma una volta oltrepassata la vetta, scorgiamo veramente la morte, sino allora conosciuta solo per sentito dire; e poiché la fiducia nella vita si affievolisce perché contemporaneamente comincia a scemare anche la forza vitale, adesso una mesta serietà discaccia la baldanza giovanile e si imprime anche sul nostro volto.

Finché siamo giovani, possono dirci quello che vogliono, noi consideriamo la vita senza fine e così ci regoliamo pure col tempo. Più andiamo avanti con gli anni e più, del nostro tempo, facciamo economia. Perché nella vecchiaia ogni giornata spesa male suscita una sensazione analoga a quella che prova a ogni passo il criminale condotto al patibolo.

Dal punto di vista della giovinezza, la vita è un avvenire infinitamente lungo; dal punto di vista della vecchiaia è un passato brevissimo. Da principio ci si presenta come le cose viste mettendo gli occhi all'obiettivo di un binocolo, alla fine invece come quelle viste mettendo gli occhi al suo oculare. Occorre arrivare alla vecchiaia, aver vissuto a lungo, per rendersi conto di quanto la vita sia breve. Quanto più s'invecchia, tanto più piccole appaiono le cose umane, nell'insieme e nei particolari: la vita, che in gioventù ci stava davanti salda e stabile, ora si mostra come una rapida fuga di parvenze effimere; ci si rivela così la nullità del tutto.

Il tempo stesso, nella giovinezza, ha un passo molto più lento: perciò il primo quarto della nostra vita non solo è il più felice, ma anche il più lungo, quello che lascia il maggior numero di ricordi, tanto che ognuno, all'occasione, saprebbe raccontare più cose di quel solo periodo che non di due dei periodi successivi. Come nella primavera dell'anno, così anche in quella della vita le giornate cominciano ad avere una lunghezza persino gravosa. Invece nell'autunno, dell'anno come della vita, le giornate sono più brevi, ma il tempo è più stabilmente sereno.

Perché dunque nella vecchiaia la vita che si ha alle spalle appare così breve? Perché la si ritiene altrettanto breve quanto ne è il ricordo. Da questo infatti viene escluso tutto quello che è insignificante, e buona parte di quanto è sgradevole, quindi resta ben poco. Infatti, come il nostro intelletto in genere è assai lacunoso, così è anche la memoria: quello che si è imparato va esercitato, il passato va rimeditato se non si vuole che a poco a poco l'uno e l'altro sprofondino nell'abisso dell'oblio. Ma noi di solito non rimeditiamo ciò che è insignificante, e per lo più neppure ciò che è sgradevole, come sarebbe necessario per conservarli nella memoria. Il repertorio delle cose insignificanti si arricchisce sempre più: perché ripresentandosi spesso, e infine innumerevoli volte, molto di quello che all'inizio sembrava significativo, a poco a poco diventa insignificante; quindi noi ricordiamo meglio gli anni della giovinezza rispetto a quelli successivi. Più a lungo viviamo, minore è il numero degli avvenimenti che ci appaiono importanti, o abbastanza significativi da essere in seguito rimeditati, l'unico modo mediante il quale possono fissarsi nella memoria; essi vengono quindi vissuti e subito dopo dimenticati. Così il tempo scorre lasciando sempre minori tracce.

Inoltre, noi non ripensiamo volentieri alle cose sgradevoli, meno che mai se feriscono la nostra vanità, come è nella maggioranza dei casi: perché tra i dolori che ci colpiscono, sono pochi quelli di cui siamo totalmente senza colpa. Per cui anche molte cose sgradevoli saranno dimenticate. Sono queste due perdite a rendere la nostra memoria così corta, e in proporzione, tanto più corta quanto più vasto è il contenuto da ricordare. Come gli oggetti su una spiaggia da cui una nave s'allontana diventano sempre più piccoli, irriconoscibili e indistinti, così sono gli anni del nostro passato, con le loro esperienze e i loro fatti. Si aggiunga che a volte la memoria e la fantasia ci ripropongono una scena del nostro lontano passato così vividamente come se l'avessimo vissuta il giorno prima. Quella scena ci è così riportata immediatamente vicina. Ciò dipende dal fatto che è impossibile riproporci anche il lungo intervallo di tempo intercorso tra quel lontano momento e l'attuale presente, perché quel tempo non può essere compendiato in un'immagine, e inoltre le vicende per lo più sono dimenticate, sicché di esso resta solo una conoscenza *in abstracto*, un mero concetto, e nessuna concreta intuizione. È per questo che il lontano passato, in certi casi, ci sembra così vicino come fosse accaduto ieri, il tempo frapposto invece svanisce e l'intera vita appare incredibilmente breve. Nella vecchiaia a volte, il lungo passato che abbiamo alle spalle, e con esso la nostra stessa età, possono per un attimo apparirci irreali; ciò dipende principalmente dal fatto che noi vediamo immediatamente davanti a noi sempre il medesimo, immobile presente. Simili processi interiori dipendono in ultima analisi dal fatto che non il nostro essere in sé, bensì solo la sua parvenza fenomenica, è situata nel tempo, e che il presente costituisce il punto di contatto tra l'oggetto e il soggetto.

Perché d'altro canto la vita che si ha davanti appare in gioventù così illimitatamente lunga? Perché si ha bisogno di spazio per popolarla con sconfinate speranze, alla realizzazione delle quali non basterebbero gli anni di Matusalemme. E poi perché, per misurarne la durata, si prendono come parametro i pochi anni che uno ha già alle spalle e il cui ricordo è sempre denso di contenuti, quindi lungo, perché la novità faceva apparire tutto ricco di significato; così tutto in seguito veniva ripensato, era rievocato spesso, e quindi s'imprimeva nella memoria.

A volte crediamo di sentire nostalgia per un *luogo* lontano, mentre in realtà la nostra nostalgia è solo per il *tempo* che abbiamo trascorso in quel luogo quando eravamo più giovani e più vigorosi. Il tempo così ci inganna, mascherandosi da spazio. Se raggiungiamo quel luogo, ci accorgiamo dell'inganno.

Per raggiungere un'età molto avanzata, sempre che la nostra costituzione sia senza difetti – questa è *conditio sine qua non* – ci sono due possibili vie che possono paragonarsi al consumo di due lampade: una arde a lungo perché, pur avendo poco olio, ha uno stoppino assai sottile; l'altra ha uno stoppino grosso, ma anche molto olio; l'olio è la forza vitale, lo stoppino l'impiego che se ne fa, di qualsiasi genere e in qualsiasi modo.

Per quanto riguarda la forza vitale noi, fino ai trentasei anni, possiamo paragonarci a uno che vive degli interessi del suo capitale: quello che si spende oggi, domani si ricostituisce. Ma da quel momento in poi siamo paragonabili a uno che, vivendo di rendita, comincia a intaccare il suo capitale. In principio quasi non ci si bada: la parte maggiore delle spese si ricostituisce ancora spontaneamente; e un piccolo deficit passa inosservato. Questo però a poco a poco aumenta, diventa sensibile, e cresce di giorno in giorno; l'ammanco diventa sempre più ingente, ogni giorno è più povero del precedente, e non c'è speranza che il meccanismo s'arresti. Così la perdita procede con moto accelerato, come nella caduta dei gravi, e alla fine non rimane più nulla. Un caso assai triste è poi quello che si verifica quando le due cose qui messe a confronto, la forza vitale e la proprietà, si dissolvono davvero contemporaneamente: proprio per questo, con l'età, cresce l'amore per il possesso di beni materiali. Invece in principio, fino alla soglia della maturità, e anche un pochino oltre, riguardo alla forza vitale siamo paragonabili a coloro che aggiungono una parte degli interessi al capitale: allora non solo le spese si ricostituiscono da sé, ma il capitale aumenta; a volte questo accade col denaro per l'oculatezza di un tutore onesto. O felice gioventù! Triste vecchiaia!

Nondimeno le energie giovanili vanno risparmiate. Aristotele osserva (*Politica*, libro ultimo, cap. 5) che tra i vincitori dei giochi olimpici solo due o tre, dopo aver vinto da ragazzi, hanno vinto di nuovo da adulti; perché con lo sforzo precoce richiesto dall'allenamento, le forze si esauriscono a tal punto che in seguito, nell'età virile, vengono a mancare. Questo vale per la forza muscolare, ma ancor più per l'energia nervosa di cui sono espressione tutte le attività intellettuali; per questo gli *ingenia praecocia*, i bambini prodigio, che sono i frutti di una educazione in serra, se sono destinati a stupire da ragazzi, diventano poi persone del tutto comuni. Così lo sforzo coatto imposto a loro in età giovanile per imparare le lingue antiche può essere responsabile della successiva debolezza mentale di tanti eruditi.

Ho constatato come pressoché in ogni individuo il carattere sembra accordarsi preferibilmente con una fase della vita, sicché in quel periodo egli dà l'immagine migliore di sé. Alcuni sono amabili adolescenti, e poi finisce lì; altri sono vigorosi, intraprendenti uomini ai quali l'età toglie ogni pregio; alcuni realizzano l'immagine migliore della propria personalità nella vecchiaia allorché, più esperti e tranquilli, diventano più concilianti: ciò avviene di frequente tra i francesi. La cosa deve dipendere dal fatto che il carattere stesso ha in sé qualcosa di giovanile, di virile, o di senile, con cui le successive età della vita concordano oppure contrastano, facendogli da correttivo.

Come quando trovandoci su una nave avvertiamo che procede solo per l'allontanarsi e quindi il rimpicciolirsi degli oggetti che stanno sulla riva così ci rendiamo conto del nostro progressivo invecchiare dal fatto che consideriamo giovani persone sempre più avanti con gli anni.

Abbiamo già esposto prima il come e il perché tutto quello che si vede, si fa e si prova, a mano a mano che s'invecchia lascia sempre minori tracce nello spirito. In questo senso si potrebbe affermare che solo in gioventù si vive in piena coscienza; nella vecchiaia la coscienza è ridotta a una metà. Più vecchi si diventa, meno coscientemente si vive. Le cose scorrono via in fretta, senza fare impressione; come non fa più impressione un'opera d'arte che si è vista mille volte; si fa quello che si deve fare, e dopo non si è più consapevoli che si sia fatto o no. Ora, poiché la vita diventa sempre meno consapevole a mano a mano che si procede verso la completa soppressione della coscienza, anche il corso del tempo diventa sempre più accelerato. Nella fanciullezza la novità degli oggetti e delle vicende porta ogni cosa a imprimersi nella coscienza: perciò la giornata è di una lunghezza incommensurabile. Lo stesso accade con i viaggi, durante i quali un mese appare più lungo di quattro passati a casa. Quella novità delle cose non impedisce tuttavia che nei casi citati quel tempo apparentemente più lungo diventi veramente "troppo lungo", più gravoso cioè che nella vecchiaia o a casa nostra. A mano a mano però, per la lunga consuetudine alle medesime percezioni, l'intelletto diventa così levigato che tutto scivola su di esso lasciandovi sempre meno tracce; le giornate così diventano sempre più insignificanti, e quindi sempre più brevi: le ore del ragazzo sono più lunghe delle giornate del vecchio. Il tempo della nostra vita ha quindi un moto accelerato, come quello di una sfera che rotola su un piano inclinato. E come in un disco rotante ogni punto gira tanto più velocemente quanto più è distante dal centro, così in ogni essere umano, a seconda della distanza dall'inizio della vita, il tempo scorre sempre più veloce. Si può dunque ritenere che nell'immediata valutazione della nostra coscienza la lunghezza di un anno sia inversamente proporzionale al rapporto di esso con la nostra età: ad esempio, quando l'anno è costitutivo di un quinto della nostra età ci sembra dieci volte più lungo di come ci apparirà quando sarà costitutivo di un cinquantesimo. Questa diversa valutazione della velocità del tempo esercita un influsso determinante su ogni aspetto della nostra esistenza, in ogni epoca della vita. Anzitutto essa fa sì che la fanciullezza, anche se comprende solo una quindicina d'anni, sia la fase più lunga della vita, e quindi la più ricca di ricordi; e che inoltre noi siamo soggetti alla noia in misura inversamente proporzionale alla nostra età: i bambini hanno continuamente bisogno di qualche passatempo, si tratti di un gioco o di un'occupazione; qualora manchi, vengono presi immediatamente da una tremenda noia. Anche gli adolescenti vi sono ancora parecchio soggetti, e guardano con preoccupazione alle ore vuote di avvenimenti.

Nell'età adulta la noia progressivamente scompare: per i vecchi il tempo è sempre troppo corto, e i giorni passano in un baleno. S'intende che sto parlando di uomini, e non di bestie invecchiate. Per tale accelerazione del corso del tempo, nell'età avanzata per lo più la noia svanisce, e poiché d'altro canto anche le passioni, coi loro tormenti, si acquietano, così tutto sommato il peso della vita – se ci siamo conservati in salute – è davvero più lieve che nella giovinezza: per questo il periodo che precede l'inizio della debolezza e dei malanni propri della tarda vecchiaia è chiamato "gli anni migliori"; e per quanto riguarda il nostro benessere, possono esserlo davvero. Invece agli anni della giovinezza, quando tutto fa impressione e ogni cosa penetra con tratti vividi nella coscienza rimane il privilegio di essere l'epoca fecondatrice dello spirito, la sua primavera in fiore. Le verità profonde infatti si possono solo intuire, non dedurre, vale a dire la loro prima conoscenza è immediata, provocata dall'impressione del momento: può quindi prodursi fin tanto che quell'impressione è forte, vivida e profonda. A questo riguardo dunque, tutto dipende da come si impiegano gli anni giovanili. In quelli successivi noi possiamo agire di più sugli altri, e magari sulle condizioni esterne, perché siamo più completi e definiti, e non più soggetti alle impressioni: ma la realtà esterna ha meno influsso su di noi. Questi anni sono quindi l'epoca attiva e produttiva, mentre la giovinezza è l'epoca della comprensione e della conoscenza primordiali. In gioventù predomina l'intuizione, nell'età matura il pensiero; perciò la prima è l'età della poesia, la seconda piuttosto quella della filosofia. Anche nella pratica, in gioventù si è condizionati da ciò che si osserva e dalle impressioni che ne ricaviamo, nella vecchiaia solo da ciò che pensiamo. Ciò dipende in parte dal fatto che soltanto nella vecchiaia si è registrato un numero sufficiente di dati intuitivi che sono stati accolti nei concetti per conferire loro pieno significato, sostanza e credibilità, e per temperare, con la consuetudine, l'impressione dell'intuizione. Nella giovinezza invece, in specie nei temperamenti vivaci e ricchi di fantasia, l'impressione di ciò che si intuisce, e quindi anche del lato esteriore delle cose, è così predominante che i giovani considerano il mondo come fosse un quadro, e quindi si preoccupano soprattutto della figura che vi fanno e di come vi compaiono – più che di quello che provano nel trovarvisi. Questo è già palese nella vanità dei giovani per il proprio aspetto fisico, e nella loro smaniosa ricerca di eleganza.

La massima energia e la massima tensione delle forze intellettuali si producono indubbiamente in gioventù, al massimo fino ai trentacinque anni; da quel momento in poi esse decrescono, anche se molto lentamente. Tuttavia gli anni successivi, e persino la vecchiaia, non sono privi di compensazione intellettuale. Esperienza e cultura solo nella tarda maturità si sono veramente arricchite; si è avuto tempo e opportunità di considerare ogni cosa in tutti i suoi aspetti, di riflettervi sopra, si è messa ogni cosa in relazione con tutte le altre, e si sono scoperti i punti di contatto e gli elementi di raccordo, sicché soltanto ora quelle cose si vedono nella loro interconnessione. Tutto si è chiarito. Perciò anche di quello che già si sapeva in gioventù si ha ora una conoscenza più approfondita, perché per ogni concetto sono disponibili esempi assai più numerosi. Quello che in gioventù si credeva di sapere, ora si sa veramente; inoltre in vecchiaia si sa effettivamente molto di più, si possiede una conoscenza davvero organica e articolata, per aver meditato ogni elemento sotto ogni aspetto; mentre in gioventù il nostro sapere è sempre lacunoso e frammentario. Solo chi diventa vecchio consegue, della vita, una visione completa e adeguata, perché può abbracciarla con lo sguardo nella sua totalità e nel suo svolgimento naturale, ma soprattutto perché non la domina soltanto dalla parte dell'ingresso – come gli altri – bensì anche dalla parte dell'uscita, riconoscendone così perfettamente la nullità. Gli altri invece restano preda dell'illusione che il meglio debba ancora venire. Per altro verso in gioventù c'è più creatività, e quindi si è in grado di cavare qualcosa di più dal poco che si conosce; mentre in vecchiaia c'è maggiore senso critico, maggiore discernimento e rigore d'analisi. Uno spirito privilegiato già in gioventù raccoglie i materiali delle sue peculiari conoscenze, delle sue originali vedute, insomma quello che è destinato a donare al mondo; ma egli diverrà padrone di quei materiali soltanto in età avanzata. Pertanto si constaterà che per lo più i grandi scrittori hanno prodotto i loro capolavori intorno ai cinquant'anni. In ogni caso la gioventù rimane la radice dell'albero della conoscenza, anche se solo la corona di fronde porta i frutti. Però come ogni epoca, anche la più miserabile, si considera assai più saggia di quella immediatamente precedente e di tutte quelle anteriori, così si comporta ogni età della vita dell'uomo; ma sia l'una che l'altra spesso sono in errore. Negli anni dello sviluppo fisico, quando anche le energie intellettuali e le conoscenze si accrescono quotidianamente, ogni giorno è solito guardare con disprezzo al precedente. Questa consuetudine mette radici e si mantiene anche quando subentra il declino delle energie intellettuali e ogni giorno dovrebbe guardare al precedente con profondo rispetto. Perciò spesso ci capita di apprezzare poco sia le opere sia i giudizi che risalgono ai nostri anni giovanili. In linea di massima si può osservare che quantunque l'apparato mentale, l'intelletto – come il carattere o il cuore – sia innato nelle sue qualità fondamentali, esso tuttavia non rimane, come quelli, immutato, ma è soggetto a diverse metamorfosi che anzi, nel complesso, si verificano regolarmente; in parte ciò si deve al fatto che l'intelletto ha un fondamento fisico, e in parte perché i suoi contenuti sono di natura empirica. Così le sue energie hanno una crescita progressiva fino a raggiungere un culmine, dopo di che subentra un progressivo decadimento che può arrivare sino all'imbecillità. D'altra parte il materiale che impegna tali energie e le mantiene attive, ossia il contenuto del pensare e del sapere, l'esperienza, le cognizioni, l'esercizio dell'intelligenza e il conseguente suo perfezionamento, è una grandezza in costante accrescimento, sino a quando non subentri un indebolimento decisivo, per cui ogni cosa va in rovina. Questa natura dell'uomo, risultante di una parte assolutamente immutabile e di una parte che muta regolarmente, in due modi opposti, spiega la diversità dei suoi aspetti e della sua validità nelle diverse fasi della vita.

Più in generale si può anche dire: i primi quarant'anni della nostra vita forniscono il testo, i successivi trenta il commento, dal quale impariamo a comprendere correttamente il vero significato e l'intrinseca organicità del testo, oltre alla sua morale e a tutte le sue sottigliezze.

Verso la fine della vita succede come verso la fine di un ballo mascherato, quando tutti si tolgono la maschera. Allora si vede chi erano veramente quelli con cui si è stati in contatto durante la vita. Perché i caratteri si sono manifestati, le azioni hanno portato i loro frutti, le opere hanno avuto il loro giusto riconoscimento e tutti i miraggi si sono dileguati. Per giungere a questo c'è voluto del tempo. Ma la cosa più strana è che solo verso la fine della vita si riconosce e si intende veramente quello che si è, gli obiettivi e i fini che uno si è posto, soprattutto per quanto riguarda i rapporti col mondo e con gli altri. Certo spesso, ma non sempre, ci si dovrà assegnare una posizione inferiore rispetto a quella che si era supposta prima; ma a volte quella posizione sarà più alta del previsto, e allora ciò dipenderà dal fatto che non si è avuta un'idea adeguata della meschinità del mondo, e quindi si sono concepite finalità più elevate rispetto al suo livello. Quanto si vale, lo si apprende incidentalmente. Si è soliti denominare la giovinezza l'epoca felice della vita, e la vecchiaia l'epoca triste. Sarebbe vero, se fossero le passioni a dare la felicità. Le passioni sballottano la gioventù di qua e di là, con poca gioia e molte sofferenze, lasciano invece nella quiete la fredda vecchiaia, la quale assume ben presto un atteggiamento contemplativo, perché il conoscere si libera e prende il sopravvento. E poiché il conoscere, in sé, è privo di dolore, la coscienza quanto più quello vi predomina tanto più è felice. Basta solo considerare che ogni piacere è di natura negativa, ogni dolore di natura positiva, per comprendere che le passioni non possono rendere felici, e che pertanto la vecchiaia, a cui sono preclusi diversi piaceri, non è da compiangere. Infatti ogni piacere è sempre soltanto la soppressione di un bisogno; che col bisogno scompaia anche il piacere è cosa tanto poco deplorevole quanto il fatto che uno, dopo aver pranzato, non possa più mangiare, o che, passata la notte a dormire, debba stare sveglio. Assai più giustamente Platone (all'inizio della *Repubblica*) giudica felice la vecchiaia in quanto, alla fine, libera l'uomo dall'istinto sessuale che sino allora lo ha incessantemente tormentato. Si potrebbe addirittura sostenere che i molteplici, innumerevoli capricci generati dall'istinto sessuale, e le emozioni che da questi sorgono, mantengano nell'uomo una costante, temperata follia, fin tanto che questi resta sotto l'influsso di quell'istinto, di quel dèmone da cui è costantemente posseduto, sicché egli non diventa un essere razionale se non dopo l'estinzione di quell'istinto. In ogni caso è certo che, in generale, e a prescindere da tutte le circostanze e le condizioni individuali, è tipica della gioventù una certa malinconia, una certa tristezza, come invece è tipica della vecchiaia una certa serenità: la causa di ciò è nel fatto che la gioventù è ancora sotto il dominio, anzi sotto la schiavitù di quel dèmone che non le concede facilmente un'ora di libertà, e che al tempo stesso è l'artefice diretto o indiretto di quasi tutte le sventure che colpiscono o minacciano l'uomo; mentre la vecchiaia ha la serenità di chi si è affrancato da una catena portata a lungo, e ora si muove liberamente.

D'altra parte però si potrebbe dire che quando l'istinto sessuale si è spento, il vero e proprio nucleo della vita si è consumato, e che ne rimane solo il suo guscio; e si può anche vedere questo passaggio come una commedia che comincia interpretata da esseri umani, e prosegue fino al termine interpretata da automi vestiti da uomini.

In ogni modo la gioventù è l'epoca dell'irrequietezza, la vecchiaia quella della calma: già da questo si potrebbe desumere quale sia il grado di benessere dell'una e dell'altra. Il bambino tende bramoso le mani al vasto mondo, al caleidoscopio di colori e di forme che si vede davanti; è una vista che lo eccita, perché il suo apparato sensoriale è ancora giovane e fresco. Lo stesso avviene, con maggiore profusione di energie, nell'adolescente. Anch'egli verrà eccitato dalla fantasmagoria di colori del mondo e dalle sue molteplici forme: e subito la sua fantasia si mette a immaginare molto più di quello che il mondo può concedere. Perciò è pieno di bramosia, e anela a qualcosa di indefinito che gli toglie la tranquillità d'animo senza la quale non esiste felicità. Invece nella vecchiaia quella irrequietezza s'è placata, in parte perché il sangue si è raffreddato e l'eccitabilità dell'apparato sensoriale è diminuita, in parte perché l'esperienza ha chiarito il valore delle cose e la sostanza dei piaceri tanto da liberarci progressivamente dalle illusioni, dalle chimere e dai pregiudizi che prima occultavano e deformavano la pura e libera visione della realtà; ora si conosce tutto in modo più chiaro e giusto, tutto viene preso per quello che è, e si arriva anche, più o meno, alla consapevolezza della nullità di tutte le cose terrene. È proprio questo che dà a quasi tutti i vecchi, anche se hanno capacità intellettuali mediocri, una certa aura di saggezza che li distingue dai giovani. Ma soprattutto è da questo che deriva quella tranquillità d'animo che è una componente cospicua della felicità, o per meglio dire ne è la condizione e l'elemento essenziale. Mentre perciò il giovane crede che nel mondo ci siano chissà quali tesori da afferrare, e che basti sapere dove stanno, il vecchio ha assimilato il motivo ricorrente dell'*Ecclesiaste* "Tutto è vanità", e sa che tutte le noci sono prive di gheriglio, anche se hanno il guscio dorato. Solo nella tarda vecchiaia l'uomo raggiunge pienamente l'oraziano *nil admirari*,* vale a dire la convinzione diretta, sincera e salda della vanità di tutte le cose e della futilità di tutti gli splendori del mondo: le chimere sono svanite. Egli non s'illude che da qualche parte, in un palazzo o in una capanna, alberghi una particolare felicità, più grande di quella che sostanzialmente egli gode dovunque, se non lo affliggono dolori fisici e morali. Il grande e il piccolo, il nobile e il meschino secondo il criterio di misura del mondo, per lui non fa più differenza. Questo conferisce al vecchio una singolare calma, per cui egli può guardare con un sorriso al gioco illusionistico del mondo.

* Non meravigliarsi di nulla. Qui nel senso di "ammirare", "farsi incantare".

Egli è completamente disincantato e sa che la vita umana, per quanto ci si dia da fare ad agghindarla e a ornarla, ben presto lascerà trasparire, sotto quell'orpello da fiera, la sua povertà, e per quanto la si trucchi e la si abbellisca, è dunque essenzialmente la stessa: vale a dire un'esistenza il cui autentico valore va stimato volta per volta solo per l'assenza di dolore, non per la presenza di piaceri, ancor meno per il lusso (Orazio, *Epist.* libro I, 12, 1-4). Il carattere fondamentale dell'età matura è il disincanto: sono svanite le illusioni che sino allora hanno dato alla vita la sua attrattiva e all'attività il suo sprone; si è riconosciuto la inanità e la vacuità di tutte le magnificenze del mondo, soprattutto del lusso, dello sfarzo e della brillantezza esteriore; si è sperimentato che dietro la maggior parte delle cose desiderate e dei piaceri vagheggiati c'è ben poco, e così progressivamente si giunge alla consapevolezza della grande miseria e vanità dell'intera nostra esistenza. Soltanto a settant'anni si comprende veramente il primo versetto dell'*Ecclesiaste*: "Tutto è vanità". Ed è questo a conferire alla vecchiaia un atteggiamento spesso burbero.

Si crede comunemente che la sorte della vecchiaia sia la malattia e la noia. La malattia non è affatto un fenomeno intrinseco alla tarda età, soprattutto quando questa è destinata a inoltrarsi di molto: infatti *crescente vita, crescit sanitas et morbus.** E per quanto riguarda la noia, ho esposto sopra perché la vecchiaia vi è soggetta persino meno della gioventù; inoltre la noia non è affatto una compagna obbligata della solitudine, verso cui la vecchiaia indubbiamente ci conduce per ragioni facilmente comprensibili; al contrario essa lo è soltanto per coloro che non hanno conosciuto altro che i piaceri dei sensi e della mondanità, che hanno mancato di arricchire lo spirito e di sviluppare le loro attitudini. Certo nell'età avanzata anche le energie intellettuali diminuiscono; ma dove

* Con l'avanzare dell'età crescono salute e malattia.

esse erano consistenti, ne resteranno pur sempre a sufficienza per combattere la noia. Con l'esperienza poi – come sopra abbiamo dimostrato – col sapere, con l'esercizio e la riflessione viene potenziata la percezione della realtà, il giudizio si fa più acuto, e la visione d'insieme diventa chiara: si acquisisce, in tutte le cose, un dominio sempre più comprensivo della totalità: così allora, mediante sempre nuove combinazioni delle conoscenze accumulate, e con qualche eventuale arricchimento delle stesse, proseguiamo multilateralmente la nostra formazione intellettuale che impegna, soddisfa e remunera lo spirito. In tutto questo trova compenso, in certa misura, quell'indebolimento della vecchiaia di cui si è detto. Si aggiunga che nella vecchiaia, come abbiamo visto, il tempo scorre assai più velocemente, e questo è un antidoto alla noia. L'indebolimento delle forze fisiche arreca poco danno se non se ne ha bisogno per guadagnarsi da vivere. La povertà da vecchi è una grande sventura. Ma se la povertà è scongiurata e ci si è conservati in salute, allora la vecchiaia può essere un'epoca della vita del tutto sopportabile. Le sue principali esigenze sono le comodità e la sicurezza: pertanto, da vecchi, si ama il denaro assai più di prima; il denaro è il surrogato delle forze che scemano. Abbandonati da Venere, si cerca volentieri di ricrearsi con Bacco. All'esigenza di vedere, di viaggiare e di apprendere è subentrata quella di insegnare e di parlare. È una fortuna se nel vecchio è sopravvissuto l'amore per i suoi studi, anche per la musica, per il teatro, e soprattutto una certa ricettività nei confronti del mondo esterno; in alcuni peraltro questo dura fino alla vecchiaia inoltrata.

Mai come nella vecchiaia ci si giova di quanto uno "ha in se stesso". Naturalmente la maggior parte degli individui, che sono sempre stati ottusi, in vecchiaia diventano progressivamente degli automi: essi pensano, dicono e fanno sempre le stesse cose; nessuna impressione esterna riesce più a intaccare questa uniformità o a suscitare da loro qualcosa di nuovo. Parlare a dei vecchi simili è come scrivere sulla sabbia: l'impressione si cancella quasi immediatamente. Naturalmente una vecchiaia di questo genere è allora nient'altro che il *caput mortuum* della vita. La natura sembra voler simboleggiare, nella tarda vecchiaia, l'ingresso in una seconda infanzia col fenomeno della terza dentizione che allora, in rari casi, si verifica.

Il progressivo spegnersi di tutte le forze nella tarda età, il loro declino sempre più rapido, è certo un fatto molto triste; ma è necessario, anzi benefico, perché prepara alla morte, che altrimenti diverrebbe troppo difficile. Perciò il più grande beneficio che comporta il raggiungere un'età oltremodo avanzata è l'eutanasia, una morte estremamente facile, non preceduta da alcuna malattia né accompagnata da alcuno spasimo, e del tutto inavvertita; se ne trova una descrizione nel secondo volume della mia opera principale, cap. 14, p. 470 (3ª ed., p. 534).

Nelle *Upaniṣad* vediche (vol. II, p. 53) la *durata naturale della vita* viene calcolata in cento anni. Credo sia un calcolo giusto, perché ho osservato come soltanto coloro che hanno oltrepassato il novantesimo anno divengano partecipi dell'*eutanasia*: essi cioè muoiono senza alcuna malattia, e neppure per apoplessia, senza spasimi, senza rantoli, talvolta persino senza pallore; muoiono per lo più seduti, dopo aver mangiato; più che un morire è un cessare di vivere. In ogni età anteriore invece si muore solo a causa di malattie, e dunque prematuramente.* La vita umana non si può definire propriamente né lunga né bre-

* [Variante:] Nell'Antico Testamento (*Salmi*, 90, 10) la durata della vita umana è stabilita in 70 anni, al massimo in 80, e quel che più conta, Erodoto (*Historiae* I, 32 e III, 22) dice lo stesso. Ma è sbagliato, ed è semplicemente il risultato di una concezione rozza e superficiale dell'esperienza quotidiana. Infatti, se la durata naturale della vita fosse di 70-80 anni, la gente tra i settanta e gli ottant'anni dovrebbe morire di vecchiaia. Ma non accade così: i settantenni e gli ottantenni muoiono – come quelli più giovani – di malattie; ma la malattia è essenzialmente un fatto anormale; quindi

ve; perché è in fondo l'unità di misura con cui valutiamo ogni altro periodo di tempo.*

La differenza fondamentale tra la giovinezza e la vecchiaia sta sempre nel fatto che la prima ha di fronte a sé la vita e la seconda la morte; che la prima possiede un passato breve e un lungo futuro, e la seconda l'opposto. Certo quando si è vecchi si ha davanti solo la morte; ma quando si è giovani si ha la vita; e c'è da chiedersi quale delle due prospettive sia più preoccupante, e se – tutto sommato – la vita non sia qualcosa che è meglio avere alle spalle anziché davanti. Già l'*Ecclesiaste* dice "Il giorno della morte è migliore del giorno della nascita" (7, 2). In ogni caso è temerario desiderare una vita molto lunga. Perché, come dice un proverbio spagnolo: *Quien larga vida vive mucho mal vive*.

Il corso della vita dei singoli individui non è certo tracciato in precedenza nei pianeti, come voleva l'astrologia; ma lo è il corso della vita umana in generale, in quanto ogni età corrisponde a un pianeta, secondo il suo ordine di successione, e quindi l'esistenza umana è dominata in sequenza da tutti i pianeti. Nel decimo anno della vita regna Mercurio. Come questo, l'uomo si muove rapidamente e con leggerezza nell'orbita più ristretta; è facile, con delle inezie, fargli cambiare umore, ma impara molto e facilmente sotto il regime del dio dell'astuzia e dell'eloquenza. Col ventesimo anno subentra la dominazione di Venere: le donne e l'amore lo tengono completamente in loro potere. A trent'anni domina Marte: l'uomo è ora im-

questa non è la fine naturale. Solo tra i 90 e i 100 anni gli uomini muoiono – ma allora normalmente – di vecchiaia; senza malattia, senza agonia, senza rantoli, senza spasimi, a volte senza pallore: e questa si chiama *eutanasia*. Perciò anche qui ha ragione l'*Upaniṣad* che fissa la durata naturale della vita umana in 100 anni.

* Perché per quanto a lungo si viva, non si ha mai qualcosa di più dell'indivisibile presente: la memoria perde ogni giorno, per dimenticanza, più di quanto non acquisti per nuovi apporti. [*N.d.A.*]

petuoso, forte, audace, bellicoso e ostinato. Nel quarantesimo anno regnano i *quattro planetoidi*: la sua vita quindi si espande: egli è *frugi*, ossia, per influsso di Cerere, persegue l'utile: ha il proprio focolare per influsso di Vesta: ha imparato quello che gli occorreva sapere per influsso di Pallade; e sua moglie, al pari di Giunone, regna nella sua casa.*

Nel cinquantesimo anno domina Giove. L'uomo è ormai sopravvissuto alla maggior parte dei suoi coetanei, e si sente superiore alla generazione attuale. Ancora nel pieno possesso delle sue forze, è ricco di esperienza e di sapere e – secondo la sua personalità e la sua posizione – ha autorità su tutti quelli della sua cerchia. Perciò egli non si lascia più imporre ordini, ma è egli stesso a comandare. Per lui è il momento più propizio per diventare, nel suo campo, una guida o un capo. Per il cinquantenne questo è il vertice della vita, sotto il segno di Giove. Segue poi, nel sessantesimo anno, Saturno, e con esso la pesantezza, la lentezza, la rigidezza del piombo:

But old folks, many feign as they were dead;
*unwieldy, slow, heavy and pale as lead.***

(*Rom. and Jul.*, a. II, sc. 5)

Infine viene Urano: allora, come dice lo stesso nome, si sale al cielo. Quanto a Nettuno (così purtroppo lo ha battezzato la superficialità) qui non posso prenderlo in considerazione perché non posso chiamarlo col suo vero nome, *Eros*. Altrimenti dimostrerei come il principio si congiunga alla fine, ossia come Eros sia in segreta connessione con la morte; in virtù di tale connessione l'Orco,

* I circa 60 planetoidi scoperti in seguito sono una novità che non m'interessa affatto. Mi comporto con loro come i professori di filosofia si comportano con me: li ignoro, perché non hanno niente a che fare con le mie carabattole. [*N.d.A.*]

** Molti vecchi sembrano già simili a dei morti; / rigidi, lenti, pesanti e pallidi come piombo.

l'Amenthes degli egizi (Plutarco, *De Iside et Osiride*, cap. 29) è λαμβάνων καὶ διδούς, non soltanto colui che prende, ma anche colui che dà; e la morte è il grande *réservoir* della vita. Da là dunque, da là, dall'Orco viene tutto, e là è già stato ogni essere che ora ha vita: se soltanto fossimo capaci di comprendere il gioco di prestigio in virtù del quale accade questo, allora tutto diverrebbe chiaro.

Note

[1] Sull'essere maggiore causa di felicità quella che proviene da noi stessi rispetto a quella che proviene dalle cose esterne (Clemente Aless. *Strom.* II, 21, p. 362 dell'edizione delle opere polemiche di Würzburg).
[2] La natura è fidata, non le ricchezze.
[3] Ad agitare gli uomini non sono le cose, ma le opinioni sulle stesse.
[4] Tutti gli uomini che si sono distinti nella filosofia, nella politica, nella poesia, nelle arti, pare fossero malinconici.
[5] Scontento e sereno.
[6] Non si devono disdegnare i prestigiosi doni degli dèi, che essi danno spontaneamente, e che nessuno riceve di proprio arbitrio (*Iliade*, III, 65).
[7] Felicità è un'energia operativa secondo disposizione (virtù) che porta le azioni all'esito desiderato (*Ecl. eth.*, II, 7).
[8] La Bruyère, *Les caractères*, capitolo *De l'homme*.
[9] *Iliade*, VI, 138.
[10] L'unica vera ricchezza è quella dell'anima, tutte le altre cose recano più fastidi che vantaggi.
[11] La felicità sembra consistere nell'ozio.
[12] Socrate lodava l'ozio come il più prezioso dei beni.
[13] Nell'essere ragionevole è la parte essenziale della felicità.
[14] La vita più beata è quella di chi non pensa nulla.
[15] Uomo senza Muse (senza interessi estetici).
[16] Perché l'animo degli uomini che popolano la terra è come il giorno che fa nascere il padre degli uomini e degli dèi. (*Odissea*, XVIII, 136-137).
[17] Beni per un determinato fine.
[18] Le cose elette sono ardue.
[19] Con le mani e con i piedi. Equivale all'italiano "con le unghie e coi denti".
[20] L'ingiuria è una sommaria calunnia.
[21] Tra le cose che dipendono da noi.
[22] Come narra Erodoto (I, 199) a Babilonia ogni donna doveva una volta nella sua vita congiungersi con un estraneo davanti al tempio di Afrodite. L'uomo, nel lasciarla, doveva gettarle del denaro dicendo: "In nome della

dea Mylitta". Così la donna, consacrata ad Afrodite (Mylitta per gli assiri), poteva tornarsene a casa. Le donne brutte aspettavano per anni di ricevere il denaro della consacrazione.

23 Nelle due parole composte *Faustrecht*, diritto del più forte, e *Aberwitz*, "delirio", "farneticazione", il secondo concetto contraddice il primo.

24 Discordia e amore. Concetti fondamentali di Empedocle.

25 *Divano occidentale-orientale. Libro delle considerazioni*, I.

26 *Motti proverbiali*, vv. 388-91.

27 Matthias Claudius (1740-1815) pubblicò sul «Wandsbecker Bote» poesie, lettere e saggi con lo pseudonimo di Asmus.

28 Nessuna cosa umana è degna di soverchio zelo.

29 Ma per quanto ci addolori, lasciamo che ciò sia accaduto, e reprimiamo a forza il nostro sdegno in petto (*Iliade*, XVIII, 112-113).

30 Questo sta sulle ginocchia degli dèi (*Iliade*, XVII, 514; *Odissea*, I, 267).

31 Edizioni di classici greci e latini pubblicate a partire dalla seconda metà del Settecento a Zweibrücken (lat. *Bipontium*).

32 La felicità è di chi sa accontentarsi.

33 Schopenhauer immagina un branco di porcospini costretti a scegliere tra lo stare raggruppati per scaldarsi, subendo reciprocamente il fastidio degli aculei, o lo stare a debita distanza rinunciando al calore ed evitando il fastidio. L'apologo allude agli svantaggi e ai vantaggi della vita associata.

34 Chi non è strigliato non si educa. La massima, tratta da Menandro, è posta in epigrafe a *Dichtung und Wahrheit* ("Poesia e verità") di Goethe.

35 Stordito.

36 Rinunciare e sopportare. Motto di Epitteto.

37 Prudente, avveduto.